# 金融経済学入門

清水克俊［著］

東京大学出版会

Introduction to Financial Economics
Katsutoshi SHIMIZU
University of Tokyo Press, 2018
ISBN978-4-13-042148-5

# はしがき

　本書は大学の学部生向けの金融経済学の教科書です．15章で構成され，金融機関や金融市場の働き，企業の資金調達，家計の資産選択，リスク・マネジメント，マネーや金融政策の役割など金融・ファイナンスに関する幅広いトピックについて，基礎的な知識や考え方を説明していきます．

　日本の大学の授業には，伝統的に金融（論）・ファイナンスという科目がありますが，本書はそのどちらの授業にも対応しています．その意味は，近年の金融市場の発展や金融機関の業務の変遷を見てみれば，本書の内容を金融（論）・ファイナンスの授業で取り上げることが，金融の全体像の理解には必要不可欠です．上記の各分野に関心のある学生の皆さんはもとより，たとえば，銀行や証券会社等への就職を希望する人や事業会社の財務部で働くことを希望する人にとって本書の内容は是非知っておいてほしい事柄です．そういう意図から，本書の内容を金融経済学 (financial economics) と呼んでいます．

　金融経済学という呼び名は学術的な分類としても確立された標準的な呼び方ですが，金融経済学は経済学の分野の中でもとりわけ急速に発展してきている分野です．その理由の一つに，現実の金融に関わる事と学問としての金融経済学との間にギャップがあまりないことがあげられるでしょう．たとえば，金融経済学の教科書に出てくるお金の計算の仕方は実務上でも必須のことになっていますし，株価の動きを学問として分析しようとすれば，現実の取引の仕組みを知ることが必要不可欠です．

　このギャップの少なさが金融経済学を経済学の中で最も魅力的な領域にしています．あなたが企業の財務担当者として何かを決定しなければならないときに，どのような計算がベーシックな方法なのか，あなたがリスクのある

金融資産を選択するときに，重要なことは何なのかなどの現実的な問題について，この教科書は教えてくれます．また，金融機関はどのようにして融資を行っているのか，中央銀行はどのような金融政策を実行していけばよいのか，利子率やインフレ率，為替レートはどのように変化するのかなどの疑問にも一定の答えを引き出します．

　これらの知識や考え方は，あなたが金融機関や企業の財務部で働くようになったときに最もその威力を発揮するでしょう．しかし，金融に関わりのない仕事につくようになったとしても，お金の流れや金融市場の動きを知っていれば，あなたの意思決定はそれらが分からないときよりもきっと優れたものになっているはずです．また，あなたは将来，個人的にもローンを申し込んだり，資産選択をすることも必要になってきます．本書を読んで正しい知識と考え方を身につけていれば，きっと賢い選択ができることと思います．

　そのような意味では，大学時代には経済・経営学部に在籍していなかったビジネスパーソンにとっても，本書は金融経済学を学ぶ有効な機会を与えます．

　本書では各節の見出しに◇記号をつけて，各節の難易度を表しています．読者（あるいは授業担当者）は自分の必要性に応じて，どの段階まで知識をえよう（与えよう）とするのかを選ぶことができます．見出しの◇は**初めの一歩**として，初歩的な知識や考え方を説明している節に，◇◇は初めの一歩を元にして**基礎を固める**知識を説明している節に，◇◇◇は**考え方を発展させる**ためのやや理論的な関心の高い人に向けた節に付与しています．◇と◇◇のついた節では基本的に表の数値例やグラフを中心に考え方を説明します．また，数式は多少登場しますが，アルファベットの文字式をできるだけ控え，語句をそのまま式に表示することを原則としています．

　これら3つの難易度レベルの区分は厳密なものではありませんが，各章の中で大まかに難易度・知識の基本性を分けています．入門者の中で，金融経済学の全体をまんべんなく学びたい方は◇のついた節だけを**初めの一歩**として（あるいは◇と◇◇のついた節だけ）を選択して学習してもよいかもしれません．

　金融経済学には，コーポレート・ファイナンス（企業財務），資産価格（アセット・プライシング），金融論（銀行論），金融政策（貨幣経済学）などの

分野があります．各分野を中心に学習したい場合は次のように選択するとよいでしょう．

コーポレート・ファイナンス：1～7, 11 章
資産価格：1～4, 8, 9, 11 章
金融政策：1～4, 9, 11～15 章
金融（銀行）論：1～7, 9～12 章
ファイナンス：1～9, 11 章

本書では，各節の最後に「コンセプト・チェック」を設け，各節の理解を確かめる簡単な質問が用意されています．また，インターネット付録として著者のホームページ（http://kshimizu.html.xdomain.jp/）に「本章のポイント」，「練習問題」，および「補足」が利用可能です．これらを利用すれば，各章の内容を効率的に，また，より深く理解できるでしょう．

本書を読み終えた後，金融経済学に興味をもち，前著『金融経済学』（東京大学出版会）に挑戦してみたいと思っていただけたなら望外の喜びです．

末筆ではありますが，東京大学出版会の専務理事・黒田拓也氏には本書の刊行にあたり多大なご尽力を頂きました．ここに記して感謝の意を表します．

2018 年 7 月

清水克俊

# 目 次

はしがき　i

**第 1 章　金融取引と金融機関・金融市場：概観**　1
 1.　金融取引°　1
  1.1　金融市場と金融機関とは何か　1
  1.2　金融資産にはどのような種類があるのか　4
  1.3　取引と市場はどのように分類されるのか　8
 2.　金融機関°　10
  2.1　金融機関の種類にはどのようなものがあるのか　10
 3.　日本における金融取引の実態°°　13
  3.1　資金循環統計の見方　13
  3.2　誰が資金を需要し，誰が供給しているのか　16
  3.3　日本にはどのような金融市場があるのか　17
 4.　フローとストック°°°　20
  4.1　フロー変数とストック変数　20

**第 2 章　金融資産の評価**　23
 1.　価格と利回り°　23
  1.1　金融資産の収益性をどう評価するか　23
  1.2　金融資産の価値をどう評価するか　26
  1.3　金融資産の利回りをどのように計算するか　28
  1.4　価格と利回りにはどのような関係があるか　29
 2.　金融資産の基礎的価値°°　31
  2.1　基礎的価値と裁定取引とは何か　31
 3.　現在価値の性質°°°　32
  3.1　現在価値はどのような性質を持っているか　32

   4. 金融資産の価値評価◇◇◇ .................................................. 33
      4.1 多期間に拡張するには ........................................... 33
      4.2 PV と利回りを求めるには ....................................... 35
      4.3 利子率の期間構造を考慮するには ............................... 35
      4.4 PV 計算に特殊ケースを利用するには ........................... 36

## 第 3 章　貯蓄と資産選択　　39

   1. 貯　蓄◇ ......................................................................... 39
      1.1 家計は貯蓄をどのように計画するか ............................ 39
      1.2 家計はどのような資産を選択しているのか .................... 41
   2. リスク資産のリターンとリスク◇ ..................................... 42
      2.1 リスク資産にはどのような特徴があるのか .................... 42
      2.2 期待収益率はどのように計算されるか ......................... 45
      2.3 リスク・プレミアムとは何か ................................... 45
      2.4 どのようにリスク資産を選択すればよいのか ................. 46
   3. ポートフォリオ◇◇ ........................................................ 48
      3.1 ポートフォリオとは何か ......................................... 48
      3.2 ポートフォリオのリスク分散効果とは ......................... 49
   4. リスクと家計の意思決定◇◇◇ ........................................ 52
      4.1 期待効用とは何か ................................................. 52
      4.2 リスクに対する選好とは ......................................... 52

## 第 4 章　リスク資産の価格　　55

   1. ポートフォリオ構築の方法◇ ............................................ 55
      1.1 必要な統計尺度を計算するには ................................. 55
      1.2 期待収益率とリスクはどのように計算されるか .............. 57
      1.3 リスク分散効果はどのように生じるのか ...................... 57
   2. 効率的フロンティアと最適なポートフォリオ◇ .................... 60
      2.1 効率的なポートフォリオを構築するには ...................... 60
      2.2 無リスク資産を組み込むとどうなるのか ...................... 61
      2.3 最適なポートフォリオをどのように構築するか .............. 63

|       | 2.4 分離定理とは何か .................... | 64 |
|---|---|---|
| 3. | 資産価格の理論<sup>◇◇</sup> ..................... | 65 |
|       | 3.1 CAPM とは何か .................... | 65 |
|       | 3.2 CAPM ではどのような資産の価格が高くなるのか .... | 66 |
|       | 3.3 CAPM はどのような考え方に基づいているのか .... | 67 |
|       | 3.4 CAPM の問題点と拡張 ................ | 69 |
|       | 3.5 ファンド・パフォーマンスを評価するには ...... | 70 |
| 4. | リスク資産の価値評価<sup>◇◇◇</sup> ................ | 71 |
|       | 4.1 リスク資産の現在価値を計算するには ........ | 71 |
| 5. | 利子率の変動と資産価格<sup>◇◇◇</sup> .............. | 72 |
|       | 5.1 イールド・カーブと金利リスクとは ......... | 72 |

## 第5章 企業の実物投資　　75

1. コーポレート・ファイナンスの基本<sup>◇</sup> .......... 75
   1.1 企業はどのようにして企業価値を高めるのか .... 75
   1.2 投資計画の NPV とは何か ............... 76
   1.3 日本の投資はどのような規模か ........... 76
2. 企業の投資計画と NPV<sup>◇</sup> ................. 79
   2.1 どのようにして投資計画を策定すればよいか .... 79
   2.2 投資と利子率はどのような関係にあるのか ..... 80
   2.3 割引率に何を用いるか ................. 81
   2.4 投資と資金調達は別々に決定すればよいのか .... 82
3. 予算計画<sup>◇◇</sup> ......................... 82
   3.1 予算計画をどのように策定すればよいか ...... 82
4. 内部収益率法<sup>◇◇</sup> ..................... 88
   4.1 内部収益率法とは .................... 88
5. 投資関数<sup>◇◇◇</sup> ........................ 90
   5.1 投資の部分調整モデル ................. 90
   5.2 投資の調整費用と q 理論 ............... 91

## 第 6 章　企業の資金調達　93

1. 企業の資金調達法° ..... 93
   - 1.1　エクイティ・ファイナンスとは何か ..... 93
   - 1.2　デット・ファイナンスとは何か ..... 95
2. 資本構成と資本コスト° ..... 97
   - 2.1　資本コストとは何か ..... 97
   - 2.2　レバレッジとは何か ..... 98
   - 2.3　資本コストとレバレッジの関係とは ..... 99
   - 2.4　法人税の利子控除制度とは何か ..... 100
3. モジリアーニ・ミラーの定理°° ..... 101
   - 3.1　資本コストを下げることはできるのか ..... 101
   - 3.2　モジリアーニ・ミラーの定理とは何か ..... 104
   - 3.3　財務・株式指標とは何か ..... 106
4. 資金調達法の特徴と諸問題°°° ..... 109
   - 4.1　法人税の利子控除制度は資本コストを下げるのか ..... 109
   - 4.2　個人所得税は資本コストに影響するのか ..... 111
   - 4.3　レバレッジ引き上げのコストとは ..... 111
   - 4.4　資金調達法を考慮して NPV を計算するには ..... 113

## 第 7 章　企業の財務戦略とガバナンス　115

1. キャッシュフローとペイアウト° ..... 115
   - 1.1　フリー・キャッシュフローをどう処分するか ..... 115
   - 1.2　ペイアウト政策をどのように決めればよいか ..... 117
   - 1.3　配当に関するミラーとモジリアーニの定理とは ..... 119
   - 1.4　税制はペイアウト政策に影響するのか ..... 120
2. コーポレート・ガバナンス° ..... 120
   - 2.1　利益相反問題とは何か ..... 120
   - 2.2　株主と債権者の利益相反とは何か ..... 121
   - 2.3　経営者と株主の利益相反とは何か ..... 122
   - 2.4　どのように利益相反問題を解決すればよいのか ..... 123

- 3. 負債とガバナンス◇◇ . . . . . . . . . . . . . . . . . . . . 124
  - 3.1 負債のエージェンシー・コストとは何か . . . . . . . 124
  - 3.2 もう一つの負債発行の便益とは何か . . . . . . . . . 125
  - 3.3 どのような場合に会社を存続させるべきなのか . . . . 125
  - 3.4 債務整理を円滑に行うにはどうすればよいのか . . . . 126
- 4. 株式とガバナンス◇◇ . . . . . . . . . . . . . . . . . . . . 127
  - 4.1 株主はどのような役割を果たすのか . . . . . . . . . 127
  - 4.2 日本の株式所有構造はどうなっているのか . . . . . . 128
  - 4.3 M&Aとは何か . . . . . . . . . . . . . . . . . . . . 130
  - 4.4 M&Aにはどのような役割があるのか . . . . . . . . . 131
- 5. 資本構成に関する理論◇◇◇ . . . . . . . . . . . . . . . . . 132
  - 5.1 レバレッジのトレード・オフ理論とは何か . . . . . . 132
  - 5.2 ペッキング・オーダー仮説とは何か . . . . . . . . . 132

## 第8章 リスク・ヘッジと金融資産　135

- 1. リスク・ヘッジ◇ . . . . . . . . . . . . . . . . . . . . . . 135
  - 1.1 リスク・ヘッジとは何か . . . . . . . . . . . . . . . 135
  - 1.2 デリバティブとは何か . . . . . . . . . . . . . . . . 136
- 2. 先物・先渡◇ . . . . . . . . . . . . . . . . . . . . . . . . 137
  - 2.1 先渡・先物契約とはどのようなものか . . . . . . . . 137
  - 2.2 為替リスクをどうヘッジするか . . . . . . . . . . . 137
  - 2.3 先物為替レートはどのように決まるか . . . . . . . . 138
- 3. オプション◇ . . . . . . . . . . . . . . . . . . . . . . . . 140
  - 3.1 オプション取引とはどのようなものか . . . . . . . . 140
  - 3.2 オプションはどのような仕組みなのか . . . . . . . . 141
  - 3.3 オプション価格はどのように決まるのか . . . . . . . 142
- 4. スワップとデリバティブ◇◇ . . . . . . . . . . . . . . . . . 145
  - 4.1 金利スワップとは何か . . . . . . . . . . . . . . . . 145
  - 4.2 金利スワップで金利リスクをヘッジするには . . . . . 146
  - 4.3 デリバティブにはどのようなものがあるか . . . . . . 147

  5. オプション価格◇◇◇ . . . . . . . . . . . . . . . . . . . . . . . 149
    5.1 簡単なオプション価格の理論値 . . . . . . . . . . . . 149
    5.2 ブラック・ショールズのオプション価格 . . . . . . . 151

## 第9章 金融市場と金融機関  153

 1. 金融市場の役割◇ . . . . . . . . . . . . . . . . . . . . . . . . . 153
   1.1 金融市場はどのような役割を果たすのか . . . . . . . 153
   1.2 リスク・シェアリング機能とは何か . . . . . . . . . 154
   1.3 効率的な価格形成機能とは何か . . . . . . . . . . . 154
 2. 市場のマイクロ・ストラクチャと流動性の創出◇ . . . . . . . 156
   2.1 証券取引所にはどのような取引ルールがあるのか . . 156
   2.2 どのように指値・成行注文を使い分けるか . . . . . 157
   2.3 どのような市場が流動性の高い市場なのか . . . . . 157
   2.4 マイクロ・ストラクチャの影響とは . . . . . . . . . 157
 3. 市場のアノマリー◇ . . . . . . . . . . . . . . . . . . . . . . . 158
   3.1 市場にはどのようなアノマリーがあるか . . . . . . . 158
   3.2 株価のバブルとは何か . . . . . . . . . . . . . . . . 159
 4. 短期金融市場◇◇ . . . . . . . . . . . . . . . . . . . . . . . . . 161
   4.1 短期金融市場とは何か . . . . . . . . . . . . . . . . 161
 5. 金融機関が直面するリスク◇◇◇ . . . . . . . . . . . . . . . . . 164
   5.1 金融機関のリスクはどのように分類されるか . . . . 165
   5.2 金融機関がリスク管理を行うには . . . . . . . . . . 168
   5.3 金融機関によるリスクの測定 . . . . . . . . . . . . 169

## 第10章 金融仲介機関の機能  173

 1. 金融仲介機関の役割◇ . . . . . . . . . . . . . . . . . . . . . . 173
   1.1 どのような機能を果しているのか . . . . . . . . . . 173
   1.2 リスク削減機能とは何か . . . . . . . . . . . . . . . 174
   1.3 情報の生産機能とは何か . . . . . . . . . . . . . . . 174
   1.4 モニタリングの委託とは何か . . . . . . . . . . . . 175
   1.5 満期の変換機能とは何か . . . . . . . . . . . . . . . 176

|     |     | 1.6 | 決済サービスの提供機能とは何か . . . . . . . . . . . . . . . | 178 |
| --- | --- | --- | --- | --- |

- 1.6 決済サービスの提供機能とは何か ............ 178
- 2. 銀行貸出の諸問題◇◇ .......................... 179
  - 2.1 貸出金利はどのように決定されるのか .......... 179
  - 2.2 取引銀行からの借入は有利なのか ............. 181
  - 2.3 情報独占とロック・インとは何か ............. 182
  - 2.4 リレーションシップ型貸出とは何か ............ 183
  - 2.5 ソフト・バジェット問題とは何か ............. 183
  - 2.6 モニタリングにはどのような意義があるのか ...... 184
- 3. 流動性の創出と金融危機◇◇ ...................... 185
  - 3.1 流動性の創出とは何か .................... 185
  - 3.2 金融危機はなぜ生じるのか ................. 185
- 4. 銀行貸出・借入の意思決定◇◇◇ .................... 187
  - 4.1 企業のリスクにどのような影響を与えるのか ...... 187

## 第11章 金融制度と規制　　191

- 1. 金融制度◇ ................................. 191
  - 1.1 金融制度はどのように分類されるか ............ 191
  - 1.2 金融契約に関する制度 .................... 191
  - 1.3 金融取引に関する制度 .................... 193
  - 1.4 金融機関に関する制度 .................... 194
  - 1.5 金融システムの安定化に関する制度 ............ 195
- 2. 金融システムの安定化政策と規制緩和政策◇◇ .......... 197
  - 2.1 日本の不良債権問題と金融危機 ............... 197
  - 2.2 日本における規制緩和の流れ ................ 201
- 3. 市場取引の規制◇◇ ............................ 203
  - 3.1 インサイダー取引規制とは何か ............... 203
  - 3.2 取引所はどのようなルールを定めているか ........ 203
  - 3.3 制度信用取引とはどのようなものか ............ 204
- 4. 自己資本規制◇◇◇ ............................. 205
  - 4.1 自己資本規制とは何か .................... 205

4.2 新しいバーゼル III のフレームワークとは . . . . . . . . . 208

## 第 12 章 マネーと金融政策　　211

1. マネーとは何か° . . . . . . . . . . . . . . . . . . . . . . . 211
   1.1 マネーにはどのような種類があるか . . . . . . . . . . 211
   1.2 マネーと決済の仕組み . . . . . . . . . . . . . . . . . 214
2. 日本銀行° . . . . . . . . . . . . . . . . . . . . . . . . . . . 217
   2.1 日本銀行の役割は何か . . . . . . . . . . . . . . . . . 217
   2.2 日本銀行の組織はどのようになっているのか . . . . . 218
   2.3 日本銀行の金融政策運営はどのように行われるか . . . 219
3. 金融政策と信用創造のメカニズム°° . . . . . . . . . . . . . 221
   3.1 信用創造のメカニズムとはどのようなものか . . . . . 221
   3.2 金融調節はどのように行われるのか . . . . . . . . . . 223
4. 信用乗数°°° . . . . . . . . . . . . . . . . . . . . . . . . . 227
   4.1 信用乗数モデル . . . . . . . . . . . . . . . . . . . . 227

## 第 13 章 金融政策とインフレ率および利子率　　231

1. 日本銀行の金融政策の歩み° . . . . . . . . . . . . . . . . . 231
   1.1 日本銀行はどのような金融政策を行ってきたか . . . . 231
   1.2 ゼロ金利政策と量的緩和政策 . . . . . . . . . . . . . 232
   1.3 世界金融危機後の金融政策 . . . . . . . . . . . . . . 234
2. インフレ率と利子率の動向° . . . . . . . . . . . . . . . . . 236
   2.1 インフレ率の指標にはどのようなものがあるか . . . . 236
   2.2 インフレ率はどのように推移してきたか . . . . . . . 237
   2.3 利子率はどのように推移してきたか . . . . . . . . . . 238
3. インフレ率の利子率への影響：実質利子率°° . . . . . . . . 240
   3.1 インフレ・デフレの利子率への影響 . . . . . . . . . . 240
   3.2 フィッシャー方程式とは何か . . . . . . . . . . . . . 241
4. 伝統的なマネーの理論°°° . . . . . . . . . . . . . . . . . . 243
   4.1 マネーを需要する動機 . . . . . . . . . . . . . . . . . 243
   4.2 マネーの需要関数 . . . . . . . . . . . . . . . . . . . 244

|   |   |   |
|---|---|---|
| | 4.3　古典派の数量説 | 246 |
| | 4.4　マネーの中立性とは何か | 247 |
| | 4.5　数量方程式とは何か | 248 |
| 5. | インフレのコスト◇◇◇ | 249 |
| | 5.1　インフレのコストとは何か | 249 |

## 第 14 章　マクロ経済と金融政策　251

1. マクロ経済と総需要・総供給分析◇　251
   1.1　好況・不況はなぜ生じるのか　251
   1.2　総需要–総供給分析とは何か　252
2. インフレとデフレ◇　254
   2.1　インフレとデフレはどのように発生するのか　254
   2.2　デフレはなぜ起きるのか　255
   2.3　インフレ・デフレと失業の関係　256
3. 金融政策とマクロ経済◇◇　257
   3.1　金融政策はどのように物価に影響を与えるのか　257
   3.2　金融政策はどのようなルールに基づくのか　260
   3.3　流動性の罠と金融政策　262
4. インフレとマクロ経済◇◇◇　263
   4.1　インフレはなぜ起きるのか　263

## 第 15 章　国際金融　269

1. 国際取引と国際収支◇　269
   1.1　国際収支表とは何か　269
2. 為替レート◇　273
   2.1　外国為替市場と為替レート　273
3. 世界の通貨制度と通貨危機◇　276
   3.1　世界の通貨制度はどのようになっているか　276
   3.2　通貨危機はなぜ起きるのか　278
4. 為替レートのメカニズム◇◇　279
   4.1　購買力平価説とは何か　279

5. 金利平価説◇◇◇ .................... 282
　　5.1　金利平価説とは何か .................. 282
文献案内 ............................ 285
索 引 ............................. 287

# 図目次

| 図 1-1 | 金融市場 | 2 |
| 図 1-2 | 日本の資金過不足 | 16 |
| 図 1-3 | 東証時価総額の推移 | 18 |
| 図 1-4 | 東証売買代金の推移 | 19 |
| 図 2-1 | 定期預金の利率の推移 | 24 |
| 図 2-2 | 複利の効果 | 25 |
| 図 2-3 | 現在価値と将来価値 | 26 |
| 図 2-4 | 割引債の PV と預金の FV の関係 | 28 |
| 図 2-5 | 利回りと価格の関係 | 30 |
| 図 3-1 | 日本の家計の貯蓄率 | 40 |
| 図 3-2 | 日本の家計の金融資産 | 42 |
| 図 3-3 | 信用リスクと貸出の CF | 43 |
| 図 3-4 | 株式の収益率 | 45 |
| 図 3-5 | ポートフォリオの分散と資産数 | 50 |
| 図 3-6 | リスク回避的な効用関数 | 53 |
| 図 4-1 | ポートフォリオの期待収益率と標準偏差 | 58 |
| 図 4-2 | 二資産のポートフォリオ | 59 |
| 図 4-3 | 効率的フロンティア | 61 |
| 図 4-4 | 無リスク資産を含むポートフォリオ | 62 |
| 図 4-5 | 無リスク資産を含む効率的フロンティア | 63 |
| 図 4-6 | 無リスク資産を含む最適ポートフォリオ | 63 |
| 図 4-7 | 証券市場線 | 67 |
| 図 4-8 | CAPM と CML | 68 |
| 図 4-9 | イールド・カーブ | 73 |
| 図 5-1 | 日本の投資額の推移 | 77 |
| 図 5-2 | NPV と割引率 | 80 |
| 図 5-3 | 企業の投資関数 | 81 |
| 図 5-4 | NPV と内部収益率 | 89 |
| 図 6-1 | 企業のレバレッジの推移 | 98 |
| 図 6-2 | 有債務企業の株式コストと財務リスク | 105 |
| 図 6-3 | 日本企業の収益性 | 107 |
| 図 6-4 | 日本企業の株式指標 | 108 |
| 図 6-5 | 法人税と加重平均資本コスト | 110 |
| 図 6-6 | 株主と債権者の分配ルール | 112 |
| 図 7-1 | 日本の株式所有構造 | 129 |
| 図 8-1 | オプションのペイオフ | 141 |
| 図 8-2 | プット・コール・パリティ | 143 |
| 図 8-3 | スワップのキャッシュフロー | 146 |
| 図 8-4 | 二項モデルのオプション価格 | 149 |
| 図 8-5 | コール・オプションの価値 | 152 |
| 図 9-1 | 日経平均株価 | 160 |
| 図 9-2 | 倒産件数の推移 | 167 |
| 図 9-3 | 収益率の分布と VaR | 170 |
| 図 10-1 | 貸出金利とモラル・ハザード | 188 |
| 図 11-1 | 不良債権の推移 | 197 |
| 図 11-2 | 金融機関破たん処理の実績 | 199 |
| 図 12-1 | マネー・ストックの推移 | 213 |
| 図 12-2 | マネタリーベースの推移 | 213 |
| 図 12-3 | 振替の仕組み | 214 |
| 図 12-4 | 銀行間決済の仕組み | 215 |
| 図 12-5 | 信用創造の仕組み | 222 |
| 図 12-6 | 信用乗数の推移 | 224 |
| 図 13-1 | 日本のインフレ率 | 238 |
| 図 13-2 | 日本の利子率の推移 | 239 |
| 図 13-3 | 日本の実質利子率 | 242 |
| 図 13-4 | 流動性選好理論 | 245 |
| 図 13-5 | 古典派の数量説 | 247 |
| 図 13-6 | 日本のマネー流通速度 | 248 |
| 図 14-1 | AD–AS 分析 | 253 |
| 図 14-2 | AD 曲線のシフトとデフレ | 254 |
| 図 14-3 | AS 曲線のシフトとデフレ | 255 |
| 図 14-4 | インフレ率の比較:日米 | 256 |
| 図 14-5 | 日本のインフレ率と失業率 | 257 |
| 図 14-6 | AD–AS 分析における金融政策の効果 | 258 |
| 図 14-7 | AD–AS 分析における金融政策の有効性 | 260 |
| 図 14-8 | 流動性の罠 | 262 |
| 図 14-9 | 長期の AD–AS 分析 | 265 |
| 図 15-1 | 対外資産残高の推移 | 272 |
| 図 15-2 | 対外負債残高の推移 | 273 |
| 図 15-3 | 日本の為替レートの推移 | 275 |
| 図 15-4 | 購買力平価レートの推移 | 280 |

## 表目次

| | | |
|---|---|---|
| 表 1-1 | バランス・シートの例 | 3 |
| 表 1-1 | バランス・シートの例(続き) | 4 |
| 表 1-2 | 金融資産の種類 | 5 |
| 表 1-3 | 資金循環統計(金融取引表) | 14 |
| 表 1-4 | 預金市場と貸出市場の規模 | 17 |
| 表 1-5 | 債券市場の規模 | 20 |
| 表 2-1 | 3年物利付債のキャッシュフロー | 34 |
| 表 2-2 | 3年物利付債の利回り計算 | 34 |
| 表 2-3 | 年金の現在価値 | 36 |
| 表 3-1 | 貯蓄と資産の推移 | 41 |
| 表 3-2 | 収益率のリスク | 46 |
| 表 3-3 | 3つの金融資産のリターンとリスク | 47 |
| 表 3-4 | 2つの資産を組み合わせたポートフォリオ | 48 |
| 表 4-1 | ポートフォリオの期待収益率と標準偏差 | 58 |
| 表 5-1 | 投資計画のCFとNPV | 79 |
| 表 5-2 | 予算増分表 | 83 |
| 表 5-3 | キャッシュフロー増分表 | 86 |
| 表 5-4 | NPV計算表 | 86 |
| 表 6-1 | 新規発行株式募集要項の例 | 94 |
| 表 6-2 | 銀行借入の記載事項の例 | 96 |
| 表 6-3 | 新規発行社債募集要項の記載事項の例 | 97 |
| 表 6-4 | レバレッジと資本コスト | 99 |
| 表 6-5 | モジリアーニ・ミラーの定理 | 102 |
| 表 6-6 | 投資戦略:自家製レバレッジ | 103 |
| 表 7-1 | FCFの処分計画とバランス・シート | 116 |
| 表 7-2 | 増配と企業価値 | 118 |
| 表 7-3 | 企業の株式所有構造の例 | 129 |
| 表 8-1 | 経済主体の直面する様々なリスク | 136 |
| 表 8-2 | コール・オプションの複製 | 150 |
| 表 9-1 | 短期金融市場の規模 | 162 |
| 表 10-1 | 満期変換と金利リスク | 177 |
| 表 10-2 | 貸出競争と信用リスク・スプレッド | 182 |
| 表 11-1 | 金融制度(法律)の分類 | 192 |
| 表 11-2 | 金融機関の自己資本規制 | 206 |
| 表 11-3 | 標準的手法のリスク・ウェイトの例 | 208 |
| 表 12-1 | マネー・ストック統計におけるマネーの種類 | 212 |
| 表 12-2 | 法定準備率 | 216 |
| 表 12-3 | オペレーションの種類 | 220 |
| 表 12-4 | 日銀当座預金増減要因と金融調節 | 225 |
| 表 13-1 | 近年の日本銀行の金融政策 | 232 |
| 表 13-1 | 続き | 233 |
| 表 15-1 | 国際収支表 | 271 |

## コラム目次

| | |
|---|---:|
| 格付けとは？（1章） | 6 |
| 日本の金融は深化しているのか？（1章） | 12 |
| 年金のPVを考えてみよう（2章） | 37 |
| 期待値とは？（3章） | 44 |
| 分散とは？（3章） | 46 |
| 投資信託の目論見書を読む（3章） | 51 |
| CAPMを求めてみよう（4章） | 70 |
| 伸び悩む日本企業の投資（5章） | 77 |
| アナリスト・レポートを読む（5章） | 87 |
| IPOのアンダープライシング（6章） | 95 |
| 日本企業のWACC（例）（6章） | 100 |
| 実質的な無債務企業（6章） | 108 |
| 不正会計はなくならないのか？（7章） | 127 |
| 先物為替レート（8章） | 139 |
| 世界金融危機の原因は何か？（8章） | 148 |
| 株価は予測できるのか？（9章） | 155 |
| 行動ファイナンス（9章） | 161 |
| VaR（9章） | 169 |
| サブプライム問題と融資基準（10章） | 180 |
| G–SIFIs（11章） | 199 |
| マネーの歴史（12章） | 216 |
| アメリカの金融政策の目標（12章） | 221 |
| 世界のマイナス金利政策（13章） | 235 |
| 長期停滞論（14章） | 266 |
| ユーロの誕生とBREXIT（15章） | 276 |
| PPPの歴史（15章） | 282 |

# 第1章

# 金融取引と金融機関・金融市場：概観

　本章では金融経済学へのイントロダクションとして，金融取引，金融機関，金融市場，金融資産について説明する．**1節**では金融取引とは何か，金融取引や市場がどのように分類されるのかについて説明する．**2節**では金融機関の種類や業務を概観し，**3節**では資金循環統計の見方と資金過不足の概念，日本の金融市場の規模等を扱う．**4節**ではフローとストックの理論的概念を紹介する．

## 1.　金融取引．

### 1.1　金融市場と金融機関とは何か

■**資金調達と資金運用**　金融取引は資金運用を目的とした人と資金調達を目的とした人が行う取引である．**資金運用**を行うのは資金に余剰が生じている者であり，**資金調達**をするのは資金が不足している者である．

　たとえば，家計（個人）は資金運用のために，銀行に預金したり，個人向け国債を購入したり，株式投資を行ったりする．企業は設備投資の資金や運転資金を銀行借入や新株発行によって調達する．政府は政策を実行するために，国債を発行し資金調達を行う．企業や地方公共団体などは一時的に生じた余剰資金を運用することもある．

図 1-1（金融市場）

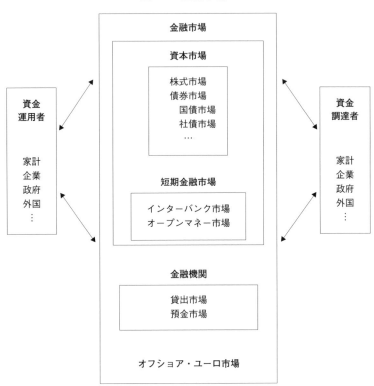

(注) ただし，外国為替市場，外国の金融市場を除く．

■**金融市場と金融仲介機関**　金融取引が行われる場所を**金融市場**という．図1-1に図示するように，株式市場，国債市場，貸出市場，預金市場，インターバンク市場など多数の市場が金融市場を構成する．

　ほとんどの金融取引は**金融機関**を通じて行われる．たとえば，家計が預金するのは銀行などの預金を扱う金融機関であるし，株式や投資信託の売買をするときには証券会社等を通じて行う．資金を調達しようとする企業は銀行から借り入れをしたり，証券会社を通じて株式市場から資金を調達する．

　このように金融機関は金融取引の仲介を行っているので，**金融仲介機関**と呼ばれる．

## 1. 金融取引

### 表 1-1 バランス・シートの例

トヨタ自動車

| | 資産 | | | 負債 | | |
|---|---|---|---|---|---|---|
| a | 流動資産合計 | 22.8 | (37) | 流動負債 | 21.5 | (34) |
| b | 　現金及び現金同等物 | 5.1 | (8) | 　営業債務及びその他の債務 | 4.0 | (6) |
| c | 　営業債権及びその他の債権 | 3.0 | (5) | 　有利子負債 | 12.2 | (20) |
| d | 　金融事業に係る債権 | 6.8 | (11) | 　他 | 5.2 | (8) |
| e | 　他 | 8.0 | (13) | 非流動負債 | 16.5 | (27) |
| f | 非流動資産合計 | 39.5 | (63) | 　有利子負債 | 13.4 | (22) |
| g | 　持分法で会計処理されている投資 | 4.2 | (7) | 　他 | 3.1 | (5) |
| h | 　金融事業に係る債権 | 12.4 | (20) | 負債合計 | 38.0 | (61) |
| | 　その他の金融資産 | 9.1 | (15) | | | |
| | 　有形固定資産 | 11.4 | (18) | 資本 | | |
| i | 　　土地 | 1.3 | (2) | 資本金 | 0.4 | (1) |
| j | 　　建物 | 5.0 | (8) | 資本剰余金 | 0.5 | (1) |
| k | 　　機械装置 | 12.8 | (20) | 利益剰余金 | 24.1 | (39) |
| l | 　　減価償却累計額 | △14.6 | (−23) | その他の資本の構成要素 | 1.3 | (2) |
| m | 　他 | 6.88 | (11) | 自己株式 | △2.9 | (−5) |
| n | 　他 | 2.39 | (4) | | | |
| o | | | | 親会社の所有者に帰属する持分合計 | 23.4 | (38) |
| p | | | | 非支配持分 | 0.9 | (1) |
| q | | | | 資本合計 | 24.3 | (39) |
| r | 資産合計 | 62.3 | | 負債及び資本合計 | 62.3 | |

(注) 単位（兆円）．括弧内は％を表す．2021 年 3 月期連結財務諸表の貸借対照表から作成．簡略化し，一部の項目のみを抜粋している．△は控除項目．

■**企業と金融機関のバランス・シート**　資金運用者にとって，預金，株式，投資信託，国債などは**金融資産**である．一方，資金調達者は，借入金を負債，株式を資本金等としてバランス・シートに計上する．銀行などの金融機関は資金運用と資金調達を同時に行っている．

　実際に，バランス・シートを見てみよう．表 1-1 はトヨタ自動車と三菱 UFJ フィナンシャル・グループ (MUFG) のバランス・シートを示している．まず資産側を比較すると，トヨタ自動車は流動資産や長期金融債権などの金融資

## 表 1-1 バランス・シートの例（続き）

三菱 UFJ フィナンシャル・グループ

| | 資産の部 | | | | 負債の部 | | |
|---|---|---|---|---|---|---|---|
| a | 現金預け金 | 103.0 | (29) | | 預金 | 211.5 | (59) |
| b | コールローン及び買入手形 | 0.7 | (0) | | コールマネー及び売渡手形 | 2.3 | (1) |
| c | 特定取引資産 | 20.6 | (6) | | 売現先勘定 | 24.5 | (7) |
| d | 有価証券 | 77.1 | (21) | | 特定取引負債 | 14.0 | (4) |
| e | 貸出金 | 107.2 | (30) | | 他 | 89.4 | (25) |
| f | 外国為替 | 1.9 | (1) | | 負債合計 | 341.8 | (95) |
| g | 有形固定資産 | 1.3 | (0) | | 純資産の部 | | |
| h | 無形固定資産 | 1.4 | (0) | | 株主資本合計 | 13.8 | (4) |
| i | 支払承諾見返 | 9.0 | (3) | | 資本金 | 2.1 | (1) |
| j | 貸倒引当金 | △1.1 | (0) | | 利益剰余金 | 11.2 | (3) |
| k | 他 | 38.4 | | | 自己株式 | △0.5 | (0) |
| l | | | | | 他 | 3.9 | (1) |
| m | | | | | 純資産合計 | 17.7 | (5) |
| n | 資産合計 | 359.5 | | | 負債純資産合計 | 359.5 | |

産も保有しているが，有形固定資産の割合が高い[*1]．

一方，MUFG は有形固定資産の割合は極めて小さく，貸出金や有価証券などの金融資産を多く保有していることが分かる．負債サイドでは，トヨタ自動車は 61% を負債で調達しているが，MUFG は 95% を負債で調達しており，その多くは預金である．

### 1.2 金融資産にはどのような種類があるのか

表 1-2 は金融資産の分類をまとめたものである．以下では，預金，貸出，株式，投資信託，国債などの金融資産がもつ特徴を説明しよう．

■預金　金融機関の中で預金取扱機関が発行できる．当座預金，普通預金，定期預金などの種類がある．当座・普通預金は決済等を目的として家計や企業，他の組織（地方公共団体・非営利組織）などほとんどすべての主体が資産として保有している．当座預金など一部を除き，利息が支払われる．

---

[*1] トヨタ自動車は子会社を通じて自動車ローン事業を行っているため，金融資産の割合は比較的高い．

表 1-2　金融資産の種類

| 金融資産 | 例 |
| --- | --- |
| 預金 | 当座預金，普通預金，定期預金，譲渡性預金など |
| 貸出金/借入金 | 証書貸付，当座貸越，手形貸付，手形割引 |
| 株式 | 普通株式，優先株式など |
| 債券 | 国債，地方債，政府保証債，財投機関債，国庫短期証券，普通社債，劣後債，新株予約権付社債など |
| 投資信託 | 公社債投資信託，株式投資信託 |
| その他の証券 | コマーシャルペーパー，貸付信託の受益証券，抵当証券，出資証券，信託受益権，集団投資スキーム持ち分，金融派生商品契約書など |
| 保険・年金 | 生命保険，損害保険，年金 |

定期預金は満期を定めた預金であり，普通預金より高い利息がえられる．多くの預金は預金保険の対象に含まれ，政府機関の発行する債務（国債など）の次に安全な資産として位置付けられる．

■**貸出金/借入金**　企業が金融機関から借り入れた資金は企業側では借入金，金融機関側では貸出金と呼ばれる．また，家計は住宅ローンや自動車ローンを借り入れることがある．**貸出金/借入金**は返済の期日を定め，その期日までに元本と利息を支払う．

貸付の形態には証書貸付，当座貸越，手形貸付，手形割引がある[*2]．証書貸付は**借用書**（金銭消費貸借契約証書）に基づく貸付であり，借用書は借入金額，利率，返済方法等を定める．有担保ローン，無担保ローン，保証付きローンなどがあり，また，固定金利ローンと変動金利ローンがある．貸出（借入）利息は金融機関側の収益，借入側の費用となる．**貸出（借入）金利**は短期プライムレートなどの基準金利をベースとして決定される．

■**株式**　株式会社が資本金を調達する手段であり，株券の形をとる．株式の保有者は株式会社の**株主**となり，配当請求権や株主総会での議決権などが与

---

[*2] 当座貸越は当座預金残高を超える手形・小切手等の支払いを金融機関が立て替えて決済することにより，融資を行う方法である．予め貸越限度額が定められる．手形貸付は借り手が金融機関を受取人，融資金額を券面額とする約束手形を振り出すことによる融資の方法である．手形割引は借り手の取引相手が振り出した手形を金融機関が割り引くことによって，融資を行う方法である．

えられる．家計や機関投資家などが金融資産として保有している．

普通株式や優先株式などの種類がある．公開企業の株式は市場などで取引できるが，非公開企業の株式は原則として売買できない．株式の発行には公募と私募の区別がある．上場企業の株式の価格（**株価**）は市場で決定されるため変動する．

■**債券**　債券は**国債**，地方公共団体債，社債など発行体によって名称が異なる．借入金同様，一定の償還（返済）期日を定め，発行体は期日までに利息を含めて償還額を返済する．割引債と利付債に区別され，利付債は年2回利息を支払うことが多い．

株式会社が発行する債券は**社債**と呼ばれ，担保付社債と無担保社債がある[*3]．同じ発行体が発行した債券でも発行時点や条件によって，第○回債と区別される．普通社債のほか，劣後債など優先順位が劣る社債や，新株予約権付社債などがある[*4]．

一般に債券取引は相対（店頭）取引によって行われる．借入金と異なり，市場で価格が決定され，債券価格は変動する．スタンダード&プアーズ(S&P)，ムーディーズ(Moody's)，フィッチ(Fitch)，格付投資情報センター(R&I)，日本格付研究所(JCR)などの信用格付け業者が発行体や債券の**格付け**を行っているものもある．家計や企業，非営利組織が資金運用手段として用いている．

---
コラム・・・格付けとは？

S&Pグローバル・レーティングでは上位からAAA（トリプルエー），AA，A，BBB，BB，B，CCC，CC，Moody'sでは上位から，Aaa，Aa，A，Baa，Ba，B，Caa，Ca，Cのように表記される．ただし，格付けには様々な種類があり，発行体・個別債務，短期・長期などの区別がある．

---

[*3] 担保付社債のうち，電力債などの一般担保付社債では，より強い弁済を受ける権利が社債権者に認められる．

[*4] 新株予約権付社債は，一定期間内に新株を取得できる権利が付与された社債であり，普通社債と区別される．新株予約権部分を分離できる転換社債型と分離できないものがある．他に，インデックス連動債（日経平均リンク債等），オプション付仕組債（他社株転換条項付社債（EB債），コーラブル債等），変形キャッシュフロー債（ステップ・アップ/ダウン債，リバース債等）などの**仕組債**もある．

> S&Pの場合，AAからCCCまでの区分にはプラス記号とマイナス記号をつけ，上位からA+（シングル・エー・プラス），A，A−となる．こうして分けられた上下の1区分の差を1ノッチという．たとえば，CCC−の発行体がCCになると1ノッチのダウングレードとなる．
> 
> たとえば，2018年4月末において，S&Pによる日本国債のソブリン格付けはA+（ポジティブ），米国はAA+（安定的），中国はA+（安定的）となっているが，イタリアはBBB（安定的），ブラジルはBB−（安定的）などとなっている．日本の事業法人では，たとえばイオン（発行体格付け）の自国通貨建て長期格付けはBBB+（ネガティブ），四国電力はA−（安定的），トヨタ自動車はAA−（安定的）となっている．

■**国債**　国債には，満期1年以内の短期国債，2年または5年の中期国債，10年の長期国債，20年を超える超長期国債，個人向け国債，物価連動国債，変動利付国債の種類がある．短期国債を除き，利付国債である．国債は公募入札によって発行される場合と窓口販売の場合がある[*5]

■**投資信託**　投資信託は投資家から資金を集め，株式や債券などで運用してえられた収益を配当する金融商品である．公社債投資信託と株式投資信託がある．投資信託の価値は保有資産の時価で評価され，変動する．

投資信託は，証券会社・銀行などの販売会社，委託者である投資信託運用会社，受託者である信託銀行の3者の役割分担によって運営されている．投資信託運用会社は投資信託ファンドを組成し，信託銀行に対して運用を指図する．信託銀行は運用会社の指図に従って，株式や債券などの売買や管理を行う．

短期金融市場商品を運用対象とするファンドはMMF・MRFと呼ばれる．投資信託の中には，市場に上場されている上場投資信託（**ETF**）もある．なお，不動産投資信託（**REIT**）は投資先を不動産に設定した投資信託であり，日本ではJ-REITが上場されている．

---

[*5] 公募入札では，財務省が発行条件を提示し，入札参加者が落札希望価格と落札希望額を入札し，発行価格と発行額が決定される．入札方式には，競争入札，非競争入札，第I・II非価格競争入札がある．

■**保険商品**　生命保険や損害保険は満期までの期間中の事故の発生に伴い保険金を支払う金融商品である*6．保険料の支払いが掛け捨てのタイプと，支払った保険料から満期に解約返戻金が支払われる貯蓄性のタイプがある．

　生命保険には死亡時に保険金が支払われる死亡保険や満期時に生存していれば保険金が支払われるタイプがある．一定の期間を定めた定期保険と終身保険がある．生命保険には傷害や病気による支出に伴う出費に対して保険金を支払う医療特約が付されるものもある．損害保険には，火災，自動車，盗難，海難などの種類がある．

■**年金商品**　年金商品は老後の年金の支払いを目的とする金融資産である．すなわち，保険料を納めることで，主に老後の年金を支給するものであり，一種の貯蓄の役割を担っている．公的年金と私的年金があり，私的年金には確定拠出型年金や養老・年金保険がある．

　公的年金は国民年金と厚生年金に分けられる*7．国民年金は20～60歳の国民が皆加入することとなっており，厚生年金は厚生年金保険の適用される事業所に勤務する人が加入することになっている．年金保険料は国民年金は定額制，厚生年金は所得の比率制になっている．

## 1.3　取引と市場はどのように分類されるのか

　次に，金融取引や市場のいくつかの分類法を紹介する．

■**直接金融と間接金融**　金融方式は直接金融と間接金融に大別される．企業等が発行した株式や債券などを，家計などが直接購入する方式は**直接金融**と呼ばれる．この場合，金融機関は取引を仲介するが，委託された取引の仲介を行うだけである．

　これに対して，家計が預金取扱機関（銀行等）に預金し，その資金を預金取扱機関が企業等に貸出す場合は**間接金融**と呼ばれる．資金は預金取扱機関を経て間接的に資金調達者に流れる．この場合，預金取扱機関は貸出金とい

---

*6 保険金が支払われる事態の発生を事故という．
*7 公務員等の共済年金は2015年から厚生年金に統合されている．

う金融資産をもとにして，新しい預金という金融商品を組成している[*8]．他に，新しく**受益証券**を組成する，投資信託やデリバティブ取引なども間接金融に含められる．

■**市場取引/相対取引**　証券会社などに売買を委託して，不特定の人と取引を行うのが市場取引である．たとえば，上場された株式の売買は**市場取引**である．一方，企業が銀行から借り入れをするときのように，店頭で直接取引相手と契約・取引を行うのが**相対取引**（店頭取引，OTC）である．

　前者では取引の方法や内容が標準化されており，通常どの証券会社に委託しても取引価格は変わらない．後者では，取引の方法や内容は契約（取引者）ごとに異なり，取引者が合意できる限り，自由な取引が可能である．

　金融取引の行われる市場のうち，市場取引が行われる市場を狭義の金融市場という．狭義の金融市場と区別して，金融機関を中心に相対取引が行われる部分を**金融システム**という．

■**取引所と店頭市場**　取引所は，多量の注文を集中的に処理することで，取引を迅速・円滑に行わせるという役割を果たしている．取引所で有価証券を取り扱えるようにすることを上場という．企業は**証券取引所**に株式を上場することで，資金調達を容易にすることができ，また株式価値の公正な評価を実現できる．

　債券などの**店頭市場**では，集中的に注文を処理しないため，取引所市場に比べて取引を円滑に執行しにくい面があるが，ディーラーがディーリング業務を行うことにより，ある程度取引が円滑に行われるようになっている．

■**発行市場と流通市場**　発行市場と流通市場に分類することがある．発行市場は資金調達が行われる市場であり，流通市場は既発の証券が取引される市場である．発行市場では，入札などさまざまな方法で価格付けが行われる．

---

[*8] ガーリー (J. Gurley) とショウ (E. Shaw) は，最終的資金調達者が発行する証券（借入証書等）を本源的証券，金融機関が発行する証券（預金証書等）を間接証券と呼んだ．

■**短期金融市場と資本市場**　取引の期間によって金融市場を分類することがある．残存期間が1年以上ある証券の取引市場を**資本市場**，1年未満の場合を**短期金融市場**という．通常，株式と1年以上の残存期間を有する債券市場を資本市場と呼んでいる．相対取引を前提としている預金市場や貸出市場は通常，資本市場には含めない．なお，短期金融市場については第9章4節において説明する．

> †コンセプト・チェック
> - 金融取引は誰と誰が行うか？
> - 金融市場ではどのように金融取引が行われるか？
> - 主な金融資産にはどのようなものがあるか？
> - 金融取引の仕方や市場にはどのような分類法があるか？

## 2. 金融機関◦

### 2.1　金融機関の種類にはどのようなものがあるのか

次に，金融機関の種類と主な業務内容を説明する．一般的には，金融資産の取得を目的として資金調達する機関や金融取引の仲介を行う機関を金融機関という．銀行，証券会社，保険会社など，さまざまな種類がある．ここでは，日本銀行の資金循環統計に基づきながら主要な金融機関の種類を紹介する[9]．

■**預金取扱機関**　預金取扱機関には銀行，農業協同組合，信用金庫，信用組合，ゆうちょ銀行などがある[10]．預金取扱機関の主要業務は**預金**，**貸出**，**為替業務**である．信託銀行は金銭信託などを受託する信託業務も行っている．

---

[9] 詳しい部門と取引項目の内訳はインターネット付録1.1の表1.Aを参照．
[10] 資金循環統計では，国内銀行，在日外銀，農林水産金融機関，中小企業金融機関，合同運用信託を預金取扱機関という．各分類の内訳はインターネット付録1.1を参照．

■**保険・年金基金**　保険会社には生命保険会社と非生命保険会社（損害保険会社）のほか，農協等の共済保険がある[*11]．年金基金には，企業年金や個人型確定拠出年金，国民年金基金等がある．保険会社は保険料を金融市場で運用することによって収益をあげ，その中から保険金を支払う．

■**その他金融仲介機関**　他に，ノンバンク，公的金融機関，ディーラー・ブローカーがある[*12]．ディーラー・ブローカーは，金融商品のディーリング，ブローキングを主要業務とする機関であり，証券会社のほかに，短資会社などがある．

■**証券会社**　証券会社の業務には，(1) 委託売買（ブローキング），(2) ディーリング，(3) 引受業務，(4) 募集業務の4つがある．

　投資家に委託されて，代わりに売買することを**委託売買**という．委託売買は証券の売り注文と買い注文を引き合わせるという仲介業務である．この業務の手数料を委託売買手数料という．

　証券会社が自己資金で売買しながら仲介を行うことを**ディーリング**という．ディーリングには投資家の取引を執行しやすくし，市場に流動性を創出する機能がある．証券会社はこの業務から売値・買値差額を収益とする．

　**引受業務**とは，株式や債券を発行会社から買い受け，それを投資家に販売することをいう．また，発行のための助言，開示情報資料（有価証券報告書や発行届出書）作成の助言を行う．**募集業務**は投資信託等の販売を行う業務であり，証券会社は募集手数料をえる．

---

†コンセプト・チェック
- 主な金融機関にはどのようなものがあるか？

---

[*11] かんぽ生命保険会社のほか，全国信用保証協会連合会，住宅保証会社等も含む．
[*12] これらについてはインターネット付録 1.1 を参照．

―――― コラム・・・日本の金融は深化しているのか？ ――――

　はしがきでは金融経済学が急速に発展してきている学問分野であると書きましたが，日本の金融業や金融はどのように深化してきているのでしょうか？

　深化を測る一つの尺度は金融資産の対 GDP 比です．図に示すように，金融資産/GDP は 1980 年以降順調に増加してきています．この比率は通常先進国ほど高い値となります．つまり，経済活動の規模である GDP を基準にして考えると，金融資産の規模が相対的に多くなっていることが分かります．

　もう一つの尺度は GDP の中で一産業である金融・保険業の生み出した付加価値のシェア（金融保険シェア）です．この数字が大きいほど，金融・保険業が一国の経済活動の中で大きな割合を占めていると言えます．しかし，これは 1980 年代以降，ほぼ 5％程度で横ばいとなっています．

　3 つ目の尺度は財産所得の GDP に占める割合（財産所得シェア）です．1980 年には 37％であった財産所得比率はバブルの影響によって 1990 年に 54％まで上昇しましたが，不良債権問題と金融危機を経る中で 2000 年には 22％まで低下しました．その後は 10％台後半で推移しています．

　一つ目の金融資産の比率が高まる中で，財産所得の比率が低下していくのは奇妙な気がするかもしれませんが，一つの理由が低金利であることは明らかです．これには金融政策の影響もありますが，一般に資産が増大していくと，その収益性は低下する傾向にあります．

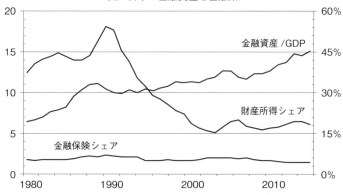

図：日本の金融資産と金融業

(注) 金融資産/GDP は GDP に対する金融資産総額の倍率（左軸）．金融保険シェアは GDP に占める金融保険業の GDP シェア（右軸）．財産所得シェアは財産所得（賃貸料を除く）の GDP に対するシェア（右軸）．内閣府「2016 年度国民経済計算 (2011 年基準・2008SNA)」，2009 年度国民経済計算 (2000 年基準・93SNA)，日本銀行「資金循環統計」より作成．1980～2016 年度．

## 3. 日本における金融取引の実態◇◇

### 3.1 資金循環統計の見方

■**資金循環統計**　日本銀行は四半期ごとに**資金循環統計**を作成，公表している[*13]．これは金融取引の金額を部門別，資産別に集計した統計表であり，**金融取引表**（フロー表），**金融資産・負債残高表**（ストック表），調整表の3つがある[*14]．これらの表から，日本の金融市場でどの部門がどのような資産・負債を活発に取引したのかを知ることができる．

■**金融取引表の見方**　表1-3は簡略化された金融取引表を表している[*15]．スペースの関係から表を2段に分けているが，第1行には金融機関，非金融法人企業，一般政府，家計，対家計民間非営利団体，海外の**6部門**が並んでいる．一方，左側のa～pは**取引項目**を示している．

各部門・各取引項目につき，資産と負債の欄がある[*16]．各部門がある取引項目について運用額を増やした時には資産側に取引額が，調達額を増やした時には負債側に取引額が記載される．運用額を減らしたり，調達額を減らした場合は，資産側・負債側それぞれに調達額がマイナスの値で記載される．

実際に見てみよう．家計の欄を見ると，a行の現金・預金が資産側で+10となっている．これは家計が現金・預金の運用額を10兆円増やしたことを示す．c行の貸出を見ると，負債側が+1となっている．これは家計が借入金を1兆円増やしたことを示す．

---

[*13] 速報と確報があり，速報は第1四半期を6月に，あとは3ヵ月ごとに公表している．

[*14] 金融資産・負債残高表は，企業や家計などの資産・負債を項目ごとに集計したものである．金融取引表はある期間中の取引金額を表すが，金融資産・負債残高表は期末残高（ストック）を表している点が異なる．金融資産・負債残高表では，金融資産負債差額が金融取引表の資金過不足に対応し，ストックとしての差額（＝資産 − 負債）を表す．

[*15] 資金循環表 (flow of funds) はマネーフロー表とも呼ばれ，米国において M. Copeland が基本設計を行ったとされている．Copeland, M. 1947. Tracing money flows through the United States Economy. *American Economic Review* 37, 31–49.

[*16] 株式等は会計制度上は負債と区別するが，資金循環統計では負債に含めて表記される．

表 1-3　資金循環統計（金融取引表）

| | | 金融機関 | | 非金融法人企業 | | 一般政府 | |
|---|---|---|---|---|---|---|---|
| | | 資産 | 負債 | 資産 | 負債 | 資産 | 負債 |
| a | 現金・預金 | 39 | 52 | 0 | | 4 | |
| b | 財政融資資金預託金 | 0 | 1 | 0 | | 1 | |
| c | 貸出 | −3 | −3 | 0 | −7 | 0 | 0 |
| d | 債務証券 | 0 | −11 | 2 | 3 | −1 | 10 |
| e | 株式等・投資信託受益証券 | 2 | 2 | 1 | 1 | 1 | 0 |
| f | 保険・年金・定型保証 | −1 | 0 | 0 | 0 | | |
| g | 金融派生商品・雇用者ストックオプション | 0 | 0 | 0 | 0 | | |
| h | 預け金 | 1 | 3 | −1 | 4 | 4 | 0 |
| i | 企業間・貿易信用 | 0 | | −18 | −10 | 0 | 0 |
| j | 未収・未払金 | 3 | 4 | 2 | −2 | −7 | −1 |
| k | 対外直接投資 | −1 | | 4 | | | |
| l | 対外証券投資 | 5 | | 3 | | 0 | |
| m | その他対外債権債務 | −6 | 0 | 0 | 0 | 0 | 0 |
| n | その他 | 5 | −1 | 0 | 5 | −1 | 1 |
| o | 資金過不足 | | −3 | | −1 | | −9 |
| p | 合計 | 44 | 44 | −7 | −7 | 1 | 1 |

| | | 家計 | | 対家計民間非営利団体 | | 海外 | |
|---|---|---|---|---|---|---|---|
| | | 資産 | 負債 | 資産 | 負債 | 資産 | 負債 |
| a | 現金・預金 | 10 | 0 | | | −1 | 0 |
| b | 財政融資資金預託金 | | | | | | |
| c | 貸出 | 0 | 1 | 0 | 0 | 0 | 5 |
| d | 債務証券 | 0 | | 0 | | 2 | |
| e | 株式等・投資信託受益証券 | −1 | | 0 | 0 | 1 | |
| f | 保険・年金・定型保証 | 0 | | | | | |
| g | 金融派生商品・雇用者ストックオプション | 0 | 0 | | | 0 | 0 |
| h | 預け金 | 0 | | 0 | 0 | 3 | 0 |
| i | 企業間・貿易信用 | | −9 | | | 0 | 0 |
| j | 未収・未払金 | 3 | −1 | 0 | 0 | 1 | 3 |
| k | 対外直接投資 | | | | | | 3 |
| l | 対外証券投資 | −1 | | | | | 6 |
| m | その他対外債権債務 | | | | | 0 | −7 |
| n | その他 | 0 | 2 | 1 | 1 | 0 | 1 |
| o | 資金過不足 | | 18 | | 0 | | −5 |
| p | 合計 | 11 | 11 | 1 | 1 | 6 | 6 |

（注）単位（兆円）。日本銀行「金融取引表」より作成。2016 年第 2 四半期確報。表の数値は兆円以下を四捨五入している。例示のため、その他 (n) の数字は実際と異なる数値となっている。数値はフローであり、プラスはストックの増加を、マイナスはストックの減少を表す。

次に，金融機関の欄を見よう．d 行の債務証券は負債側が $-11$ となっている．これは，金融機関が債務証券による資金調達を 11 兆円減らしたことを意味する．c 行の貸出をみると資産側・負債側とも $-3$ となっている．これは金融機関が貸出を 3 兆円減らす一方，借入金を 3 兆円減らしたことを意味する．

すなわち，金融取引表から次のようなことが分かる．

(1) 各部門ごとに（タテに）みると，各部門がどの取引項目を資産としてどれだけ増加させたか，負債としてどれだけ増加させたかが分かる．

(2) 各取引項目ごとに（ヨコに）みると，各取引項目について，どの部門がその取引項目を資産として増加（減少）させたか，負債として増加（減少）させたかが分かる．

■**資金過不足**　今度は一般政府の欄を見よう．一般政府の資産側の合計 (p) は $+1$ となっている．これは一般政府が資産運用を 1 兆円増やしたことを意味する．一方，負債側の数字を a から n まで合計すると，$10 - 1 + 1 = +10$ となる．これは，一般政府が調達額を 10 兆円増やしたことを意味する．**資金過不足**(o) は $1 - 10 = -9$ と計算される．これは一般政府が 9 兆円の資金不足であったことを示す．10 兆円の資金調達増と 1 兆円の資金運用増により，差引 9 兆円を金融市場から調達した．

他の部門の資金過不足について見ると，金融機関は 3 兆円，非金融法人企業は 1 兆円，海外部門は 5 兆円の資金不足であり，家計は 18 兆円の資金余剰である．

6 部門の資金過不足欄の合計を計算すると，$-3 - 1 - 9 + 18 + 0 - 5 = 0$ となる．これは金融取引において，ある部門が調達した資金（負債側）は必ず他の部門の運用（資産側）に計上されているためである．

資金過不足についてまとめると，次のようになる．

(1) 資金過不足のプラスは資金余剰，マイナスは資金不足を表す．

(2) 資金過不足は資産側の a～n の合計から負債側の a～n の合計を差し引いたものである．資金過不足は必ず負債側に記され，負債側の合計は a～o の合計である．

(3) 資金過不足の合計額は必ずゼロとなる．

図 1-2（日本の資金過不足）

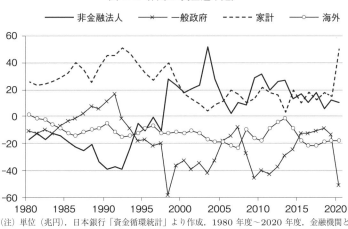

（注）単位（兆円）．日本銀行「資金循環統計」より作成．1980 年度〜2020 年度．金融機関と対家計民間非営利団体を省略．

## 3.2　誰が資金を需要し，誰が供給しているのか

■**IS バランス**　資金過不足がマイナスの主体を資金不足主体，プラスの主体を資金余剰主体という．**資金不足主体**は金融市場から資金を需要し，貯蓄以上の投資を行った主体である．逆に，**資金余剰主体**は金融市場に資金を供給し，投資以上の貯蓄を行った主体である．資金不足は投資超過を，資金余剰は貯蓄超過を意味する．

　資金過不足の合計がゼロになるということは，各部門の貯蓄超過の合計がゼロとなることを意味する．すなわち，経済全体では貯蓄超過額は必ず 0 となる．これを**貯蓄・投資バランス（IS バランス）**という[*17]．

　図 1-2 は，1980 年度から 2020 年度までの資金過不足の推移を表している．家計は一貫して資金余剰（貯蓄超過）であったが，その幅は近年小さくなってきている．海外部門はほぼ一貫して資金不足（投資超過）であった．非金融法人企業は 1997 年度まで資金不足であったが，1998 年度以降資金余剰となっている．政府は 1987 年度から 1991 年度までの期間を除き，資金不足であった．

---

[*17] I は投資 (investment)，S は貯蓄 (saving) である．

表 1-4 預金市場と貸出市場の規模

| | | 金融機関 | | | | | 他 |
|---|---|---|---|---|---|---|---|
| | | | 預金取扱機関 | | | | |
| | | | | 銀行等 | | | |
| | | | | | 国内銀行 | 農林水産金融機関 | 中小企業金融機関等 |
| a | 預金 | 1,422 | 1,422 | 1,422 | 782 | 227 | 404 | - |
| b | 貸出 | 1,338 | 759 | 743 | 550 | 48 | 126 | 579 |
| | (内訳) | | | | | | | |
| c | 住宅貸付 | 176 | 165 | 165 | 124 | 12 | 29 | 11 |
| d | 消費者信用 | 33 | 18 | 18 | 12 | 0 | 5 | 15 |
| e | 企業・政府等向 | 614 | 547 | 532 | 403 | 36 | 78 | 68 |

(注) 単位 (兆円). 日本銀行「金融資産・負債残高表 (2017 年 3 月末)」より作成. 預金は流動性預金, 定期性預金, 譲渡性預金, 外貨預金の合計. 貸出はコール・手形, 民間金融機関貸出 (住宅貸付, 消費者信用, 企業・政府等向け), 公的金融機関貸出, 現先・債券貸借取引の合計. 中央銀行, 在日外銀, 合同運用信託は省略.

2016 年度には家計は 22 兆円の貯蓄超過, 非金融法人は 15 兆円の貯蓄超過, 一般政府は 14 兆円の投資超過であった.

## 3.3 日本にはどのような金融市場があるのか

■**預金市場** 表 1-4 は日本の預金市場・貸出市場の規模を見たものである. 預金は 1,400 兆円を超え, うち 782 兆円が国内銀行, 227 兆円が農林水産金融機関, 404 兆円が中小企業金融機関の預金である.

預金取扱機関全体では流動性預金比率が 46%, 定期性預金比率が 49% となっている. 定期預金の満期構成は, 1 年以上 2 年未満が 47%, 1 年未満が 20%, 2 年以上が 33% となっている[18].

■**貸出市場** 一方, 貸出市場は全体で 1,300 兆円を超えている. 預金取扱機関の貸出は 759 兆円であり, 残りの 579 兆円は預金取扱機関以外の貸出である. 貸出先別では, 住宅貸付が 176 兆円, 企業・政府等向けが 614 兆円である. 貸出の形態別 (全国銀行ベース) では, 86% が証書貸付, 11% が当座貸

---

[18] 日本銀行統計による. 2016 年末.

図 1-3（東証時価総額の推移）

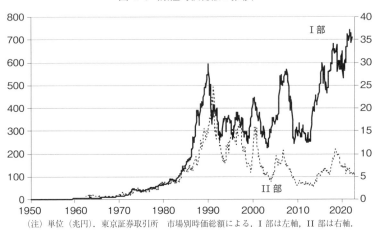

(注) 単位（兆円）．東京証券取引所　市場別時価総額による．Ⅰ部は左軸，Ⅱ部は右軸．

越の形態をとっている[*19]．貸出金のうち，無担保貸出が47%，保証付貸出が34%，有担保貸出が19%である[*20]．

■**株式市場**　日本の株式市場は**東京証券取引所**のほか，名古屋，福岡，札幌にある証券取引所と私設取引システム（PTS）などの取引所外売買市場から構成されている．東京証券取引所には，Ⅰ部，Ⅱ部，マザーズ，JASDAQ（スタンダード，グロース）等がある[*21]．

図 1-3 は東証Ⅰ部とⅡ部の時価総額の推移を示している．Ⅰ部の時価総額は 728 兆円（2021 年末），Ⅱ部は 5.8 兆円であった．図示していないが，マザーズは 8.6 兆円，JASDAQ は 10.1 兆円である．

図 1-4 は東証Ⅰ部とⅡ部の一日平均売買代金を示している．2021 年はⅠ部が 3.1 兆円，Ⅱ部が 350 億円であった．各市場の規模は，Ⅰ部が 2,182 社，Ⅱ部が 472 社，マザーズが 421 社，JASDAQ が 694 社となっている．

東証のⅠ部とⅡ部では上場の形式要件（株主数，年数，純資産など）が

---

[*19] 平成 28 年度全国銀行財務諸表分析（単体）による．
[*20] 日本銀行統計による．2015 年度末．
[*21] なお，東京証券取引所には，TOKYO PRO Market のほか，外国株，ETF，ETN，REIT なども上場されている．また，取引所外取引にはダークプールなどもある

図 1-4 (東証売買代金の推移)

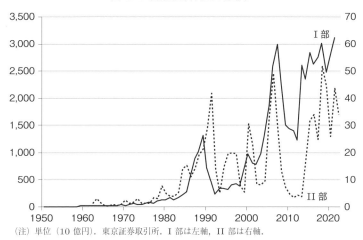

(注) 単位 (10 億円). 東京証券取引所. I 部は左軸, II 部は右軸.

異なり, 原則的には I 部の方が大規模であった. マザーズは新興企業向けの市場であった. JASDAQ は従前, 店頭登録市場と呼ばれたものであり, 2013 年から東京証券取引所の市場として開設されていた.

2022 年 4 月に, 上記の東証の市場区分 (I 部, II 部, マザーズ, JASDAQ) が廃止され, プライム市場, スタンダード市場, グロース市場の 3 つに変更された.

■**債券市場の規模**　表 1-5 は日本の債券市場の規模を示したものである. 9 千銘柄以上, 一千兆円以上の公社債が現存している (2017 年度末). うち, 国債が 512 銘柄, 948 兆円を占めるが, 他の債券の残高は地方債 60 兆円, 政府関係機関債 (政府保証債・財投機関債) 68 兆円, 普通社債 (一般債, 電力債, NTT 債等) 60 兆円となっている. 債券取引は都市銀行や信託銀行, 日本銀行, 非居住者を中心に行われている.

表 1-5 債券市場の規模

|   | 種類 | 発行 || 現存 ||
|---|---|---|---|---|---|
|   |   | 銘柄数 | 金額 | 銘柄数 | 金額 |
| a | 公社債 | 1,409 | 183 | 9,736 | 1,154 |
| b | 国債 | 78 | 156 | 512 | 948 |
| c | 地方債 | 362 | 6 | 3,100 | 60 |
| d | 政府保証債 | 82 | 4 | 622 | 32 |
| e | 財投機関債 | 210 | 5 | 1,748 | 36 |
| f | 普通社債 | 560 | 10 | 3,071 | 60 |
| g | 資産担保型社債 | 2 | 0.1 | 10 | 0.4 |
| h | 転換社債型新株予約権付社債 | 1 | 0.0 | 23 | 0.3 |
| i | 金融債 | 76 | 1.3 | 366 | 9 |
| j | 非居住者債 | 38 | 1.1 | 284 | 7 |

(注) 金額の単位 (兆円). 日本証券業協会「公社債発行額・償還額等」による. 2017 年度末.

> † コンセプト・チェック
> - 資金循環統計から何が分かるか？
> - 資金過不足とは何か？
> - 日本にはどの程度の金融資産があるか？
> - 日本にはどんな金融市場があるか？

## 4. フローとストック

### 4.1 フロー変数とストック変数

■**フロー変数とストック変数の定義** 一般に，量を表す経済変数はフロー変数とストック変数に分類できる．ストック変数の量はある時点に存在する量であり，残高と呼ばれる．たとえば，預金残高や国債残高などがストック変数である．フロー変数の量は，ある期間内に取引されたり，生産・消費されたりする量である．GDP 統計 (国民経済計算) における GDP や民間最終消費支出などが代表例である．

■**フロー変数とストック変数の関係** ストック変数には，それと関連するフロー変数がある．前期末の残高と今期末の残高の間には

$$\text{今期末の残高} = \text{前期末の残高} + \text{今期の取引金額} \tag{1.1}$$

という関係がある．したがって，今期の取引金額は今期末の残高 − 前期末の残高である．すなわち，今期のフロー量はストック量の変化と同じである．

---

†コンセプト・チェック
- フローとストックの違いは何か？

# 第2章

# 金融資産の評価

本章では，金融経済学の中で最も重要な要素である現在価値の概念や利回りについて説明する．1節で預金の将来価値と複利計算，債券の現在価値・利回りの考え方を，2節で裁定取引と基礎的価値の概念を説明する．3節では割引関数の概念と現在価値の性質を述べる．4節では，現在価値と利回りの概念を多期間に拡張し，利子率の期間構造を考慮する方法や特殊なキャッシュフローの場合の現在価値の計算について紹介する．

## 1. 価格と利回り。

### 1.1 金融資産の収益性をどう評価するか

■時間の流れと価値の変化　金融経済学をまだ学んでいないあなたは，今日の1万円と明日の1万円は同じだと思っているだろう．あなたの財布に入っている1万円札は明日も1万円として通用するから，確かに今日の1万円と明日の1万円は同じである．しかし，金融の世界では今日の1万円と明日の1万円の価値は同じではない[*1]．以下では，このことを説明する．

---

[*1] ただし，利子率が0の場合は同じである．

図 2-1 (定期預金の利率の推移)

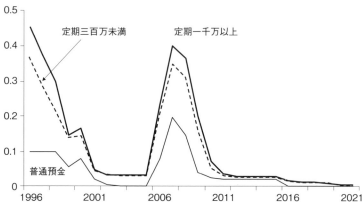

(注) 単位 (%). 日本銀行「預金種類別店頭表示金利の平均年利率等」および「(参考) 預金種類別店頭表示金利の平均年利率等」による. 定期一千万以上は預入金額 1 千万円以上の 1 年定期預金, 定期三百万未満は預入金額 3 百万円未満の 1 年定期預金である. 年度データに変換.

■**定期預金** まず,定期預金の利率の推移を図 2-1 で見てみよう. 平均すると,1 千万円以上の定期預金の利率は 0.12%,三百万円未満は 0.10%,普通預金利率は 0.04%であった.

定期預金はおおむね 1 ヵ月から 10 年程度の預入期間(満期)を定めた預金であり,定められた期日に利息(預入金額×利率)を受け取ることができる. 利払い方式が**複利**の場合,典型的には半年複利または **1 年複利**の利率計算が適用される[*2]. 以下,本章では断らない限り 1 年複利で考える.

■**定期預金と複利計算** 1 年満期の定期預金の場合,満期時の受取金額は

$$受取金額 = 預入金額 + 預入金額 \times 利率$$
$$= 預入金額 \times (1 + 利率) \qquad (2.1)$$

として計算される. 預入金額×利率が利息である. 2 年満期の場合,満期時

---

[*2] 日本では個人向けの定期預金では,利子税(利息×税率)が分離課税される. 1 年物の場合,税引き後利回りは $(1-税率) \times 税引き前利率$ である. したがって,満期時の受取金額は 受取金額 = 預入金額 + 預入金額 × (1 − 税率) × 税引き前利率 として計算される. 利子所得税率は 20%である.

の受取金額は

$$受取金額 = 預入金額 \times (1 + 利率)^2$$
$$= 預入金額 + 預入金額 \times (2 \times 利率 + 利率^2) \tag{2.2}$$

となる．

**複利計算**では，1年間預け入れられた金額（預入金額＋利息）が再び預け入れられるという考え方をとる．したがって，預入金額に対して2年分の利子（＝ 2×利率）と1年目の利子に対する2年目の利子（＝ 利率$^2$）の合計が支払われる．なお，複利計算に対立する計算法として単利計算がある．これは利子の利子を計算に含めない方法であり，日本では広く用いられていた経緯があるが，近年では金融関係者の間ではあまり用いられていない．

■**複利の効果**　図2-2は1円を預金したときに，現在から40年後までの間に定期預金がいくらになって戻ってくるかを表している（利率が0.1％，0.5％，1％，5％の場合）．5％の場合のみ右軸の数値であり，他は左軸である．言うまでもなく，利率が高いほど，また，預入期間が長いほど，預入金額に対する受取金額が大きくなっている．

図 2-2（複利の効果）

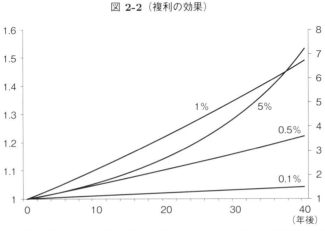

（注）単位（円）．1円の定期預金が $X$ 年後にいくらになるかを表す．半年複利の年間利率が 0.1％，0.5％，1％，5％の場合．5％の場合のみ右軸．

図 2-3（現在価値と将来価値）

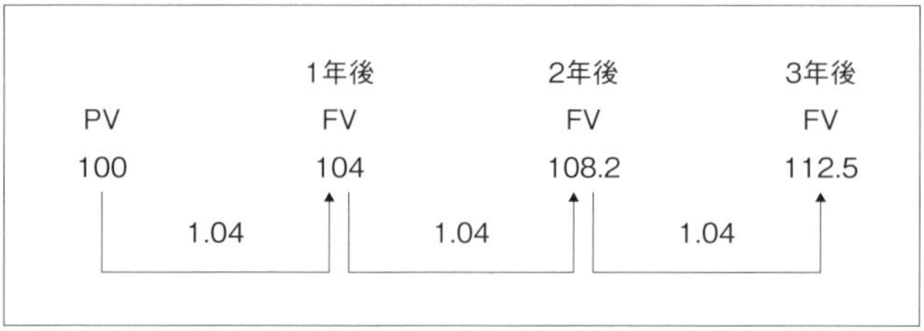

```
              1年後        2年後        3年後
    PV         FV          FV          FV
    100        104        108.2       112.5
         1.04        1.04        1.04
```

将来の受取金額が年数を経るにつれてどんどん大きくなる効果を**複利の効果**という．たとえば，5％の場合，15 年後には定期預金の残高は 2 倍を超え，23 年後には 3 倍，29 年後には 4 倍を超える．40 年後には 7 倍である．

### 1.2　金融資産の価値をどう評価するか

■**将来価値と現在価値**　今日の 1 万円と明日の 1 万円の価値が同じではないことを数値例で考えてみよう．あなたは投資額として 100 万円を持っており，利率 4％の 3 年満期定期預金に預け入れることにした．3 年後の価値はいくらになっているだろうか．

答えは $100 \times 1.04^3 = 112.5$ 万円である．あなたは利息 12.5 万円をえる．

図 2-3 は，この計算の過程を示したものである．100 万円は 1 年後に 104 万円，2 年後に $108.2 (= 104 \times 1.04)$ 万円，3 年後に $112.5 (= 108.2 \times 1.04)$ 万円となる．

■**現在価値と将来価値の関係**　この例において，3 年後に得られる 112.5 万円を投資の**将来価値**（**FV**）といい，預入金額である 100 万円を**現在価値**（**PV**）という．1 年間の場合，将来価値と現在価値の関係は

$$\text{PV} \times (1 + 利子率) = \text{FV} \tag{2.3}$$

である．$n$ 年間の投資では，

$$\text{PV} \times (1 + 利子率)^n = \text{FV} \tag{2.4}$$

の関係が成り立つ．ここで，$n$ 乗するのは複利計算の考え方による．

将来価値はあなたが $n$ 年後に受け取ることのできる金額を表す．このような方法で，あなたは利率を知れば預金の将来価値を計算することができる．

■**預金と債券の違い**　預金では預入金額と利率から将来価値を計算するが，債券や次章で説明する企業の投資の場合には，PV や FV の計算に異なる方法が必要になる．

たとえば，政府が発行する国庫短期証券 (T-bill) は**割引債**である．割引債とは利息を付さない債券であり，償還期限と額面金額だけを定める．たとえば，償還期限が 1 年後，額面金額が 1 兆円であれば，政府は 1 年後に 1 兆円でこの T-bill を償還する．

金融機関の国債ディーラーであるあなたは，この T-bill を額面で 100 億円分購入することを検討している．あなたはいくらでこの債券を買えばよいだろうか？　あなたはこの債券がきわめて安全であり，また，同程度に安全な利子率が 2% であることを知っている．

■**割引債の現在価値（1 年後の CF）**　「いくらで」という問いに対する答えの候補は (2.3) 式に現れた PV である．あなたは 1 年後に 100 億円を受け取るのだから，額面 100 億円が FV である．利子率 2% を用いると，(2.3) 式を変形した式から，

$$\text{PV} = \frac{\text{FV}}{1 + \text{利子率}} = \frac{100}{1 + 0.02} = 98.0 \tag{2.5}$$

となる．この式の意味は，利子率が 2% のとき，将来価値 FV=100（億円）の現在価値は PV=98.0（億円）であるということである．

■**割引債の PV と FV**　図 2-4 は割引債の FV と PV の関係を表している．1 年後の FV が 100 億円であるから，それを 1.02 で割ると PV=98.0 がえられる．矢印の向きが右から左であることに注意しよう．下段には預金の場合の PV と FV の関係を表している．今，98.0 を預け入れれば，1 年後には $98.0 \times 1.02 = 100$ になる．矢印の向きは左から右である．つまり，今 T-bill

図 2-4（割引債の PV と預金の FV の関係）

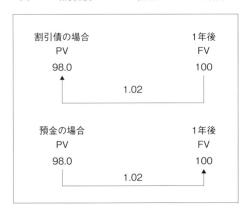

を 98 億円で購入すれば，1 年後に 100 億円で償還されるので，2%の利子率がえられるのと同じことになる．

■**割引率**　このように将来の**キャッシュフロー (CF)**，すなわち FV, を 1 ＋利子率で割ることを割り引くという．現在価値は割引現在価値とも呼ばれ，それに用いる利子率を**割引率**という．PV は 1+割引率で割って求めるので，割引率が高いほど PV は低くなる．

■**割引債の現在価値（$n$ 年後の FV）**　$n$ 年後の FV の現在価値は (2.4) 式を変形して

$$PV = \frac{FV}{(1 + 利子率)^n} \tag{2.6}$$

となる．たとえば，2 年後の FV が 10, 割引率が 2%であるとすると，PV＝ $10/1.02^2 = 9.6$ である．

## 1.3　金融資産の利回りをどのように計算するか

■**利回り**　T-bill などの債券は預金などと異なり，市場で価格が決定される．したがって，あなたが収益をいくら手に入れることができるかはあなたが購入する価格次第である．

投資家は**利回り**を計算し，収益性を評価する．利回りはその金融資産がどれだけの収益をもたらすかを表す指標である．先の例において，1 年後に 100 億円をもたらす T-bill を 90 億円で買えれば，10 億円の収益がえられる．そのときの利回りは 10/90 = 11.1% である．

一般に，投資期間が 1 年の場合，利回りは

$$利回り = \frac{FV - 価格}{価格} \times 100(\%) \tag{2.7}$$

として計算できる．FV を額面金額として計算された利回りのことを**最終利回り**という．

■**利回りとトータル・リターン（$n$ 年後の FV）**　次に，投資期間が 1 年を超える場合，トータル・リターンを

$$トータル・リターン = \frac{FV - 価格}{価格} \times 100(\%) \tag{2.8}$$

と定義する．複利計算では，$n$ 年間のトータル・リターンと利回り（年率）の間に

$$1 + トータル・リターン = (1 + 利回り)^n \tag{2.9}$$

の関係がある．

例として，2 年満期の割引債（額面 100 億円）を価格 90 億円で購入したとしよう．トータル・リターンは $(100 - 90)/90 = 11.1\%$ である．(2.9) 式から，

$$1 + 利回り = \sqrt{1 + トータル・リターン} = \sqrt{1 + 0.111} = 1.05 \tag{2.10}$$

となる．よって，利回りは 5% である．

## 1.4　価格と利回りにはどのような関係があるか

■**利回りと価格の負の関係**　直感的にも明らかなように，市場で安い価格で買うことができれば当然利回りは高くなる．(2.7) 式に戻ると，

図 2-5（利回りと価格の関係）

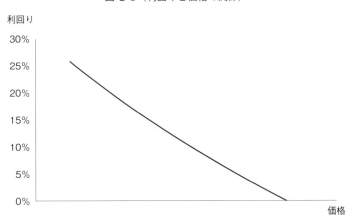

$$利回り = FV/価格 - 1 \tag{2.11}$$

であるので，価格が低くなると利回りが高くなることが分かる．いいかえれば，利回りと価格の間には，一方が高くなれば他方が低くなるという**負の関係**が存在する．

図2-5は，このような利回りと価格の関係を表したものである．投資期間が1年を超える場合も同様に，価格が安いほどトータル・リターンが高くなり，利回りも高くなる．

---

†コンセプト・チェック
- 将来価値，現在価値とは何か？
- 利回り，トータル・リターンとは何か？
- 利回りと価格にはどのような関係があるか？

## 2. 金融資産の基礎的価値◇◇

### 2.1 基礎的価値と裁定取引とは何か

■**基礎的価値** 金融資産の PV のことをその**基礎的価値** (fundamental value) という．1 年満期の割引債の場合，

$$\text{基礎的価値} = \frac{\text{額面}}{1 + \text{利子率}} \tag{2.12}$$

となる．ここでは，代替的な金融資産（たとえば無リスクの銀行預金）の利子率を割引率として用いるものとする．

■**裁定取引** あなたが割引債と銀行預金の資産選択を行うことを考えよう．あなたは利回りの低いほうを売って，高いほうを買うという投資戦略をとる．このように，利回りの低いものを売って高いものを買うことにより，利ザヤ（利回りの差）を稼ぐことができる．利ザヤを稼ぐ投資行動のことを裁定取引という．

ここでは，割引債の価格が基礎的価値を上回るとき預金が有利であり，割引債の価格が基礎的価値を下回るとき割引債が有利である．前者（債券価格 > 基礎的価値）の場合，投資家は割引債を売って預金するという裁定取引によって，正の裁定利益

$$(1+\text{利子率}) \times \text{債券価格} - \text{額面} > (1+\text{利子率}) \times \text{基礎的価値} - \text{額面} = 0 \tag{2.13}$$

をえることができる．

後者（債券価格 < 基礎的価値）の場合は預金を引き出して割引債を買うという裁定取引で正の利益をえることができる．**裁定取引**とは，価格と基礎的価値のかい離をみつけて裁定利益をえるために売買を行うことである．

■均衡価格　前者（債券価格 > 基礎的価値）の場合は割引債の売りが出るために価格は低下し，後者（債券価格 < 基礎的価値）の場合は割引債の買いが出るために価格は上昇する．こうした裁定取引から，均衡では

$$(1 + 利子率) \times 均衡価格 = 額面 \tag{2.14}$$

あるいは

$$均衡価格 = 基礎的価値 \tag{2.15}$$

が成り立たなければならない．これを**無裁定条件式**という．いいかえれば，割引債の均衡価格は基礎的価値に等しい．また，この場合の均衡では，割引債の均衡利回りは預金利子率に等しくなる[*3]．

> †コンセプト・チェック
> - 基礎的価値とは何か？
> - 裁定取引とは何か？
> - 無裁定条件式とは何か？

## 3. 現在価値の性質

### 3.1 現在価値はどのような性質を持っているか

■割引関数　$n$ 年後の FV をもつ金融資産の PV は，FV を $1+$ 利子率 の $n$ 乗で割り引いて求める（(2.6) 式）．その際，次の**割引関数**を定義するのが便利である．

$$\delta = 1/(1 + 利子率)^n \tag{2.16}$$

すなわち，$\overset{デルタ}{\delta}$ は $n$ 年先の FV を割り引くための関数である．これを用いると (2.6) 式の関係は

---

[*3] ただし，現実には国債と預金には信用リスクなどの違いがあるため，割引債の均衡利回りが預金利子率に等しくなるとは言えない．

$$PV = \delta FV \tag{2.17}$$

と表すことができる.

■**PV の性質** (2.17) 式からすぐに分かるように,FV$= ax + by$ について,

$$PV(ax + by) = \delta(ax + by) = a(\delta x) + b(\delta y)$$
$$= aPV(x) + bPV(y) \tag{2.18}$$

が成り立つ.すなわち,PV には FV を $a$ 倍($b$ 倍)すれば PV も $a$ 倍($b$ 倍)になるという一次同次性と,二つ以上の FV の合計の PV はそれぞれの PV の合計となるという加法性が成り立つ[*4].

---
†コンセプト・チェック
- 割引関数とは何か?
- PV にはどのような性質があるか?
---

## 4. 金融資産の価値評価°°°

### 4.1 多期間に拡張するには

■**複数年にわたる CF をもつ金融資産の現在価値**　金融資産は複数年(回)にわたって CF をもたらすのが普通である.たとえば,表 2-1 に示すように,ある金融資産を買うと 1 年後と 2 年後に利息 10 ずつ,3 年後に利息 10 と額面 100 を受け取ることができるとしよう.このような CF をもたらす金融資産の例は**利付債券**である.この 3 年間の割引率が 2% であるとすると,それぞれの年の CF の現在価値は表の右の欄に示すようになる.

まず,1 年後の CF$= 10$ を FV とすると,その現在価値は (2.5) 式同様,PV$= 10/1.02 = 9.8$ と計算される.次に,2 年後の PV は (2.6) 式を用いて,

---
[*4] これらのことから,二つの金融資産を適当なウェイトで組み合わせたポートフォリオの PV はそれぞれの金融資産の PV の加重和となることが分かる.

表 2-1　3 年物利付債のキャッシュフロー

| 年後 | キャッシュフロー (CF) | 現在価値 (PV) |
|---|---|---|
| 1 | 10 | 9.8 |
| 2 | 10 | 9.6 |
| 3 | 10 + 100 | 103.7 |
| 合計 | | 123.1 |

(注) ここでは，電卓でも計算できるように割り算を小数点以下一桁で四捨五入後にそれぞれの和を求めている．

表 2-2　3 年物利付債の利回り計算

| 年後 | CF | FV (3 年後) |
|---|---|---|
| 1 | 10 | $10 \times (1+利回り)^2$ |
| 2 | 10 | $10 \times (1+利回り)$ |
| 3 | 10 + 100 | 110 |
| トータル・リターン | | $0.1 \times (1+利回り)^2 + 0.1 \times (1+利回り) + 0.1$ |

(注) 価格は 100 とする．

CF= 10 を FV とおくと，PV= $10/1.02^2 = 9.6$ となる．同様にして，3 年後の CF は 110 であるから，PV= $110/1.02^3 = 103.7$ となる．

表 2-1 の最下段に示すように，3 つの PV の合計は 123.1 であり，これがこの利付債の PV となる．

■**複数年にわたる CF をもつ金融資産の利回り計算**　複数年にわたって CF をもたらす金融資産の利回り計算について説明しよう．これはやや複雑である．

例として，表 2-2 の CF をもたらす金融資産の価格が 100 であるとする．利回り計算では，1 年後の CF=10 を残りの 2 年間，ある利回りで運用でき，2 年後の CF=10 についても同じ利回りで残りの 1 年間の運用が可能であると想定する．

すると，3 年後にえられる CF の合計は表の右側の FV を 3 つ足し合わせたものとなり，$10 \times (1+利回り)^2 + 10 \times (1+利回り) + 110$ となる．(2.8) 式を用いると，トータル・リターンは表の最下段に示すものとなる．

表最下段の数値を (2.9) 式に当てはめると，

$$0.1 \times (1+利回り)^2 + 0.1 \times (1+利回り) + 1.1 = (1+利回り)^3 \quad (2.19)$$

となる．(1+利回り) を $x$ とおくと，この式は 3 次方程式となっている．これを解くと，利回り 10% をえる．$n$ 年の場合は $n$ 次方程式を解くことになる．

■**利付債の利回りと利率の関係** 利付債の価格は額面を上回ることも下回ることもある．価格が額面に等しいことを**パー** (par)，価格が額面より低いことを**ディスカウント** (below par)，価格が額面より高いことを**プレミアム** (above par) という．

## 4.2 PV と利回りを求めるには

■**一般的な PV 公式** 複数年にわたる CF をもつ金融資産の PV と利回りの求め方について，一般化しよう．満期 $n$ 年の金融資産が $t(=1,\ldots,n)$ 年後にキャッシュフロー $\mathrm{CF}_t$ をもたらすとする．割引率を $r$ とすれば，金融資産のキャッシュフローの現在価値は次のように表される．

$$\mathrm{PV} = \frac{\mathrm{CF}_1}{(1+r)} + \frac{\mathrm{CF}_2}{(1+r)^2} + \cdots + \frac{\mathrm{CF}_n}{(1+r)^n} \tag{2.20}$$

すなわち，各時点の $\mathrm{CF}_t$ を $1+r$ の $t$ 乗で割り引いたものの総和となる．なお，この式では $\mathrm{CF}_t$, $r$, $n$ を用いて PV を計算する．

■**一般的な利回り公式** 次に，一般的な利回りの計算式について説明しよう．あなたが上記の CF をもつ金融資産を価格 $P$ で購入すると，利回りは次式を満たす $R$ である．

$$P = \frac{\mathrm{CF}_1}{(1+R)} + \frac{\mathrm{CF}_2}{(1+R)^2} + \cdots + \frac{\mathrm{CF}_n}{(1+R)^n} \tag{2.21}$$

この式では，CF, $n$, $P$ を用いて $R$ を計算する．

## 4.3 利子率の期間構造を考慮するには

■**利子率の期間構造** 一般に，利子率は満期（または残存期間）によって異なる．満期までの期間と利子率の関係のことを**利子率の期間構造**という．

**■異なる時点の CF を適切な利子率で割り引く**　(2.20) 式では，利子率はどの満期でも同じであると考えていた．満期によって利子率が異なる場合には，その期間にあった利子率を用いる必要がある．すなわち，$t$ 年後のキャッシュフロー $CF_t$ を割り引く際には $t$ 年物の利子率を用いる．

たとえば，1 年後に 100，2 年後に 100 をもたらす金融資産があり，1 年物の利子率が 3%，2 年物の利子率が 4% なら，

$$PV = \frac{100}{1.03} + \frac{100}{1.04^2} = 189.5 \tag{2.22}$$

となる．

### 4.4　PV 計算に特殊ケースを利用するには

PV 計算には知っておくと便利な特殊ケースがある．

**■年金（定額 CF）の評価**　まず，キャッシュフローが定額の場合を考えよう．これが該当するものとして年金がある．今，年間 100 万円の年金が 10 年間にわたって支払われるとしよう．利子率はどの期間についても 2% であると仮定する．

表 2-3 に示すように，1 年後の年金の PV は 98.0，10 年後の年金の PV は 82.0 である．年金全体の PV は 898.3 万円である．

表 2-3　年金の現在価値

| 年後 | 利子率 | キャッシュフロー (CF) | PV |
| --- | --- | --- | --- |
| 1 | 1.02 | 100 | 98.0 |
| 2 | 1.02 | 100 | 96.1 |
| 3 | 1.02 | 100 | 94.2 |
| 4 | 1.02 | 100 | 92.4 |
| 5 | 1.02 | 100 | 90.6 |
| 6 | 1.02 | 100 | 88.8 |
| 7 | 1.02 | 100 | 87.1 |
| 8 | 1.02 | 100 | 85.3 |
| 9 | 1.02 | 100 | 83.7 |
| 10 | 1.02 | 100 | 82.0 |
| 合計 | | | 898.3 |

■**年金公式** 一般的に，年金を $x$，年金の期間を $n$，利子率を $r$ とおいて式で表すと

$$\mathrm{PV} = \frac{x}{(1+r)} + \frac{x}{(1+r)^2} + \cdots + \frac{x}{(1+r)^n} \qquad (2.23)$$

となる．これは有限の等比数列の和となっているから，

$$\mathrm{PV} = \frac{x}{r}\frac{(1+r)^n - 1}{(1+r)^n} \qquad (2.24)$$

と計算される．

■**無限の定額キャッシュフロー** 二つ目の特殊ケースとして，定額のキャッシュフローが無限にもたらされる場合がある．こうした特徴をもつ債券は**コンソル債**と呼ばれる．(2.24) 式右辺の極限をとると，

$$\mathrm{PV} = \frac{x}{r} \qquad (2.25)$$

となる．

---

†コンセプト・チェック
- PV 公式とはどのようなものか？
- 利回り公式とはどのようなものか？
- 利子率の期間構造とは何か？
- 年金はどのように評価すればよいか？

---

──── コラム・・・年金の PV を考えてみよう ────

　会社員の多くは厚生年金に加入します．厚生年金加入者は将来，基礎年金と厚生年金を年金として受け取ることができます．老齢基礎年金は現在，年額 780,100 円です．老齢厚生年金は報酬比例年金額，経過的加算，加給年金額の合計です．厚生年金の保険料率は所得に比例し，現在はおよそ 16% です．これは企業と会社員で折半されます．

　あなたは現在大学 4 年生で，22 歳から 64 歳まで毎年 $x = 80$ 万円の保険料を支払うとしましょう．あなたは 65 歳から 86 歳まで毎年 $y = 360$ 万円の年金を受け取ることができるとしましょう．このとき，年金の受取額と支払額の PV を計算して

みます．利子率は $r = 2\%$ であるとします．

支払額の PV は (2.24) 式を使って，

$$X = 28.23 \times 80 = 2,259 \tag{2.26}$$

と計算されます．80 は (2.24) 式の $x$ であり，28.23 は $x$ 以外の部分に対応する倍率です．

一方，受取額の PV には (2.24) 式を直接使うことはできません．(2.24) 式は 1 年後から $n$ 年後までの年金 PV ですが，年金受取額は 43 年後から発生するからです．年金受取額の PV は

$$\begin{aligned} Y &= \left( \frac{1}{(1+r)^{43}} + \cdots + \frac{1}{(1+r)^{64}} \right) y \\ &= \frac{1}{r} \frac{(1+r)^{22} - 1}{(1+r)^{64}} y = 7.69 \times 360 = 2,767 \end{aligned} \tag{2.27}$$

となります．ここでは 7.69 が倍率になっています．このように計算すると，支払分の PV は受取分の PV よりも小さい ($2,259 < 2,767$) ですから，年金の収支はプラスになっています．

利子率を 1% として計算すると，支払いの PV は 2,732，受取の PV は 4,660 となります．利子率を 0% として計算すると，支払いの PV は 3,360，受取の PV は 7,920 となります．利子率が低下するほど，支払いの PV よりも受取の PV の方が大きく増加します．これは受取期間は 43 年後から 64 年後までなので，支払期間よりも多く割り引かれる（複利の効果が強い）ためです．

この計算で重要なのは年金保険料の年間支払額 $x$ と，年金受給額 $y$（年間），およびそれぞれに掛ける倍率です．大学生の方は自分の $x$ と $y$ を予想したり調べたりして，受取の PV と支払いの PV を比較してみましょう．

# 第3章
# 貯蓄と資産選択

　本章では，家計の貯蓄と資産選択に関わる意思決定について説明する．**1節**で家計の貯蓄計画について，**2節**ではリスク資産のリターンとリスクについて説明する．**3節**はポートフォリオとそのリスク分散効果について詳述し，**4節**では家計のリスクに対する選好や期待効用の概念を紹介する．

## 1. 貯　蓄。

### 1.1　家計は貯蓄をどのように計画するか

■**日本の家計の貯蓄率**　あなたは大学を卒業し，一人で生計を立てていくことになった．あなたは，新しく家計として今後の消費や**貯蓄**の計画をたてなければならない．どのように考えたらよいだろうか．

　まず，日本の家計の**貯蓄率**を図3-1で見てみよう．この図は，日本の所得別の1ヵ月の消費支出と貯蓄，および貯蓄率を示している．平均的な世帯の可処分所得は43万円，消費支出は31万円，貯蓄は12万円であり，貯蓄率（＝貯蓄/可処分所得）は27.9%である．

　グラフは所得階層別の数値も表している．消費支出と貯蓄の和は可処分所得である．貯蓄率は年収250万円未満のクラスでマイナス，250～300万円で10%を切っているが，年収400万円から1,000万の幅広い階層で貯蓄率は

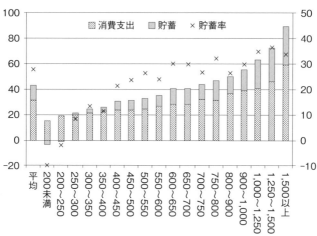

図 3-1（日本の家計の貯蓄率）

(注) 消費支出と貯蓄の単位は万円（左軸），貯蓄率の単位は％（右軸）．横軸は所得階層（単位：万円）．総務省統計局　家計調査結果（平成 29 年）「年間収入階級別 1 世帯当たり 1 か月間の収入と支出」（全国・二人以上の世帯のうち勤労者世帯）による．

20～30％となっている．

■**家計の貯蓄と資産の推移**　表 3-1 の数値例では，あなたは最初に期初資産 100 をもち，毎年，労働所得 100 をえる．また，金融資産の利子率は 2％であり，あなたは期初資産 × 利子率の財産所得をえる[*1]．

あなたは 1 年目に期初資産 100 をもち，労働所得 100 と財産所得 2（= 100 × 2％）をえる．あなたは消費 80 を行うので，期末資産は 100 + 102 − 80 = 122 となる．これは

$$\text{期末資産} = \text{期初資産} + \text{所得} - \text{消費} = \text{期初資産} + \text{貯蓄} \tag{3.1}$$

という関係式に基づく．上式を**家計の予算制約式**といい，所得から消費を差し引いたものを**貯蓄**という．2 年目以降も同様に計算していくと，50 年先の期末資産は 1,961 となる．

---

[*1] 他の所得，税金，年金は無視する．

表 3-1 貯蓄と資産の推移

| 年目 | 期初資産 | 労働所得 | 財産所得 | 所得計 | 消費 | 貯蓄 | 期末資産 |
| --- | --- | --- | --- | --- | --- | --- | --- |
| 1 | 100.0 | 100 | 2.0 | 102.0 | 80 | 22 | 122.0 |
| 2 | 122.0 | 100 | 2.4 | 102.4 | 80 | 22 | 144.4 |
| 3 | 144.4 | 100 | 2.9 | 102.9 | 80 | 23 | 167.3 |
| 4 | 167.3 | 100 | 3.3 | 103.3 | 80 | 23 | 190.7 |
| 5 | 190.7 | 100 | 3.8 | 103.8 | 80 | 24 | 214.5 |
| ... | ... | ... | ... | ... | ... | ... | ... |
| 50 | 1,903 | 100 | 38 | 138 | 80 | 58 | 1,961 |

■**ライフ・サイクル仮説** 家計が生涯所得をもとに生活のステージに合わせて貯蓄を決定するという仮説を**ライフ・サイクル (life cycle) 仮説**という．老年期には労働所得がなくなることを見据え，若年期に貯蓄を行う必要がある[*2]．

## 1.2 家計はどのような資産を選択しているのか

■**貯蓄における金融商品の役割** 金融機関が提供する金融商品は**貯蓄の手段**を提供し，その利子（収益）率が将来の消費・貯蓄計画において重要な役割を果たす．金融資産からどのような収益が得られるかはあなたがどのような資産を選択するかに依存する．

■**日本における家計の保有資産** 図 3-2 は，日本の家計が保有する金融資産の内訳を表している．家計の資産総額 1,802 兆円の内，最も比率が高いのは定期性預金の 25% であり，次いで流動性預金が 22% である．現預金をあわせた比率は 52%（四捨五入）である．他の資産の中では，株式等の保有比率が 10%，生命保険受給権が 12% と高い．保険・年金の合計比率は 29% である．

このように，日本では家計が直接保有するリスク資産（株式，投資信託や債券等）の割合は極めて低い．しかし，少なくとも次の 2 つの理由から資産選択をどのように行えばよいかを知っておくことは重要である．

(1) 預金取扱機関は家計の預金をリスク資産で運用しているから，それらがどのような資産選択を行っているかを知っておくことは重要である．

---

[*2] 貯蓄や消費に関する仮説として，家計が恒常的に稼ぐことができると期待される所得（恒常所得）に基づいて消費を決定するという仮説を**恒常所得仮説**という．

図 3-2（日本の家計の金融資産）

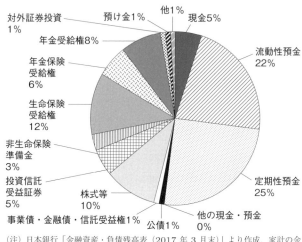

(注) 日本銀行「金融資産・負債残高表（2017 年 3 月末）」より作成．家計の金融資産合計に対する各金融資産の保有比率．

(2) 預金取扱機関の預金自体も無リスク資産ではないため，他の金融商品のリターン・リスクと比較して有利な資産選択を行う必要がある．

---

†コンセプト・チェック
- 家計の貯蓄率とはどのようなものか？
- 貯蓄と資産の関係はどのようなものか？
- 日本ではどのような資産選択となっているか？

---

## 2. リスク資産のリターンとリスク

### 2.1 リスク資産にはどのような特徴があるのか

■**無リスク資産とリスク資産**　第 2 章では将来のキャッシュフロー (CF) を確実に受け取ることができると考えたが，現実の金融資産で確実な CF をもたらすことができるものは極めて少ない．典型的には，国債が最も確実性のある金融商品であり，**無リスク資産**（安全資産）と呼ばれる．次に安全性が

高いのは政府機関等が発行する債券，その次が銀行の預金等であるとされる．一方，銀行の貸出金や企業の発行する株式等の**リスク資産**は将来 CF の**不確実性**が高い．無リスク資産の利子率を**無リスク利子率**という．

■**貸出金のリスク**　家計が銀行に預けた資金で銀行が貸し付ける貸出金は家計の資産選択と直接関係はないが，前述の理由から貸出金を例にとって，そのリスクを考えてみよう．貸出金には**信用リスク**（貸倒リスク，デフォルト・リスク）が伴う．これは，約束された返済金を期限までに借り手が支払えないことに伴う損失を負うリスクのことである．

たとえば，企業が 1 億円を借入れ，1 年後に利息 400 万円と元本 1 億円を返済することを約束したとしよう．借入金利は 4%である．企業は元本と利息を 1 年後に返済可能かもしれないが，売上の落ち込みなどによって返済できないかもしれない．

■**デフォルト確率と期待キャッシュフロー**　図 3-3 は，借り手企業は確率 98%で借入金を返済可能だが，確率 2%で一切の返済が不可能になることを表している．約束された返済ができない確率（ここでは 2%）を**デフォルト確率**という．貸し手である銀行にとって 1 年後の CF は確率 98%で 104（百万円）であるが，確率 2%で 0 である．銀行が受け取る CF の期待値は

$$0.98 \times 104 + 0.02 \times 0 = 101.9 \tag{3.2}$$

である．これを**期待キャッシュフロー**という．

図 3-3（信用リスクと貸出の CF）

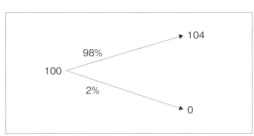

> **コラム・・・期待値とは？**
>
> 　金融経済学では，不確実性を扱うため，統計学における「平均」の概念をよく用います．たとえば，A さんは体重 50kg, B さんは 60kg, C さんは 70kg だとすると，3 人の体重の平均値は $(50 + 60 + 70)/3 = 60$kg です．
>
> 　では，目隠しをして 3 人のうちから 1 人を選ぶとすると，その人の体重は何 kg だと期待できるでしょうか？　やはり，60kg です．目隠しをして 1 人を選ぶのですから，A さんが選ばれる確率は 1/3, B さんが選ばれる確率も 1/3, C さんが選ばれる確率も 1/3 です．可能性はどれも等しいわけですから，期待される体重はやはり $(50 + 60 + 70)/3 = 60$kg になります．
>
> 　このような期待される体重のことを専門用語では体重の「期待値」といいます．他の例としては，さいころの出る目の期待値は $(1 + 2 + 3 + 4 + 5 + 6)/6 = 3.5$ です．一般的には，可能性が $n$ 個あって，$i$ 番目の可能性 $x_i$ が生じる確率が $p_i$ のとき，$x$ の期待値は
>
> $$E(x) = p_1 x_1 + p_2 x_2 + \cdots + p_n x_n \tag{3.3}$$
>
> と計算されます．記号 $E$ は期待値を表すシンボルで，微分の記号 $d$ などと同様の役割を果たします．

■**株式のリスクと収益率**　株式を発行する企業は**配当**を支払うが，配当は利子と異なり，約束されるものではない．企業の業績がよければ配当は増額（増配）され，悪ければ減額（減配），さらには無配となることがある．したがって，株主にとって株式の CF は不確実である．さらに，市場で取引される株式には**価格変動リスク**が伴う．

　あなたは株式を 100 万円で買い，1 年後に配当 10 万円を受け取った後に，120 万円で売却することができたとしよう．このとき，あなたは 100 万円の投資で 30 万円を得たことになるから，収益率は 30%である．

　1 年後に配当を受け取った後に売却すると，株式投資の**収益率**は

$$\text{収益率} = \frac{\text{配当} + (1 \text{年後株価} - \text{現在株価})}{\text{現在株価}} \tag{3.4}$$

となる．ここでは，配当と 1 年後株価の和が第 2 章 (2.7) 式における FV である．

図 **3-4**（株式の収益率）

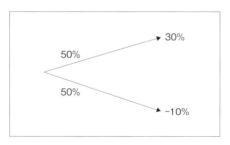

## 2.2 期待収益率はどのように計算されるか

■**リスク資産の期待収益率**　このように，株式の収益率は配当と将来株価に依存する．実際に配当・将来株価が実現した後で計算される収益率を**実現収益率**という．

一方，**期待収益率**とは，購入時にあなたが期待できると考える収益率である．たとえば，図 3-4 に示すように，1 年後には確率 50% で 30% の収益率，残りの確率 50% で −10% の収益率が期待できるとしよう．この場合，期待収益率は

$$期待収益率 = 0.5 \times 30\% + 0.5 \times (-10)\% = 10\% \tag{3.5}$$

となる．

## 2.3 リスク・プレミアムとは何か

■**リスク回避的投資家とリスク・プレミアム**　投資家はある金額を投資して同じ期待収益がえられるなら，より安全な資産を好む．この投資家の性質を**リスク回避的**という．

したがって，リスク資産の収益率が安全資産のものと同じなら，リスク回避的な投資家は誰もリスク資産を買おうとはしない．よって，リスク資産の価格はより高い収益率となるまで下落すると考えられる．すなわち，リスク資産の収益率は安全資産の収益率よりも高く，その高くなる分を**リスク・プレミアム**という．

表 3-2 収益率のリスク

| 状態 | 確率 | 実現収益率 | 偏差 | 偏差の平方 |
| --- | --- | --- | --- | --- |
| 好況 | 0.5 | 4 | $4-3=1$ | 0.01 |
| 不況 | 0.5 | 2 | $2-3=-1$ | 0.01 |
| 期待値 | | 3 | | |
| 分散 | | | | 0.01 |

(注) 実現収益率等の単位は％である．

## 2.4 どのようにリスク資産を選択すればよいのか

■**不確実な収益とリスク** あなたは今，あるリスク資産の購入を考えている．この金融資産が1年後にもたらす収益率は不確実である．この**資産選択**を考える上では，期待収益率と収益率の**リスク**が判断基準となる．収益率のリスクを測る尺度として，収益率の**分散**（または**標準偏差**）が用いられる．

■**リスクの計算** 表3-2はある金融資産の収益率を示している．1年後の収益率は4％または2％になる．4％になるのは好況の場合であり，2％になるのは不況の場合であると考えよう．ここでは，好況と不況が0.5ずつの確率で生じるとする．

この資産の期待収益率は $0.5 \times (4+2) = 3\%$ である．表には期待値からのかい離を示す偏差がそれぞれ1％となることが記されており，また偏差の平方がそれぞれ0.01％となることも記されている．

収益率の**分散**は偏差平方の期待値として定義される．すなわち，

$$\text{収益率の分散} = 0.5 \times 0.01 + 0.5 \times 0.01 = 0.01 \tag{3.6}$$

となる．収益率の**標準偏差**（分散の平方根）は1％である．収益率の分散が小さいほど，期待収益率に近い収益率をより確実に受け取ることができるので，リスクが少ない．

―― コラム・・・分散とは？ ――――――――――

金融経済学では，リスクの尺度として統計学の「分散」または「標準偏差」の概念

を用います．たとえば，A さんは体重 60kg，B さんは 80kg だとすると，二人の体重の平均（期待）値は $(60+80)/2 = 70$kg です．A の体重は平均値より 10kg 少なく，B は 10kg 多くなっています．

この場合，分散は $(10^2 + 10^2)/2 = 100$ となり，標準偏差は $\sqrt{100} = 10$ になります．標準偏差はちょうど 10kg のかい離が生じていることを表しています．目隠しをして 2 人のうちから 1 人を選ぶときも，選ばれた人の体重は期待値の 70kg から 10kg ずつばらついているはずです．

一般的には，可能性が $n$ 個あって，$i$ 番目の可能性 $x_i$ が生じる確率が $p_i$ のとき，$x$ の分散は

$$\mathrm{Var}(x) = p_1(x_1 - E(x))^2 + p_2(x_2 - E(x))^2 + \cdots + p_n(x_n - E(x))^2 \quad (3.7)$$

と計算されます．記号 Var は分散 (variance) を表すシンボルです．標準偏差は分散の平方根 $\sqrt{\mathrm{Var}(x)}$ となります．

■**リスクとリターン** 表 3-3 では 3 つの金融資産 A, B, C の期待収益率（リターン）と分散（リスク）が計算されている．好況・不況が生じる確率は 0.5 ずつである．

これら 3 つの金融資産を比べると，次のようなことが分かる．A と B では，B の期待収益率のほうが高く，分散は同じである．A と C では，期待収益率は同じであるが，分散は C のほうが高い．B と C では，期待収益率は B のほうが高く，分散も B のほうが小さい．

投資家は誰でも期待収益率が高いほうがよい．リスク回避的な投資家は，さらに，期待値が同じならリスクの低いほうがよいと考える．この基準に照らしてみると，A と B では B のほうがよく，A と C では A のほうがよいことがわかる．つまり，リスク回避的な投資家が一番良いと考えるのは B である．

表 3-3　3 つの金融資産のリターンとリスク

| 資産 | 実現収益率（好況） | 実現収益率（不況） | 期待収益率 | 分散 |
|---|---|---|---|---|
| A | 4 | 2 | 3 | 0.01 |
| B | 6 | 4 | 5 | 0.01 |
| C | 1 | 5 | 3 | 0.04 |

(注) 実現収益率等の単位は％である．

> †コンセプト・チェック
> - 貸出金のリスクとはどのようなものか？
> - 株式の収益率はどのように計算されるか？
> - リスク資産の期待収益率はどのように計算されるか？
> - リスク回避的投資家とはどのような投資家か？
> - リスクはどのように計算されるか？
> - リスクとリターンとは何か？

## 3. ポートフォリオ◇◇

### 3.1 ポートフォリオとは何か

■**ポートフォリオの期待収益率とリスク**　複数の資産を組み合わせて保有することを**ポートフォリオ** (portfolio) を構築するという．表 3-3 の A と C を用いてポートフォリオを構築することを考えよう．

表 3-4 の上段には好況・不況時の A と C の収益率を再掲している．資産 A に資金の 2/3 を，資産 C に残りの 1/3 を投資するとしよう．いいかえると，A の保有ウェイトを 2/3，C の保有ウェイトを 1/3 とするポートフォリオを構築する．

このポートフォリオの実現収益率を計算しよう．表 3-4 の下段には好況・不況時の A および C からえられる収益率が記載されている．ポートフォリオの収益率はこれらの合計となる．つまり，好況時には，$8/3 + 1/3 = 3$ が実現し，不況時には，$4/3 + 5/3 = 3$ が実現する．したがって，期待収益率

表 3-4　2 つの資産を組み合わせたポートフォリオ

| 資産 | 実現収益率（好況） | 実現収益率（不況） | 期待収益率 | 分散 |
|---|---|---|---|---|
| A | 4 | 2 | 3 | 0.01 |
| C | 1 | 5 | 3 | 0.04 |
| ポートフォリオ | 3 | 3 | 3 | 0 |
| A ×2/3 | $(2/3) \times 4 = 8/3$ | $(2/3) \times 2 = 4/3$ | | |
| C ×1/3 | $(1/3) \times 1 = 1/3$ | $(1/3) \times 5 = 5/3$ | | |

（注）収益率の単位は％である．

は $0.5 \times 3 + 0.5 \times 3 = 3$ となる．

偏差はどちらの状態でも 0 であるから，分散はゼロとなる．この数値例は特殊ケースであるが，ポートフォリオを構築することによってリスクを低下させることができることを示す一例である．

## 3.2 ポートフォリオのリスク分散効果とは

■**相関とポートフォリオのリスク**　資産 C を A と組み合わせることによってリスクが低下する理由は A と C の相関にある．A は好況時に収益率が高いが，C は不況時に高い収益率をもたらす．このように，一方が高いときに他方が低いという逆方向の関係があるとき，**負の相関**があるという．A の保有ウェイトを高めると，ポートフォリオの実現収益率は好況時に高まり（不況時に低くなり），逆は逆となる．

■**リスク分散効果**　負の相関等を利用することによりポートフォリオのリスクを低下させることを**リスク分散効果**という．これはポートフォリオを組むことの一つの意義である．

■**分散投資とシステマティック・リスク**　リスク分散効果にはもう一つのチャンネルがある．一般に，各資産の収益率に影響を与えるランダムな要因には**システマティック・リスク**と**固有リスク**がある．

システマティック・リスクはあらゆる金融資産に影響を与える共通要因によるものであり，市場全体あるいはマクロ経済に影響を与えるようなプラス/マイナスのショックである．一方，固有リスクは個別資産のみに影響を与えるプラス/マイナスのショックであり，経営判断ミスや，急激な需要の増加，工場の事故などが例として挙げられる．

■**固有リスクのリスク分散効果**　ポートフォリオに多くの資産を組み込むことによって，固有リスクを低下させることができる．固有リスクについてはプラスのショックを受ける金融資産もあれば，マイナスのショックを受ける金融資産もあるから，相互に打ち消しあうため，ポートフォリオに組み込む

図 3-5（ポートフォリオの分散と資産数）

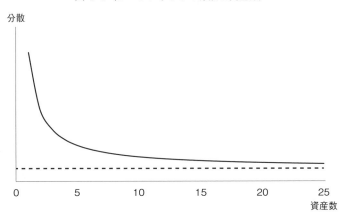

資産数を増やせば固有リスクを低下できる．

■ポートフォリオのリスク分散と資産数　一方，システマティック・リスクはすべての資産に一斉に影響を与えるため，資産数を増やしても低下させることはできない．ポートフォリオの分散は次のように分解できる．

$$分散 = システマティック・リスク + \frac{固有リスク}{資産数} \tag{3.8}$$

第二項は資産数が増加すると低下していく．図 3-5 はこの様子を描いたものである．図の点線は資産数を増やしても低下させることのできないシステマティック・リスクの水準を表している．

■大数の法則とリスク分散　固有リスクが相互に独立な場合には，**大数の法則**によって固有リスクの分散が資産数を無限大に増やすと 0 に収束することが示される[*3]．つまり，十分に分散されたポートフォリオの分散はシステマティック・リスクのみとなる．図 3-5 の曲線は資産数を無限に増加させていくと，システマティック・リスクの点線に漸近する．

---

[*3] $N$ 個の資産の固有リスクの期待値がゼロ，分散が $\sigma^2$ であり，独立に同じ分布に従っている場合，均一ウェイト・ポートフォリオの固有リスクの分散は 0 に収束する．

「全ての卵を1つのバスケットに入れてはならない」という古くからの格言が言うように，分散投資によってリスクを一定の範囲で低下させることができる．

† コンセプト・チェック
- ポートフォリオとはどのようなものか？
- 資産間の相関とは何か？
- ポートフォリオのリスク分散効果とは何か？
- システマティック・リスクとは何か？

― コラム・・・投資信託の目論見書を読む ―

投資信託の目論見書は投資信託の説明書です．交付目論見書と請求目論見書があり，前者には基本的な情報が，後者にはより詳細な情報が記載されています．

表：投資信託の目論見書の例

| | |
|---|---|
| ファンドの名称 | ○○ファンド |
| 目的・基本的性格 | ・・・ |
| 運用方針 | ・・・ |
| 投資顧問会社 | ○○アセットマネジメント株式会社 |
| 信託期限 | 無期限 |
| 設定日 | ○○年○月○日 |
| 信託金限度額 | ○○億円 |
| 購入可能時期の分類 | 追加型 |
| 投資対象地域 | 国内 |
| 投資対象資産 | その他資産 |
| 投資形態 | ファミリーファンド |
| 投資リスク | 株価変動リスク，信用リスク，流動性リスク |
| 購入価額 | 申込受付日の基準価額 |
| 換金価額 | 申込受付日の基準価額 |
| 決算日 | 毎年○月末 |
| 収益分配 | 原則として，毎月分配 |
| 信託報酬 | 年○．○％ |
| 購入時手数料 | ○．○％ |
| 信託財産留保額 | 無 |
| 所得税及び地方税 | 20.315％ |

投資信託にはそれぞれファンドの名称がつけられています．目論見書には，投資信託を設定，運用する投資信託運用会社（委託者）の名称，ファンドの目的・特色，投資リスク，運用実績，手続きや手数料なども記載されています．

投資信託は購入可能時期によって，単位型（当初の募集期間のみ購入可）と追加型（運用期間中はいつでも購入可）に分けられます．また，償還までの期限が定められるものと，無期限のものがあります．

投資対象地域としては，国内，海外，内外があり，投資対象資産としては，株式，債券，不動産投信，その他資産，および資産複合があります．

投資信託の単位は口です．通常，最初は一口一円とし，1万口あたりの値段を基準価額にすることが多いようです．基準価額は純資産を総口数で割ったものとして計算されます．投資家の観点からは購入金額を基準価額で割ったものが購入口数になり，購入口数×基準価額が評価額となります．分配金も購入口数に応じて支払われます．

## 4. リスクと家計の意思決定◇◇◇

### 4.1 期待効用とは何か

■**家計の期待効用**　金融経済学では，不確実性下の家計の意思決定を考えるために，期待効用を考える．将来の状態は $n$ 個の可能性があり，状態 $i$ が起きる確率を $p_i$ とおく．将来，状態 $i$ が起きたときの消費を $c_i$ と表す．家計は状態 $i$ において効用 $u(c_i)$ をえる．$u(\cdot)$ をフォン・ノイマン＝モルゲンシュテルン効用関数という．家計の**期待効用**は各状態の効用の期待値として，

$$U = E(u(c_i)) = p_1 u(c_1) + p_2 u(c_2) + \cdots + p_n u(c_n) \tag{3.9}$$

と表現される．

### 4.2 リスクに対する選好とは

■**リスクに対する選好と期待効用**　家計のリスクに対する選好はフォン・ノイマン＝モルゲンシュテルン効用 $u(\cdot)$ の形状に依存する．$u$ が逓減的 ($u'' < 0$) なら家計は**リスク回避的**，逓増的 ($u'' > 0$) なら**リスク愛好的**，どちらでもない ($u'' = 0$) なら**リスク中立的**であるという．ほとんどの場合，家計はリスク回避的であると考えられる．

図 3-6（リスク回避的な効用関数）

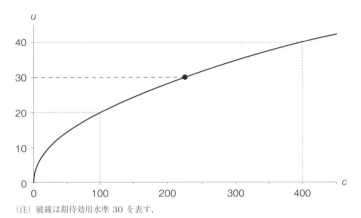

(注) 破線は期待効用水準 30 を表す．

■**リスク回避的な家計の効用の特徴** 例として，家計の効用が「べき乗型」効用 $u = 2\sqrt{c}$ で与えられ，半々の確率で消費は 100 または 400 であるとする．したがって，それぞれの消費を行った時の効用は 20 または 40 である．この家計の期待効用は $0.5 \times 20 + 0.5 \times 40 = 30$ である．

■**リスク回避度** 図 3-6 はこの家計の効用関数を表している．リスク回避的な家計の効用関数は，図のように逓減的な形状をとる．リスクに対してどの程度回避的かを表す尺度として**リスク回避係数**（度）という尺度がある．リスク回避係数が高い人を**よりリスク回避的**であるという．

---

†コンセプト・チェック
- 期待効用とは何か？
- リスクに対する選好とはどのようなことか？
- リスク回避度とは何か？

# 第4章

# リスク資産の価格

本章では,リスク資産の価格がどのように決定されるのかについて説明する. 1 節はポートフォリオ構築のためのリスクやリターンの計算方法について,2 節は効率的なポートフォリオと最適ポートフォリオについて説明する. 3 節は資産価格の標準的な決定理論である CAPM を紹介する. 4 節ではリスク資産の価値評価について,5 節では利子率の変動と資産価値の関係について述べる.

## 1. ポートフォリオ構築の方法°

### 1.1 必要な統計尺度を計算するには

■**離散確率分布の設定** ある資産 X の実現収益率は $x_1$, $x_2$, $x_3$, $x_4$ のいずれかとなり,それぞれ確率 $p_1$, $p_2$, $p_3$, $p_4$ で生じるものとする.このような場合,収益率は離散確率分布に従うという.なお,ここでは 4 つの可能性の場合を考えるが,以下の議論はそれ以外の場合にも同様である.

■**期待収益率** この資産の**期待収益率**は

$$E(x) = p_1 x_1 + p_2 x_2 + p_3 x_3 + p_4 x_4 \tag{4.1}$$

である.これは期待値を収益率にあてはめたものである.

■**分散と標準偏差** 表記の簡単のために期待値を $\bar{x}(= E(x))$ と表すと,分散は $\mathrm{Var}(x) = E[(x_i - \bar{x})^2]$ と定義され,

$$\mathrm{Var}(x) = p_1(x_1 - \bar{x})^2 + p_2(x_2 - \bar{x})^2 + p_3(x_3 - \bar{x})^2 + p_4(x_4 - \bar{x})^2 \quad (4.2)$$

となる.標準偏差は $\sigma = \sqrt{\mathrm{Var}(x)}$ である.

■**共分散** 次に,共分散と相関係数を定義するため,資産 Y の収益率を $y_i$ とし,その期待値を $\bar{y}$ と表す.X と Y の**共分散**は

$$\mathrm{Cov}(x,y) = E[(x - \bar{x})(y - \bar{y})] \quad (4.3)$$

と定義され,ここで考えている離散確率分布の場合は

$$\begin{aligned}\mathrm{Cov}(x,y) = &p_1(x_1 - \bar{x})(y_1 - \bar{y}) + p_2(x_2 - \bar{x})(y_2 - \bar{y}) \\ &+ p_3(x_3 - \bar{x})(y_3 - \bar{y}) + p_4(x_4 - \bar{x})(y_4 - \bar{y})\end{aligned} \quad (4.4)$$

となる.共分散は次に述べる相関係数を計算するために用いる統計尺度であり,$x$ と $y$ の偏差積 $(x - \bar{x})(y - \bar{y})$ の平均である[*1].

■**相関係数** 資産 X と Y の標準偏差を $\sigma_x$,$\sigma_y$ と表すと,相関係数 $\rho$ は

$$\rho = \frac{\mathrm{Cov}(x,y)}{\sigma_x \sigma_y} \quad (4.5)$$

と定義される.**相関係数**は共分散をそれぞれの標準偏差と対比することによって基準化した数値であり,その符号は共分散の符号と一致する.

二つの資産の収益率の動きに関係性がないとき,相関係数は 0 となる.これを無相関という.相関係数が正のとき,正の相関があるといい,負のとき,負の相関があるという.相関係数の最大値は 1,最小値は $-1$ である.相関係数が 1 のことを完全正の相関といい,$-1$ のことを完全負の相関という.

---

[*1] $x$ と $y$ それぞれの偏差の符号が同じになる傾向が強いとき,共分散は正,符号が逆になる傾向が強いとき共分散は負となる.たとえば,$x - \bar{x} > 0$ のとき,$y - \bar{y} > 0$ となり,$x - \bar{x} < 0$ のとき,$y - \bar{y} < 0$ となる傾向が強いと,それらの平均である共分散は正で,大きな値をとるようになる.

## 1.2 期待収益率とリスクはどのように計算されるか

■**ポートフォリオの期待収益率と分散**　引き続き，資産 X と Y のポートフォリオについて考えよう．X の保有ウェイトを $w$，Y の保有ウェイトを $1-w$ とおく[*2]．ポートフォリオの収益率を $R$ とおくと，

$$R_i = w x_i + (1-w) y_i \tag{4.6}$$

となる．

ポートフォリオの期待収益率は

$$E(R) = w E(x) + (1-w) E(y) \tag{4.7}$$

となる．ポートフォリオの分散は

$$\begin{aligned} \mathrm{Var}(R) &= w^2 \sigma_x^2 + 2w(1-w)\mathrm{Cov}(x,y) + (1-w)^2 \sigma_y^2 \\ &= w^2 \sigma_x^2 + 2w(1-w)\rho \sigma_x \sigma_y + (1-w)^2 \sigma_y^2 \end{aligned} \tag{4.8}$$

となる．

## 1.3 リスク分散効果はどのように生じるのか

■**ポートフォリオの分散とリスク分散効果**　ポートフォリオの分散は二つの資産の分散（$\sigma_x^2$ と $\sigma_y^2$）だけではなく，共分散に依存している点が重要である．(4.8) 式 2 行目では，共分散 $\mathrm{Cov}(x,y)$ を $\rho \sigma_x \sigma_y$ と書きかえている．標準偏差（$\sigma_x$ と $\sigma_y$）を一定とすると，相関係数が小さくなればなるほどポートフォリオの分散は小さくなることが分かる[*3]．これが**リスク分散効果**の数式による表現である．なお，ポートフォリオの標準偏差は $\sigma_R = \sqrt{\mathrm{Var}(R_i)}$ である．

■**ポートフォリオのリターン・リスクの図解**　ポートフォリオの期待収益率と分散の関係を見るために，二つの資産の相関係数が 1 の場合を考えてみよ

---

[*2] 当面，$w$ は 0 以上 1 以下と考えておいてよい．

[*3] 完全正の相関でない限り，ポートフォリオの標準偏差は各資産の標準偏差の加重平均よりも小さくなる．完全正の相関の場合のみ，ポートフォリオの標準偏差は各資産の標準偏差の加重平均と等しい．

表 4-1 ポートフォリオの期待収益率と標準偏差

| X のウェイト $w$ | Y のウェイト $1-w$ | 期待収益率 $E(R)$ | 標準偏差 $\sigma_R$ |
| --- | --- | --- | --- |
| 1 | 0 | 2 | 2 |
| 0.8 | 0.2 | 2.8 | 2.8 |
| 0.6 | 0.4 | 3.6 | 3.6 |
| 0.4 | 0.6 | 4.4 | 4.4 |
| 0.2 | 0.8 | 5.2 | 5.2 |
| 0 | 1 | 6 | 6 |

図 4-1（ポートフォリオの期待収益率と標準偏差）

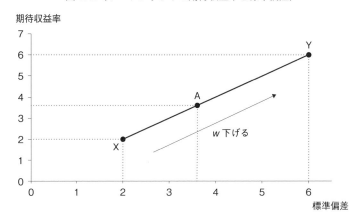

う．表4-1では期待収益率2，標準偏差2の資産Xと期待収益率6，標準偏差6の資産Yのポートフォリオについて，Xのウェイトを1から0まで0.2ずつ減らしていったときの期待収益率と標準偏差を計算している．

図4-1は，この期待収益率と標準偏差をプロットしたものである．$w$ を下げていくと，ポートフォリオの期待収益率と標準偏差の組み合わせは点Xから点Yまで右上に移動する．たとえば，図のA点はXのウェイトを0.6，Yのウェイトを0.4とするポートフォリオが実現する期待収益率と標準偏差を表している．

図 4-2（二資産のポートフォリオ）

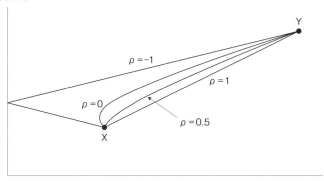

■**相関係数の違いによる影響** 図4-2はポートフォリオが実現できる点を4つの異なる相関係数の場合について図示したものである．4つのグラフはそれぞれ相関係数が $\rho=-1$, $\rho=0$, $\rho=0.5$, $\rho=1$ の場合に対応している．

どのグラフも資産Xを表す点（ウェイトは $w=1$）と資産Yを表す点（ウェイトは $w=0$）をつないでおり，$w$ を低くしていくほど，Yの点に近づいていく．**完全正の相関**（$\rho=1$）の場合は図4-1で見たように線分となる．完全負の相関（$\rho=-1$）の場合，グラフは屈折点をもつ．相関係数がこれらの中間値を取る場合は，二つのグラフの間に入り，相関係数が小さいほど，グラフは左側に曲折した形となる．これは相関係数が小さくなればなるほどポートフォリオの分散が小さくなるという**リスク分散効果**の図解である．

---

†コンセプト・チェック
- 期待収益率，分散，標準偏差，共分散，相関係数とは何か？
- ポートフォリオの期待収益率と分散はどのように表されるか？
- 相関係数はポートフォリオのリスクにどのような影響を与えるか？

## 2. 効率的フロンティアと最適なポートフォリオ。

### 2.1 効率的なポートフォリオを構築するには

■**平均・分散アプローチとは？** 平均と分散（または標準偏差）のみを用いて最適な資産選択を考える手法を**平均・分散アプローチ**という[*4]．このアプローチでは，リスク回避的な投資家を考え，期待収益率が同じならばリスク（分散）の小さいほうを好むという性質を前提とする．

■**ポートフォリオ・フロンティア** 前節では二つの資産のポートフォリオを考えたが，もっと多くの資産を含むポートフォリオを構築できる．図4-3では，点X，Y，Zはポートフォリオに含まれる3つの資産に対応する点を表している．

太線・細線の曲線（双曲線）は**ポートフォリオ・フロンティア**と呼ばれる．これは期待収益率を一定としたときに実現できる分散（標準偏差）の最小値を与える．たとえば，図のA点はX点と同じ期待収益率を実現しているポートフォリオの中で標準偏差が最小となるものを表している．

ポートフォリオ・フロンティアを考える理由は，期待収益率が同じならばリスク（分散）の小さいほうを好むという投資家の性質を前提にすると，同じ期待収益率を実現するときには最小の標準偏差をもつものを選択するのが望ましいからである．

■**効率的フロンティア** 図4-3に示している**最小分散ポートフォリオ**は，ポートフォリオ・フロンティア（太線・細線）全体の中で最も低い標準偏差を与える点を表している．この最小分散ポートフォリオよりも右上の太線部分を**効率的フロンティア**という．

図4-3のB点のようにポートフォリオ・フロンティアの右下がり部分ではY点のように同リスクでより高い期待収益率をもたらすものがある．その意

---

[*4] Markovitz, H. 1952. Portfolio selection. *Journal of Finance* 7, 77-91.

## 2. 効率的フロンティアと最適なポートフォリオ

図 4-3（効率的フロンティア）

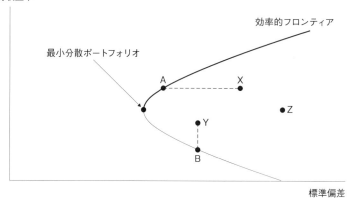

味で，図の細線（右下がり）部分は効率的ではない．ポートフォリオ・フロンティアのうち，最小分散ポートフォリオよりも高い期待収益率をもたらす部分（太線）が効率的フロンティアである．

効率的フロンティアは右上がりである．つまり，リスクが高い金融資産（またはポートフォリオ）の期待リターンは高い．これを**リスクとリターンのトレード・オフ**という．すなわち，家計は高いリターンを求めようとすれば高いリスクを許容しなければならない．

### 2.2 無リスク資産を組み込むとどうなるのか

■**無リスク資産を含むポートフォリオ** ポートフォリオには**無リスク資産**を組み込むことができる．図4-4にはまず，図4-3と同じ効率的フロンティアが描かれている．無リスク資産の利子率は$r$であり，リスクは0であるから，図のA点のように縦軸上に無リスク資産は位置づけられる．効率的フロンティア上のB点の期待収益率を$R$，標準偏差を$\sigma_R$とおく．

資金の$w$割合を効率的フロンティア上のポートフォリオ（B点），残りの$1-w$割合を無リスク資産とするポートフォリオを考えよう．無リスク資産だけを保有する（$w=0$）ときA点が実現され，リスク資産のみを保有する（$w=1$）ときB点が実現される．

図 4-4（無リスク資産を含むポートフォリオ）

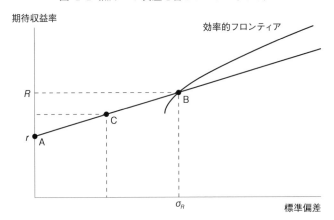

A点からポートフォリオBの保有ウェイト$w$を増やしていくと，直線状のB点に近い点が実現できる．標準偏差を1単位増やすと，期待収益率は$(R-r)/\sigma_R$だけ増加する．たとえば，C点は無リスク資産とポートフォリオBを50％ずつ保有した場合のポートフォリオである．期待収益率は$r+(R-r)/2$，標準偏差は$\sigma_R/2$となる[*5]．

■**無リスク資産を含む効率的フロンティア**　図4-4ではポートフォリオBと安全資産からなるポートフォリオを考えたが，B点以外のあらゆる効率的フロンティア上の点と無リスク資産のポートフォリオを考えることができる．その中で，最も効率的なものを**無リスク資産を含む効率的フロンティア**と呼ぶ．

図4-5の直線がこれを表している．この直線は無リスク資産を表す縦軸切片から，無リスク資産を含まない効率的フロンティアへ引いた接線である．直観的に明らかなように，同じ期待収益率を実現することのできるポートフォリオの中で最も標準偏差の小さいポートフォリオはこの接線になる．図ではTが接点であり，**接点ポートフォリオ**と呼ばれる．

---

[*5] 無リスク資産を含むポートフォリオの期待収益率は$R_y = wR + (1-w)r$，分散は$\sigma_y^2 = w^2\sigma_R^2$となることから，図のA点とB点を結ぶ直線の切片は$r$，傾きは$(R-r)/\sigma_R$である．

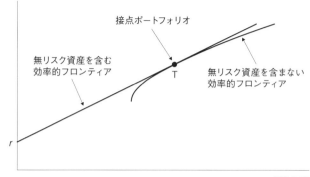

図 4-5（無リスク資産を含む効率的フロンティア）

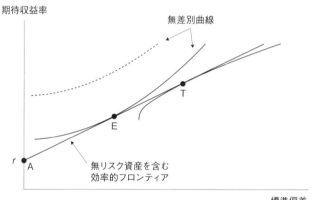

図 4-6（無リスク資産を含む最適ポートフォリオ）

## 2.3　最適なポートフォリオをどのように構築するか

■**最適ポートフォリオ**　リスク回避的な投資家は期待収益率が高いポートフォリオを好み，期待収益率が同じならリスクの低いものを好む．図 4-6 には二つの**無差別曲線**が描かれている．リスク回避的な投資家の無差別曲線は右上がりとなり，左上に位置する無差別曲線ほどより高い効用に対応する．左上ほど，期待収益率が高く，標準偏差が小さいので，図の点線で表される無差

別曲線のほうが実線の無差別曲線よりも効用が高い．また，リスク回避的な投資家の無差別曲線は図の右下に向かって凸の形状となる．

投資家が選択できるのは無リスク資産を含む効率的フロンティア上の点である．その中で最も高い効用を実現できる点は，無差別曲線が効率的フロンティアに接するE点である．E点のポートフォリオは効用が最大となる**最適ポートフォリオ**である．また，E点に対応する保有ウェイトが最適な保有ウェイトとなる．

### 2.4　分離定理とは何か

■**投資家によるポートフォリオの違い**　投資家にはリスク回避的な傾向の強い投資家や弱い投資家があるから，リスクを多く許容したいと思っている投資家はリスク資産（接点ポートフォリオT）のウェイトを高くし，リスクを許容したくない投資家は無リスク資産（A点）の保有ウェイトを高くする．つまり，投資家によって最適ポートフォリオは異なる．

投資家によって最適ポートフォリオが異なる理由は無差別曲線の形状が異なるからである．どの投資家も，組み込むリスク資産のポートフォリオ（接点ポートフォリオ）は同じ（T点）でよい．リスクをあまり許容したくない投資家は安全資産の比率を多くするだけでよく，リスク資産の中でリスクの低い資産を多く保有する必要はない．

■**分離定理**　このように，リスク資産のポートフォリオ構成（接点ポートフォリオ）が投資家のリスク選好と独立に決まるという命題を**分離定理**という[6]．この定理のインプリケーションは，投資家の意思決定を次の順番に行えばよいということである．(1) 投資家全員に共通して，リスク資産のポートフォリオ（接点ポートフォリオ）を決定する．(2) 各投資家が接点ポートフォリオと無リスク資産の最適な保有ウェイトを決定する．

---

[6] この分離定理をトービンの分離定理という．分離定理は Two funds theorem とも呼ばれる．

## 3. 資産価格の理論

### †コンセプト・チェック
- 平均・分散アプローチとは何か？ 効率的フロンティアとは何か？
- 無リスク資産を含む効率的フロンティアとはどのようなものか？
- 最適ポートフォリオはどのように図解できるか？
- 分離定理とは何か？

## 3. 資産価格の理論◇◇

### 3.1 CAPM とは何か

■**均衡資産価格** 前節で説明した平均・分散アプローチでは，資産価格（またはその収益率や分散）は所与として，投資家が接点ポートフォリオに該当するリスク資産ポートフォリオを保有することが分かった．しかし，割高な価格の資産の需要は少なくなり，また，割安な資産の需要は増大する．したがって，価格は調整され，あらゆる資産が合理的に保有される価格が成立する．これを**均衡資産価格**という．

■**資産価格と収益率の関係** 第 2 章 1.4 節（29～30 ページ）で見たように，価格と収益率（利回り）の間には一対一の関係があるから，均衡資産価格が決定されると均衡収益率も決定される（44 ページの (3.4) 式も参照）．つまり，現在の株価が決定されると収益率も同時に決定される．この理由により，以下では，価格ではなく収益率を使って均衡価格を考える．

■**CAPM**　CAPM（capital asset pricing model, 資本資産評価モデル）は代表的な資産価格の決定理論である[*7]．資本資産とは通常，株式やリスクのある金融資産のことを指す．

---

[*7] Lintner, J. 1965. The valuation of risk assets and the selection of risky investments in stock portfolios and capital budgets. *Review of Economics and Statistics* 47, 13-37. Mossin, J. 1966. Equilibrium in a capital asset market. *Econometrica* 34, 768-783. Sharpe, W. 1966. Mutual fund performance. *Journal of Business* 39, 119-138.

CAPMでは，ある資産の期待収益率は次式で表される．

$$\text{期待収益率} = \text{無リスク利子率} + \beta \times \text{市場ポートフォリオのリスク・プレミアム} \quad (4.9)$$

**市場ポートフォリオ**とは，ポートフォリオの保有ウェイトを当該資産の時価/株式市場時価総額としたものである．**市場ポートフォリオのリスク・プレミアム**とは市場ポートフォリオの期待収益率から無リスク利子率を引いたものである．これは，市場ポートフォリオを保有するリスク回避的な投資家が国債などの無リスク利子率に上乗せして要求するリスク・プレミアムである．

### 3.2　CAPM ではどのような資産の価格が高くなるのか

■**CAPM のベータと証券市場線**　(4.9) 式の期待収益率はベータ ($\beta$) の一次式である．ベータは市場のリスク・プレミアムに対するセンシティビティ（反応度）を表し，ベータが高いほど期待収益率は高くなる．

図 4-7 は (4.9) 式を描いたものであり，**証券市場線** (security market line: SML) と呼ばれる．横軸はベータ，縦軸は資産の期待収益率をとっている．SML の縦軸切片は無リスク利子率 $r$ であり，SML の傾きは市場ポートフォリオのリスク・プレミアムである[8]．

たとえば，無リスク利子率が 1.2%，市場ポートフォリオのリスク・プレミアムが 5% の場合，ベータが 0.5 の資産は期待収益率が $1.2 + 0.5 \times 5 = 3.7\%$ となり，ベータが 2 の資産は期待収益率が $1.2 + 2 \times 5 = 11.2\%$ となる．

■**CAPM のベータの意味**　ベータは当該資産と市場ポートフォリオの相関係数が高いほど大きく，また当該資産の標準偏差が高いほど大きい．さらに，市場ポートフォリオの標準偏差が小さくなると，ベータは大きくなる．

ある資産の収益率を $R$，市場ポートフォリオの期待収益率を $R_M$，市場ポートフォリオの標準偏差を $\sigma_M$，当該資産と市場ポートフォリオの共分散を $\text{Cov}(R, R_M)$ とおくと，CAPM のベータは

---

[8] 均衡では市場ポートフォリオのリスク・プレミアムは正となる．もしこれが負なら，投資家はリスク資産を保有せず，需給均衡条件が成立しないためである．

図 4-7 (証券市場線)

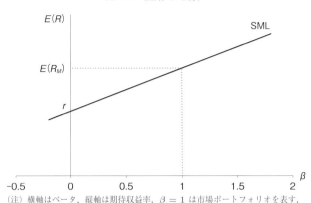

(注) 横軸はベータ，縦軸は期待収益率．$\beta = 1$ は市場ポートフォリオを表す．

$$\beta = \frac{\text{Cov}(R, R_M)}{\sigma_M^2} \tag{4.10}$$

と定義される．

ベータは市場ポートフォリオのリスク・プレミアムに対する反応度を表すから，高いベータをもつ資産は市場のリスク・プレミアムとともに大きく変動する．このため，高いベータをもつ資産の保有を増やすとポートフォリオの分散が大きくなる．リスク回避的な投資家はリスクの増大を嫌うため，高いベータをもつ資産の保有には大きなリスク・プレミアムを要求する．これが図 4-7 の SML および (4.9) 式の意味である．

■ベータと均衡期待収益率　CAPM のベータの定義 (4.10) 式から，(1) 市場ポートフォリオと正の相関をもつ資産のベータは正，負の相関をもつベータは負となり，(2) 市場ポートフォリオのベータは 1 となることが分かる．

## 3.3　CAPM はどのような考え方に基づいているのか

■CAPM の前提と資本市場線　CAPM は平均・分散アプローチを前提にしている[*9]．

---

[*9] CAPM では以下のことが前提とされる．(1) 多くの投資家が存在し，各投資家はプライステイカーである．(2) 投資家は 1 期間のみ資産を保有する静学モデルである．

図 4-8 (CAPM と CML)

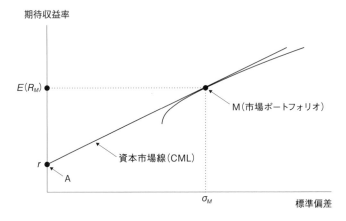

　図 4-8 の直線は図 4-5 に描かれている無リスク資産を含む効率的フロンティアを描いている．接点ポートフォリオは市場ポートフォリオ M である．図の直線で表される効率的フロンティアを**資本市場線** (capital market line: CML) という．資本市場線は縦軸上の A 点（無リスク資産の利子率 $r$）から，市場ポートフォリオの M 点を通る半直線であり，M 点でリスク資産のフロンティアに接する．

■**リスクの市場価格**　市場ポートフォリオの期待収益率を $E(R_M)$，標準偏差を $\sigma_M$ とおき，無リスク利子率を $r$ とおくと，CML の傾きは

$$\frac{E(R_M) - r}{\sigma_M} \tag{4.11}$$

となっている．分子は市場ポートフォリオのリスク・プレミアムを表している．CML の傾きは，市場ポートフォリオの標準偏差 1 単位あたりのリスク・プレミアムを表しているから，**リスクの市場価格**と呼ばれる．

---

(3) 投資家は無リスク利子率で自由に資金貸借を行える．(4) 税金や取引費用が無視できるほど小さい．(5) 投資家は平均・分散アプローチの意味で合理的な意思決定を行う．(6) 投資家は各資産の収益率の確率分布について同じ情報をもっており，同質的な期待を有する．

■**CAPM の考え方** CAPM では，合理的な投資家はどの資産についてもリスク 1 単位当たりのリスク・プレミアム（期待収益率 − 無リスク利子率）が同じになることを要求する[*10]．もしリスク 1 単位あたりのリスク・プレミアムが他よりも低い資産があったら，投資家はその資産を売却し，価格の低下，期待収益率（リスク・プレミアム）の上昇が起こる．このような裁定取引の結果，CAPM の (4.9) 式が成り立つ．

## 3.4 CAPM の問題点と拡張

■**CAPM の実証分析と問題点** CAPM の現実妥当性については様々な議論が行われてきている．焦点は現実の市場ポートフォリオが効率的か（フロンティア上にあるか）にあり，特に，証券市場線が成立しているか否かや，ベータが期待収益率をどの程度説明できるのかにある．

R. Roll は期待収益率やベータの検定は無効であり，CAPM の命題を検定可能かどうか疑わしいと論じた．これは「ロールの批判」として知られている．また，別の研究はベータがクロス・セクションの平均収益率を説明するのに役立たないと論じている[*11]．

■**CAPM の拡張** CAPM の拡張として，(1) 無リスク資産が存在しない場合のゼロベータ CAPM，(2) 動学的な消費 CAPM，(3) 市場ポートフォリオ以外のファクターを導入するマルチファクターモデルがある．たとえば，市場ポートフォリオ・ファクター，サイズ・ファクター (SMB, small minus big) と簿価時価ファクター (HML, high minus low) をファクターとするモデルは **3 ファクター・モデル**と呼ばれる．

■**APT** CAPM と同程度に代表的な資産価格理論として，Ross の **APT** (arbitrage pricing theory, 裁定価格理論) がある[*12]．APT はマルチ・ファ

---

[*10] ただし，ここでのリスクは単純な標準偏差ではない．
[*11] クロス・セクションとは，時点を固定して分析する計量経済分析手法のことである．ここでは，ある時点の各証券の平均収益率のことを指す．
[*12] Ross, S. 1976. The arbitrage theory of capital asset pricing. *Journal of Economic Theory* 13, 341-360.

クター・モデルの一種であり，各資産の収益率が鉱工業生産指数，インフレ率，イールド・スプレッドなどのファクターによって生成されると仮定する．APTの均衡では，期待収益率は無リスク利子率，ファクターのリスク・プレミアム，およびファクター・ローディングスによって決定される[*13]．

## 3.5 ファンド・パフォーマンスを評価するには

■ジェンセンのアルファ　ファンド・パフォーマンスの尺度の一つにジェンセンのアルファがある．CAPMはあらゆる金融資産のポートフォリオ（ファンド）の期待収益率がSML上にあることを主張している．この考え方に従うと，SMLより上側に位置したファンドはパフォーマンスが良好，下側に位置したファンドは不良であったことになる．SMLとの位置関係を表す尺度をジェンセンのアルファという．

---

†コンセプト・チェック
- CAPMはどのような式か？　証券市場線（SML）とは何か？
- 市場ポートフォリオのリスク・プレミアムとは何か？
- 資本市場線とは何か？

---

── コラム・・・CAPMを求めてみよう ──

　このコラムでは，本文で紹介したCAPMを日本の株式データに当てはめて，どのようなベータがえられるのかを紹介します．CAPMの推定法にはさまざまな方法がありますが，ここでは個別株式ごとに時系列の回帰式を推定する方法を用います．

　期間は2012年1月から2016年12月までの60ヵ月とし，月間株価データから月間の収益率を求めます．市場ポートフォリオはTOPIXを使い，無リスク利子率として譲渡性預金(CD)金利を用います．TOPIXの平均リターンは1.4%，CD金利は0.0007%でした．

　トヨタ自動車の場合，推定された回帰式(CAPM)は

$$\text{期待収益率} = \text{無リスク利子率} + 1.1 \times \text{市場リスク・プレミアム} \quad (4.12)$$

となりました．

---

[*13] 金融経済学（清水克俊）第6.5節参照．

言い換えると，ベータは 1.1 と推計されました．市場リスク・プレミアムは TOPIX の平均リターンから CD 金利を引いたものですから，1.4% です．したがって，この間に期待される収益率は

$$期待収益率 = 0.0007 + 1.1 \times 1.4 = 1.6\% \tag{4.13}$$

となります．図はいくつかの株式のベータと期待収益率をプロットしたものです．

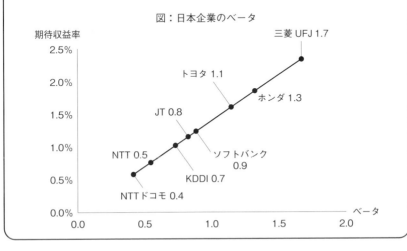

図：日本企業のベータ

## 4. リスク資産の価値評価◇◇◇

### 4.1 リスク資産の現在価値を計算するには

■**リスク資産の PV とリスク調整割引率**　リスク回避的な投資家がリスク資産の現在価値を求めるときには，割引率として無リスク利子率よりも高い割引率を用いる．すなわち，

$$リスク調整割引率 = 無リスク利子率 + リスク・プレミアム \tag{4.14}$$

を用いる．

1 年後に期待キャッシュフロー，$E(\mathrm{CF})$ をもたらすリスク資産の PV は

$$\mathrm{PV} = \frac{E(\mathrm{CF})}{1 + リスク調整割引率} \tag{4.15}$$

で与えられる．リスク・プレミアムは正であり，**リスク調整割引率**は無リスク利子率より高いから，リスク資産はリスク・プレミアム分だけ多く割り引かれる．

リスク調整割引率としては，CAPM の (4.9) 式で求められる期待収益率を用いる方法がある．なお，投資家がリスク中立的ならば，リスク調整割引率ではなく無リスク利子率で割り引く．

■**リスク中立評価法**　リスク回避的な投資家がリスク資産を評価するための，もう一つの方法に**リスク中立評価法**がある．この方法では，リスク調整割引率を用いる代わりに，期待キャッシュフローを計算する際に用いる確率を調整する．調整された確率のことをリスク中立確率という[14]．

1 年後に CF をもたらす金融資産のリスク中立価格は

$$P = \frac{E^q(\mathrm{CF})}{1+\text{無リスク利子率}} \tag{4.16}$$

と表される．期待値の $E$ の右上に添え字 $q$ をつけているのは，**リスク中立確率** $q$ で期待値を計算することを表している．

---
†コンセプト・チェック
- リスク資産の PV はどのように計算すればよいか？
---

## 5. 利子率の変動と資産価格◇◇◇

### 5.1　イールド・カーブと金利リスクとは

■**イールド・カーブ**　第 2 章 4.3 節でふれたように，利子率は満期（残存期間）によって異なる．図 4-9 に示すように，横軸に残存期間をとって，利子率を描いた図を**イールド・カーブ** (yield curve) という．典型的には，右上が

---
[14] リスク中立確率はアロー・デブルーの条件付請求権の価格から計算される．詳細は金融経済学（清水克俊）第 6.4 節参照．

図 4-9（イールド・カーブ）

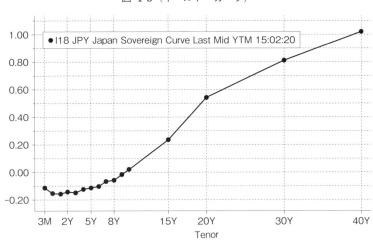

(注) Bloomberg 提供．日本国債の最終利回り (YTM)．縦軸は%，横軸は残存期間（M：月，Y:年）．

り（順イールド），水平，右下がり（逆イールド）の3つの可能性があるが，それら以外の可能性もある．

イールド・カーブは**利子率の期間構造**を表しており，特に無リスク資産の満期選択や企業の資金調達の満期の決定において重要である．

満期の長い金利と短い金利の差を**イールド・スプレッド**という．典型的には，10年物国債とオーバーナイト・コール・レートなどの短期金利の差である．これはイールド・カーブの傾きの指標となり，順イールドの場合は資金調達者にとって満期を長くすることのコストを，運用者にとっては収益の増加分を表す．

■**フォワード・レート** フォワード・レートは将来のある時点からの資金貸借の金利である[15]．1年後から2年後までのフォワード・レートと，現時点における1年物金利と2年物金利の間には

$$(1+2年物金利)^2 = (1+1年物金利) \times (1+フォワード・レート) \quad (4.17)$$

---

[15] フォワード・レートに関しては，インターネット付録 4.1 を参照．

という関係がある．フォワード・レートは債券先物の金利であり，上式の等号が成り立たない場合，1年物または2年物のいずれかに投資することで裁定利益が得られるため，均衡では上式が成立する．

■**将来の資金需給と金利リスク**　長期の利子率やフォワード・レートは将来の金融市場需給に関する予想に強く依存している．将来の需給ひっ迫により将来の短期金利が上昇すると予想されるときには，将来のフォワード・レートや長期利子率は高くなる．金融資産の将来価値が将来の金利の変動とともに変動するリスクを**金利リスク**という．

---

†コンセプト・チェック
- イールド・カーブとは何か？
- フォワード・レートとは何か？
- 金利リスクとは何か？

---

# 第5章

# 企業の実物投資

　本章から7章までの3つの章は金融経済学の中のコーポレート・ファイナンスの主要な分野について説明する．本章の**1節**ではコーポレート・ファイナンスの基本となる企業価値やNPVについて，**2節**ではNPVの計算や利子率と投資の関係について説明する．**3節**は投資計画の策定方法について詳述し，**4節**は内部収益率法について述べる．**5節**では，投資の部分調整モデルやトービンのq理論を紹介する．


## 1. コーポレート・ファイナンスの基本

### 1.1 企業はどのようにして企業価値を高めるのか

■**コーポレート・ファイナンス**　金融経済学では，企業の活動のうち，実物投資，資金調達，ペイアウト，ガバナンスなどの意思決定に関する部分を扱う．金融経済学の中でこれらの領域を扱う分野はコーポレート・ファイナンスと呼ばれている．本章ではその中で，企業の実物投資の意思決定に関わる部分について説明する．

■**企業の目的**　企業の目的は株式価値の最大化であるとされる．株式価値には簿価上の価値と市場価値の二つがあるが，企業が目的とするのは市場価値

の最大化である．以下では，株式市場価値を単に**株式価値**という．

■**企業価値と株式価値**　企業の資産価値（市場価値）のことを単に**企業価値**という．一般に，

$$企業価値 = 株式価値 + 負債価値 \tag{5.1}$$

が成り立つ．負債を発行していない企業では企業価値と株式価値は等しい．**負債価値**を一定として考えれば，企業にとって株式価値を最大化するのと企業価値を最大化するのは同じである．たとえば，株式価値が 60, 負債価値が 40 なら企業価値は 100 である．

### 1.2　投資計画の NPV とは何か

■**投資の NPV**　企業価値を高めるためには，投資額以上の価値を実現できる投資を行えばよい．投資の **NPV**（正味現在価値, net present value）は，投資がどれだけ**投資額**以上の価値をもたらすかを表し，

$$NPV = 将来キャッシュフローの PV - 投資額 \tag{5.2}$$

と定義される．すなわち，投資がもたらすキャッシュフロー (CF) の現在価値から投資額を引くので正味 (net) の PV である．たとえば，将来 CF の PV が 200 で，投資額が 120 なら NPV は 80 となる．

■**企業価値と投資の NPV**　企業価値と投資の NPV の間には

$$期末企業価値 = 期初企業価値 + 投資の NPV \tag{5.3}$$

という関係がある．つまり，企業価値は投資の NPV の分だけ増加する．たとえば，期初企業価値が 100, 投資の NPV が 80 なら期末企業価値は 180 となる．

### 1.3　日本の投資はどのような規模か

■**GDP 統計における投資**　GDP 統計では，**投資**は総固定資本形成として計上される．総固定資本形成は住宅と企業設備に分類される．総固定資本形

図 5-1（日本の投資額の推移）

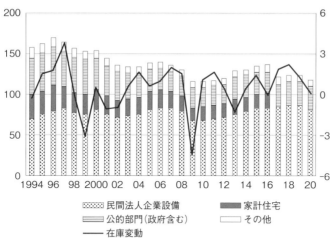

(注) 単位（兆円）．内閣府国民経済計算（2020年度）より作成．名目値．家計住宅には対家計民間非営利団体を含む．在庫変動は折れ線グラフ（右軸）である．その他は，法人企業の住宅，家計・対家計民間非営利団体の企業設備の合計．棒グラフの積み上げ額は総固定資本形成となる．

成とは別に，在庫投資は在庫の変動と呼ばれ，景気循環上重要な役割を果たす投資の一種である．総固定資本形成と在庫の変動の和を総資本形成という．

図 5-1 が示すように，総固定資本形成の大半は民間法人の企業設備であり，近年では 70 兆円を超える水準にある．

---

†コンセプト・チェック
- 企業価値とは何か？
- 投資の NPV とは何か？
- 企業価値と投資の NPV はどのように関係しているか？

---

コラム・・・伸び悩む日本企業の投資

図 5-1 では民間法人の企業設備投資が近年では 70 兆円を超える水準であることを見ましたが，企業の投資の内訳をより詳しく見てみましょう．

下図では企業の総投資を純投資と固定資本減耗分に分けています．企業が行った総投資のうち，固定資本減耗分を超える投資が純投資です．純投資の分だけ企業の生産設備は前年度より大きくなります．固定資本減耗分の投資は既存設備の更新と考え

てもよいでしょう．

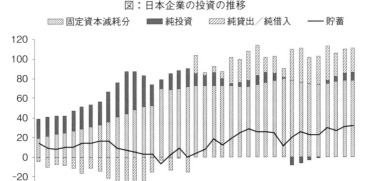

(注) 単位 (兆円)．内閣府国民経済計算 (2016 年度, 2009 年度) より作成．非金融法人企業．名目値．純投資＋固定資本減耗分＝総固定資本形成．純貸出/純借入はプラスが他部門での運用，マイナスが調達を表す．貯蓄は企業部門の可処分所得．

純投資はバブル期には最大で 44 兆円を記録し，総投資の半分が純投資でした．純投資は 2001 年以降，10 兆円 (割合でも 10%) 以下となっており，日本企業が生産設備を以前ほど拡大していないことを示しています．特に，2009 年から 2012 年の期間，純投資はマイナスになっています．

一方，貯蓄は企業部門に発生した可処分所得を表しています．1980 年には貯蓄は 16 兆円しかありませんでしたが，近年は 30 兆円程度で推移しており，かなりの所得を稼いでいることが分かります．

純貸出/純借入は企業部門の資金過不足を表します．つまり，純貸出 (＋) は他部門での資金運用を，純借入 (－) は他部門からの資金調達を表します．1980 年から 1997 年まで企業部門は資金不足主体でしたが，それ以降は資金余剰主体となっています．

このように企業の純投資が伸び悩む背景としては，バブル崩壊以降の企業の過剰設備問題や過剰債務問題，高収益の投資機会の喪失などが考えられます．

## 2. 企業の投資計画と NPV

### 2.1 どのようにして投資計画を策定すればよいか

■**NPV の計算** あなたは企業の財務担当者として，新規投資計画について評価しようとしている．表 5-1 には 3 つの投資計画 A, B, C と，その将来 CF，投資額が示されている．これらの CF は確実であり，この企業は利子率 2% を割引率として用いることとする[*1]．

投資計画 A は 100 万円を投資すると，1 年後に同額の CF をもたらす．2 年目と 3 年目には CF は生じない．CF の PV は PV=CF/(1 + 利子率) = 100/1.02 = 98.0 と計算される（第 2 章 (2.5) 式参照）．

NPV（=PV− 投資額）は投資を実行したときに，企業の正味資産がネットでどれだけ増加するかを表す．投資計画 A の NPV は 98.0 − 100 = −2.0 となり，負となってしまっている．

投資計画 B は 3 年後に CF をもたらすから，NPV= $120/1.02^3$ − 100 = 113.1 − 100 = 13.1 と計算される（第 2 章 (2.6) 式参照）．

投資計画 C では，CF の PV は 1 年後と 2 年後の PV の合計であるから，PV= $98.0 + 100/1.02^2$ = 194.2 となり，NPV= 194.2 − 100 = 94.2 となる．

表 5-1 投資計画の CF と NPV

| | 投資額 | キャッシュフロー (CF) | | | PV | NPV |
| | | 1 年後 | 2 年後 | 3 年後 | | |
|---|---|---|---|---|---|---|
| A | 100 | 100 | 0 | 0 | 98.0 | −2.0 |
| B | 100 | 0 | 0 | 120 | 113.1 | 13.1 |
| C | 100 | 100 | 100 | 0 | 194.2 | 94.2 |

(注) 単位（万円）

---

[*1] 各時点の CF はキャッシュ・インフロー（収入）からアウトフロー（支出）を差し引いたものである．どの計画も投資期間は 3 年以内であり，現時点においてのみ投資額が必要とされる．減価償却や税金等は無視できると考える．

■**NPV 法による投資決定**　企業価値は NPV の分だけ変化する（(5.3) 式参照）のだから，NPV が正の投資計画を実行すれば企業価値を増大させることができる．負の NPV を実行してしまうと，企業価値は減少してしまう．このように，NPV を投資の意思決定に用いる方法を **NPV 法**という．

■**最適投資額**　上の数値例では，投資計画 A は実行しない方がよく，B と C を実行すれば企業の正味資産は $13.1 + 94.2 = 107.3$ だけ増加する．複数の投資計画を同時に実行したときの NPV を**複合NPV** といい，正の NPV をもつ投資計画の投資額合計が**最適投資額**となる．

### 2.2　投資と利子率はどのような関係にあるのか

■**利子率と NPV の関係**　PV は割引率で割って求めるので，割引率（利子率）が高いほど PV は低くなる．NPV は PV から求めるので，これも利子率が高いほど低くなる．図 5-2 は割引率と NPV の関係を描いたものであり，利子率が高くなるほど NPV が低下すること，すなわち，**利子率と NPV の負の関係**を示している．

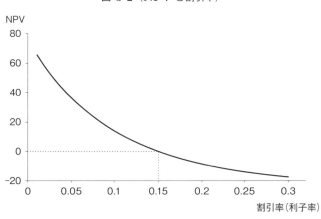

図 5-2（NPV と割引率）

図 5-3（企業の投資関数）

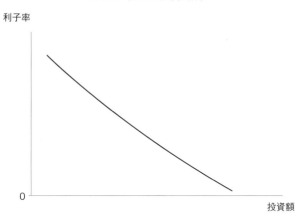

■**投資関数** よって，利子率が高くなると，NPV が負になる投資計画が発生する．図 5-2 では利子率が 15％を超えると，NPV が負になっている．企業は正の NPV の投資を実行するので，利子率が高くなると，正の NPV をもつ投資計画が減少し，最適投資額が減少する．

投資関数は企業の投資量 $I$ を利子率 $r$ の関数として表したものである．図 5-3 に描かれているように，投資関数は右下がりである．式では，

$$I = I(r) \tag{5.4}$$

と表す．なお，経済の総投資は個々の企業の投資額を集計したものである．

### 2.3 割引率に何を用いるか

■**不確実性と割引率の選択** 投資のもたらす CF は通常，不確実であるから，第 4 章 4.1 節で説明したリスク調整割引率（(4.14), (4.15) 式）を用いて PV を計算する．後述（次章 2.1 節）する資本コストを計算している企業は，それを用いる．

■**利子率の期間構造を考慮した NPV 法** 利子率の期間構造を考慮することも重要である．第 2 章 4.3 節で説明したように，$t$ 年後の CF はその期間に

あった割引率で割り引く必要がある．

### 2.4 投資と資金調達は別々に決定すればよいのか

■**投資と資金調達の独立性** 標準的なコーポレート・ファイナンスでは投資額の決定は資金調達の意思決定とは**独立**して考えてよい[*2]．この前提は，金融市場が完全競争的であり，税金や取引費用などの摩擦コスト等が存在しないことである．このような市場を**完全な金融市場**という．この場合，どのような資金調達手段を選択しても投資の NPV に変更はないため，資金調達法の決定は最適な投資の決定と独立して行うことができる．

---

†コンセプト・チェック
- NPV はどのように計算されるか？
- NPV による投資決定はどのように行うか？
- 投資と利子率はどのような関係にあるか？

---

## 3. 予算計画◇◇

### 3.1 予算計画をどのように策定すればよいか

実務上，どの投資計画を実行するかを決定するためには，**予算計画**を策定する必要がある．計画が妥当なものかどうかを調べるために，(1) 予算増分表の作成，(2) キャッシュフロー増分表の作成，(3) NPV 計算表の作成の 3 つのステップを行う．

■**数値例の設定** A 社は電化製品のメーカーであり，新商品の開発と市場への投入を計画している．このために，A 社は計画期間を 4 年間として，初年度に 9,000 万円の設備投資を実行する．

投資および予算計画の策定ルールは通常の会計ルールとは異なる点がある

---

[*2] 標準的な場合とは，次章で説明するモジリアーニ・ミラーの定理が成り立つ場合などである．

ことに注意しよう．会計ルールとは異なり，費用や収益の価値評価をそれらの発生時点で行う必要がある．

この数値例では次のことを仮定する：(1) 法人税率は30%，(2) 固定資産の耐用年数は3年，減価償却は定額法[*3]，(3) 営業外収益・費用，特別利益・損失等，例示の上で捨象できるものはゼロと仮定．

■**予算策定の3ステップ**　予算策定は以下の (1)〜(3) の順に行う．

**(1) 予算増分表の作成**　一つ目のステップでは，表5-2に示す投資計画の予算増分表を作成する．数値はすべて，この計画を実行したときの増分である．

**初年度**：製造・販売は行われないため，a行の売上総利益（=売上高−原価）はゼロである．新商品の製品の開発費として，3,000万円をd行の販売費・一般管理費に計上する一方，減価償却費は発生しないものとする．g行の営業利益（=売上総利益−販売費・一般管理費）は3,000万円の減少となる．

表 5-2　予算増分表

| | | 1年目 | 2年目 | 3年目 | 4年目 |
|---|---|---|---|---|---|
| a | 売上総利益 | 0 | 5,500 | 5,500 | 5,500 |
| b | うち売上高 | 0 | 8,000 | 8,000 | 8,000 |
| c | うち原価 | 0 | △2,500 | △2,500 | △2,500 |
| d | 販売費・一般管理費 | △3,000 | △3,500 | △3,500 | △3,500 |
| e | うち減価償却費 | 0 | △3,000 | △3,000 | △3,000 |
| f | うち他 | △3,000 | △500 | △500 | △500 |
| g | 営業利益 | △3,000 | 2,000 | 2,000 | 2,000 |
| h | 営業外収益 | 0 | 0 | 0 | 0 |
| i | 営業外費用（支払利息除く） | 0 | 0 | 0 | 0 |
| j | 経常利益（無債務） | △3,000 | 2,000 | 2,000 | 2,000 |
| k | 税引き前当期純利益（無債務） | △3,000 | 2,000 | 2,000 | 2,000 |
| l | 法人税 | 900 | △600 | △600 | △600 |
| m | 当期純利益（無債務） | △2,100 | 1,400 | 1,400 | 1,400 |
| n | 資本支出 | △9,000 | | | |

(注) 単位（万円）．全て増加分を表し，△は控除項目であることを表す．特別利益・損失，ならびに他の細目は記載を省略している．

---

[*3] 日本では，減価償却資産の耐用年数は種類別に減価償却資産の耐用年数等に関する省令によって定められている．また，定率法を適用することもできる．

予算増分表では，営業外費用には会計上の営業外費用から支払利息を除いたものを計上する．支払利息を除くのは，予算計画において資金調達の面を一旦無視して計画の妥当性を評価するためである．別の言い方をすると，増分表では企業が無債務であることを仮定し，支払利息をゼロとおくと言ってもよい．この予算増分表では，**無債務**の仮定を明示的にするため，j，k，m 行において「(無債務)」と表示している．

j 行の経常利益（無債務）は，営業利益＋営業外収益－営業外費用 として計算され，3,000 万円の減少となる．

k 行の**税引き前当期純利益**（無債務）は 経常利益＋特別利益－特別損失 として計算され，3,000 万円の減少となる．

法人税率は 30% と仮定したので，l 行の法人税額は 0.3× 税引き前当期純利益となる．税引き前当期純利益（無債務）が 3,000 万円の減少となるため，900(= 3,000 × 0.3) 万円の法人税の減額が見込まれる[*4]．m 行の**当期純利益**（無債務）は，税引き前当期純利益（無債務）から法人税を引いたものであり，3,000 － 900 = 2,100 万円減少する．なお，欄外に初年度の 9,000 万円の設備投資を資本支出として記載している．

**2 年目以降**：毎年，売上高が 8,000 万円ずつ，原価が 2,500 万円ずつ増加する見込みであり，売上総利益は毎年 5,500 万円の増加となっている．固定資産の耐用年数は 3 年であり，定額法により減価償却費が 2 年目以降毎年 3,000 万円ずつ計上されている（e 行）[*5]．また，他の販売費・一般管理費として f 行に 500 万円ずつが見込まれている．

したがって，g 行の営業利益は 5,500 － 500 － 3,000 = 2,000 万円の増加，k 行の税引き前当期純利益（無債務）も 2,000 万円の増加となる．これに対する法人税は 600 万円となるから，m 行の当期純利益（無債務）は 1,400 万円の増加となる．

一般化しておくと，

---

[*4] 法人税額は 900 万円減額になるので，プラスの値となっている．
[*5] なお，4 年目の最終時点における固定資産の市場価値は 0 になるものとする．

税引き前当期純利益（無債務）＝ 営業利益＋営業外収益

　　－営業外費用（支払利息除く）＋特別利益－特別損失　　(5.5)

であり，また，

　　当期純利益(無債務) ＝ 税引き前当期純利益(無債務)－法人税額等　(5.6)

である．

**(2) キャッシュフロー増分表の作成**　二つ目のステップは，表 5-3 に示す**キャッシュフロー増分表**の作成である．キャッシュフロー増分表では，キャッシュフローの増加をプラス，減少をマイナスで表記する．

　まず，予算増分表（表5-2）から当期純利益（無債務）を a 行に，減価償却費を b 行に，資本支出を c 行に転記する．資本支出は発生時点である初年度に控除項目として計上し，減価償却費は b 行にプラスの値で転記する．減価償却費を加算するのは，予算増分表（当期純利益）の計算において一旦控除されている減価償却は実際のキャッシュフローを伴わないためである[*6]．

　**正味運転資本増分**を d 行に計上する[*7]．ここでは，中間の 2 年間は売上の一部が売掛けで行われるものとし，正味運転資本が 500 万円ずつ必要であると想定されている．表に計上されているのは正味運転資本の増分であり，2 年目に 500 万円の正味運転資本が必要とされるため CF が 500 万円減少，最終年には 500 万円の正味運転資本が必要とされなくなるため，CF が 500 万円増加する．

　以上の項目を用いて，キャッシュフローは a 行〜d 行の総和として計算される．このように定義されたキャッシュフローを**フリー・キャッシュフロー**といい，式では次のように表される．

　　フリー・キャッシュフロー ＝ 当期純利益（無債務）＋減価償却費

　　　　　　　　　　－資本支出－正味運転資本増分　　(5.7)

---

[*6] 会計・税法上は，資本支出を費用と見なし，期間内に各年負担させるという考え方をとるが，金融経済学では実際の支出タイミングで支出計上を行う必要があるためである．

[*7] 正味運転資本は，たな卸し資産＋売掛金－買掛金である．

表 5-3 キャッシュフロー増分表

|   |   | 1年目 | 2年目 | 3年目 | 4年目 |
|---|---|---|---|---|---|
| a | 当期純利益（無債務） | △2,100 | 1,400 | 1,400 | 1,400 |
| b | 減価償却費 | 0 | 3,000 | 3,000 | 3,000 |
| c | 資本支出 | △9,000 | 0 | 0 | 0 |
| d | 正味運転資本 | 0 | △500 | 0 | 500 |
| e | フリー・キャッシュフロー | △11,100 | 3,900 | 4,400 | 4,900 |

（注）単位（万円）．表の数値は各項目によるCFの増加分をプラス，減少分をマイナス（△）で表す．

表 5-4 NPV計算表

|   |   | 1年目 | 2年目 | 3年目 | 4年目 |
|---|---|---|---|---|---|
| a | フリー・キャッシュフロー | △11,100 | 3,900 | 4,400 | 4,900 |
| b | 割引率（資本コスト） | 0.00 | 0.08 | 0.09 | 0.10 |
| c | 割引関数 | 1.00 | 0.93 | 0.84 | 0.75 |
| d | PV | △11,100 | 3,611 | 3,703 | 3,681 |
| e | NPV | △104 |   |   |   |

（注）単位（万円）．フリー・キャッシュフロー，PV，NPVの△は負値であることを示す．

フリー・キャッシュフローは適切な予算策定を行うために必要な概念である．

**(3) NPV計算表の作成** 最後のステップでは，**NPV計算表**を作成する．NPV計算表では前表のフリー・キャッシュフローを用いてPVおよびNPVを計算する．

表5-4に示すように，まず，キャッシュフロー増分表（表5-3）のe行からフリー・キャッシュフローを転記する．

次に，第4章4.1節で説明したように，リスク調整割引率を用いてPVを計算する．ここでは2年目の割引率を8%，その後1%ずつ上昇すると想定する．この投資計画は多年度にわたるCFをもたらすので，第2章(2.6)式（28ページ）の考え方にリスク調整割引率を適用する[*8]．

NPV計算表では，NPVを1年目から4年目までのPVの総和として計算する．この表では1年目のPV欄において投資額（資本支出）がすでに控除

---

[*8] $t$年のキャッシュフローを$CF_t$，$t$年の割引関数を$\delta_t = (1+\text{割引率})^{-(t-1)}$とおくと，$t$年の現在価値は$PV_t = \delta_t CF_t$である．ここで，$t-1$乗するのは1年目を現時点，2年目は1年後と考えているからである．

されていることに注意しよう*9. ここでは，NPV は −104 となるから，この予算計画は実行すべきではなく，見直しが必要である．

---

**コラム・・・アナリスト・レポートを読む**

証券会社では，証券アナリストが個別企業の業績や株価について将来の見通しを公表している．アナリスト・レポートでは，売上高，営業利益，経常利益，当期純利益，EPS，配当，PER などについて 3〜5 年程度の予測を行い，株価レーティングを行ったり，目標株価レンジを設定・公表している．たとえば，現在の株価が 37,000 円，目標株価が 50,000 円だとすると，今後株価は上昇すると考えられ，株価レーティングは高く（たとえば，A 評価に）なる．

アナリスト・レポートは一般には公開されていないことが多いが，Bloomberg はフリー・キャッシュフローの推移と将来のアナリスト予想の平均値などを提供している．図はトヨタ自動車（証券コード 7203）の FCF，CF（キャッシュ・フロム・オペレーション），資本支出の 2014 年から直近（2017 年 9 月）までの推移と，FCF と資本支出の 2018 年，2019 年の予測値を示している．

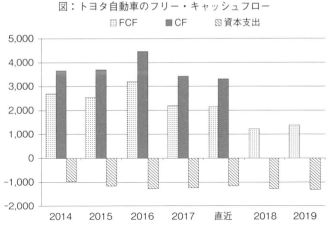

図：トヨタ自動車のフリー・キャッシュフロー

(注) 単位（10 億円）．Bloomberg 提供．2018 年と 2019 年の値は 2017 年 9 月時点における推定値（アナリスト予想の平均値）である．ここでは，FCF は CF と，負値をとる資本支出の和として計算されている．

---

■**全体の投資計画と予算計画**　以上のように，個別の投資計画について予算計画を立て，実行すべき投資計画が判明したら，会社全体の予算計画を立て

---

*9 (5.2) 式では NPV を将来の PV− 投資額と定義したが，ここでは 1 年目のフリー・キャッシュフローで投資額をすでに控除しているからである．

る必要がある．その際には，債務や債権・有価証券の保有，利子・配当の支払・受取，固定資産の売却，繰越金など様々な現実的な項目を考慮にいれ，最終的な正味資産の増加を把握しなければならない．

---

†コンセプト・チェック
- 予算策定はどのようなステップで行うか？
- 予算増分表，キャッシュフロー増分表，NPV 計算表はどのように作成するか？

---

## 4. 内部収益率法○○

### 4.1 内部収益率法とは

■**内部収益率法** NPV 法は投資の意思決定ルールとしては最も信頼性が高いが，代替・補完的な方法に**内部収益率法**がある．内部収益率 (IRR, internal rate of return) は投資の NPV がちょうどゼロとなる割引率のことである．IRR は次式を解くことによってえられる．

$$0 = \text{NPV} = \frac{\text{CF}_1}{(1+\text{IRR})} + \frac{\text{CF}_2}{(1+\text{IRR})^2} + \cdots + \frac{\text{CF}_n}{(1+\text{IRR})^n} - I \quad (5.8)$$

ここで，$\text{CF}_t$ は $t$ 年後のキャッシュフロー，$n$ は最終年，$I$ は投資額を表す．

■**内部収益率法による投資決定** 内部収益率法では，投資計画の内部収益率を計算し，内部収益率が高い順に投資を実行する．借入利子率が分かっている場合には，内部収益率が利子率（または資本コスト（第 6 章 2.1 節））よりも高い計画を実行する．

■**NPV と IRR** 図 5-4 は NPV と IRR の関係を表している．この図は図 5-2 と全く同じであるが，IRR がちょうど NPV が 0 となる 15% となっていることを示す．また，NPV が正となる割引率の範囲と，割引率が IRR を下回る範囲は同じであることが確認できる．

図 5-4(NPV と内部収益率)

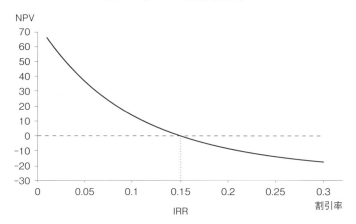

■**内部収益率法のメリットとデメリット**　内部収益率法は,適切な割引率が分からないときでも適用できるというメリットがある.

　デメリットは内部収益率法が正しい投資判断基準とならない場合があるということである.負のキャッシュフローが将来時点に発生する場合,NPV は割引率の増加関数となることがある.この場合,IRR が借入利子率よりも低い場合に投資を実行すべきである.また,内部収益率法の解は複数存在したり,存在しない場合がある.このようなことから,内部収益率法は NPV 法と必ず併用する必要がある.

†コンセプト・チェック
- 内部収益率法とはどのようなものか?

## 5. 投資関数°°°

2.1 節では，投資の NPV が利子率の上昇とともに減少するため，利子率の上昇は投資の減少をもたらすことを説明した．他の一般的な投資関数としては，部分調整モデル（加速度原理および資本ストック調整原理），Jorgensonの新古典派投資理論，トービンの q 理論などがある[*10]．

### 5.1 投資の部分調整モデル

■**部分調整モデル**　投資の部分調整モデルは様々な実証分析に用いられる計量モデルである．$t-1$ 期の**資本ストック**を $K_{t-1}$，$t$ 期の資本ストックを $K_t$，$t$ 期の投資を $I_t$ とおくと，投資は $I_t = K_t - K_{t-1}$ と定義される[*11]．投資の**部分調整モデル**では，投資は望ましい資本ストック $K_t^*$ と既存の資本ストック $K_{t-1}$ の差額の $b$ 割合を埋めるように行われていくと考える．すなわち，

$$I_t = b(K_t^* - K_{t-1}) \tag{5.9}$$

と表される．係数 $b$ は 1 以下の正の値をとり，調整速度と呼ばれる．調整速度が高いほど，投資は迅速に行われ，望ましい資本ストックが速やかに実現される．投資の部分調整モデルは**資本ストック調整原理**とも呼ばれる．

■**加速度原理**　加速度原理は，部分調整モデルにおいて資本・産出量比率が一定値をとり，調整速度を 1 としたものである．産出量を $Y_t$ とおくと，資本産出量比率は $K_t/Y_t = c$ である．調整速度を $b=1$ とおくと，毎期必ず望ましい資本ストックが実現される ($K_t = K_t^*$)．これらのことを (5.9) 式に代入すると，加速度原理の投資関数は

$$I_t = c(Y_t - Y_{t-1}) \tag{5.10}$$

---

[*10] Jorgenson, D. 1963. Capital theory and investment behavior. *American Economic Review* 53, 247-259. Tobin, J. 1969. A general equilibrium approach to monetary theory. *Journal of Money, Credit and Banking* 1, 15-29.

[*11] 減価償却率は無視している．

となる.加速度原理では,投資は GDP の伸びが高いときほど大きくなる.

## 5.2 投資の調整費用と q 理論

■**q 理論と調整費用**　トービンの **q 理論**は金融経済学の実証分析においてよく用いられる.投資には**調整費用**がかかり,即座に資本ストックを調整するためには大きなコストがかかると考える.たとえば,運送会社やスーパーなどが全国に配送網や店舗をはりめぐらせるような投資は時間をかければ大きなコストはかからないが,いっぺんにやろうとすると莫大なコストがかかる.

このような場合,投資のコストは利子率だけでなく,調整費用を含めたものになる.q 理論では,**投資の価値**が調整費用と利子率を含めた投資の費用と等しくなるように投資は決定され,q の高い企業ほど大きな投資を行う.

■**時価簿価比率**　金融経済学の実証分析では,q として株式価値の**時価簿価比率** (market to book ratio) を用いることが多い[*12].この分子は企業の市場価値であり,将来利益の割引現在価値を表している.分母は株式の簿価であり,その企業と全く同じ企業を再構築する(別の企業で置き換える)ためにかかる費用である.この比率は投資の価値を表す.

> †コンセプト・チェック
> - 投資の部分調整モデルとは何か?
> - トービンの q 理論とはどのようなものか?

---

[*12] これを平均 q という.資本の限界生産物の割引現在価値として定式化される q を限界 q という.

# 第6章

# 企業の資金調達

　本章では，コーポレート・ファイナンスの中心的テーマである企業の資金調達について説明する．**1節**では企業の資金調達法について，**2節**で企業の資本構成や資本コストの概念を説明する．**3節**では，企業がレバレッジの変更によって企業価値を高めたり，資本コストを下げることができるのかという問題を考える．**4節**は負債発行にどのような便益とコストがあるかを詳述する．

## 1. 企業の資金調達法°

　企業の資金調達法にはデット (debt)・ファイナンスとエクイティ (equity)・ファイナンスがある．

### 1.1 エクイティ・ファイナンスとは何か

■**エクイティ・ファイナンスの仕組み**　企業が株式市場において資金調達を行うことをエクイティ・ファイナンスという．エクイティ・ファイナンスには公募増資（一般募集）と私募増資があり，私募増資には株主割当と**第三者割当**がある[*1]．最近は，公募増資や第三者割当増資が主流である．特に，未

---

　[*1] 会社法上は新株発行・自己株式の処分（売却）による株式を引き受ける者を募集することを募集株式の発行という．会社法 199 条．

表 6-1 新規発行株式募集要項の例

| | | |
|---|---|---|
| a | 種類 | 普通株式 |
| b | 発行数 | 5,430,000 株 |
| c | 募集の方法 | 一般募集 |
| d | 発行価額総額 | 679 百万円 |
| e | 資本組入額総額 | 339 百万円 |
| f | 発行価格 | 130 円 |
| g | 発行価額 | 125 円 |
| h | 申込期間 | x 年 xx 月 xx 日〜y 年 yy 月 yy 日 |
| i | 払込期日 | z 年 zzx 月 zz 日 |
| j | 引受人の氏名 | ○○証券会社 |
| k | 引受株式数 | 5,430,000 株 |
| l | 発行諸費用の概算額 | 41 百万円 |
| m | 差引手取り概算額 | 638 百万円 |
| n | 手取金の使途 | 運転資金 |

(注) 有価証券届出書をもとに例として簡略化されたものを作成．発行価格は払込金額と同じ．発行価額総額から発行諸費用を引いたものが企業の手取りとなる．

上場会社が初めて株式市場に株式を公開（売出・新株発行）することを**新株公開** (initial public offerings, **IPO**) という．

表 6-1 は**新株発行**の募集要項の概要を表している．発行時に投資家が購入する価格を発行価格（売出価格）という．IPO においては**公開価格**ともいう．発行時に企業が受け取る金額を**発行価額**または**払込金額**という．通常，証券会社のうち幹事会社が企業と元引受契約を結び，投資家に取得させるための株式を払込金額で取得し（引き受け），また，投資家に取得されなかった株式を取得する．株式の買取りを引き受け，発行価格で市場で売却する証券会社を**引受人**という．

■**IPO の流れ**　IPO では，公開価格を決定するために投資家の需要状況の調査を行う（ブックビルディング方式）か，競争入札を行う[*2]．ブックビルディング方式では，ブックビルディングの参考価格レンジ（仮条件という）が公表され，需要申告が受け付けられる．その後，募集・売出価格が決定される．申し込みをした投資家は公開価格で株式を購入でき，一般投資家は上場

---

[*2] 有価証券上場規程施行規則（東京証券取引所）第 233 条．

後に購入できるようになる．

■**新株発行のコスト** 新株発行費用には，スプレッド（引受人が獲得する引受価格と発行価格の差）や発行諸費用（発行者が負担する法的費用や手数料）などがある．

---
― コラム・・・IPO のアンダープライシング ―

IPO の公開価格は割安になることが多いと言われています．これを **IPO のアンダープライシング** (underpricing) といいます．

その背景としては，新株公開時には企業の情報が乏しいため，公開価格の決定が相対的に難しいということがあります．しかし，それだけでは公開価格は高くも安くもなり，傾向的に割安になるということは考えられません．

その理由の一つとして考えられているのは**勝者の災い**と呼ばれる現象です．これは，オークションなどにおいて品質が高いと思って入札に勝った人が，実は低品質の商品をつかまされて損をする現象のことです．

こうした現象を予想する投資家は IPO に積極的に参加しようとは思わないでしょう．参加してもらうためには，IPO では割安で株が買える必要があります．このようにしてアンダープライシングが発生します．

---

## 1.2 デット・ファイナンスとは何か

■**デット・ファイナンスの仕組み** 企業が銀行貸出市場や社債市場において資金調達を行うことをデット・ファイナンスという．第 1 章で見たように，日本では社債市場の規模は小さく，銀行借入が中心を占める．

■**銀行借入の仕組み** 表 6-2 は銀行借入時の契約書の例である．融資期間が 1 年を超えるものを長期資金といい，使途によって設備資金か長期運転資金に分けられる．期間が 1 年以内の融資を短期資金といい，通常，短期運転資金と位置づけられる．

利率は通常，**変動金利**となるが，**固定金利**を特約する場合もある．変動金利の場合，利率は**短期プライムレート+0.1%**などと表示することもある．

銀行借入では，物的担保や保証を付す場合がある．物的担保は債務不履行

表 6-2 銀行借入の記載事項の例

| | | |
|---|---|---|
| a | 借入金額 | 金 10,000,000 円 |
| b | 資金使途 | 長期運転資金 |
| c | 利率・遅延損害金の割合 | 利率　年 3.25% |
| d | | 遅延損害金　年 14% |
| e | 返済方法 | ○年○○月○○日を第1回返済日として，毎月末日に各○○円，最終返済期限○年○○月○○日に○○円を返済する． |
| f | 利払い方法 | 借入日を第1回利払い日として，毎月末日に利払い日の翌日から次回利払い日までの借入残高に対する利息を支払う． |

（注）金銭消費貸借契約証書の一部を例として表示．

（デフォルト）によって銀行に損害が発生する場合に，銀行が**担保権**を行使して，優先的に弁済されることを可能にする．保証は債務者以外の保証人が債務者の債務履行を保証する制度である．

参考として，表 6-3 に新規発行社債の募集要項の例をあげる．

■**ハイブリッド証券**　優先株や劣後債は**ハイブリッド証券**と呼ばれ，株式と負債の中間に位置する．**優先株**は普通株式よりも配当や残余財産の受取が優先される株式である．その反面，議決権を制限される場合が多い．

優先株は種類株の一種であり，普通株式よりも高い配当であったり，普通株式に転換される場合もある．これらは議決権行使の意思がない投資家にとってメリットとなるので，企業の資金調達を容易にする．

**劣後債・劣後ローン**は普通社債や銀行借入よりも返済順位が劣る債券・ローンである．通常，劣後特約において劣後事由が約され，企業倒産時などには一般の債権者への支払いが優先される．このため，通常の社債・ローンよりは信用リスクが高く，利回りは高くなる．投資家にとっての受取の優先順位は，一般の負債，劣後債・ローン，優先株，普通株となる．

†コンセプト・チェック
- エクイティ・ファイナンスはどのような仕組みか？
- デット・ファイナンスはどのような仕組みか？

表 6-3 新規発行社債募集要項の記載事項の例

| | | |
|---|---|---|
| a | 銘柄 | ○○株式会社第 1 回社債（一般担保付） |
| b | 券面総額又は振替社債の総額 | 200 百万円 |
| c | 各社債の金額 | 100 万円 |
| d | 発行価額の総額 | 200 百万円 |
| e | 発行価格 | 額面 100 円につき金 100 円 |
| f | 利率 | 年 0.470 % |
| g | 利払い日 | 毎年○月○日及び○月○日 |
| h | 利息支払いの方法 | 本社債の利息は，払込期日の翌日から償還期日までこれをつけ，毎年○月○日及び○月○日におのおのその日までの前 6 ヵ月分を支払う． |
| i | 償還期限 | 平成△年△月△日 |
| j | 償還の方法 | 1　償還金額　額面 100 円につき金 100 円 |
| k | | 2　償還の方法及び期限 |
| l | | (1) 本社債の元金は，平成△年△月△日にその全額を償還する． |
| m | | (2) 買入消却 |
| n | 募集の方法 | 一般募集 |
| o | 申込証拠金 | 額面 100 円につき金 100 円 |
| p | 申込期間 | x 年 xx 月 xx 日〜y 年 yy 月 yy 日 |
| q | 払込期日 | z 年 zz 月 zz 日 |
| r | 担保 | （略） |
| s | 財務上の特約 | （略） |

(注) 有価証券届出書の募集要項より例として一部を表示．

## 2. 資本構成と資本コスト

### 2.1 資本コストとは何か

■**資金調達手段と資本コスト**　あなたは企業の財務担当者として，投資計画を実行するための資金調達方法を考えている．簡単のため，株式または負債（銀行借入）のいずれかの方法を考える．株式の発行によって資金調達するときの資金調達コストを**株式コスト**といい，負債の発行によって資金調達するときのコストを**負債コスト**という．これらを総称して，**資本コスト** (cost of capital) という．

株式価値に対する負債の比率をレバレッジという．レバレッジは企業の**資本構成** (capital structure) を測る一つの尺度である．あなたが資金調達手段として負債発行（銀行借入）を選べば，レバレッジは上昇し，株式を選べばレバレッジは低下する[*3]．

## 2.2　レバレッジとは何か

■**日本企業のレバレッジ**　図 6-1 は日本企業のレバレッジの推移をみたものである．1960 年から 1980 年にかけてレバレッジは上昇傾向にあったが，それ以降は低下傾向にあることが分かる．2007 年以降，レバレッジは 2 を切っており，直近では 1.5 まで低下している．図には参考として，日本企業の資産総額の推移を示している．

■**レバレッジ**　表 6-4 は A 社と B 社の資本構成ならびに資本コストを記している．A 社は 20 億円の株式と 80 億円の負債を発行しているから，レバレッジは 80/20 = 4 である．B 社は負債を全く発行していないので，レバレッジ

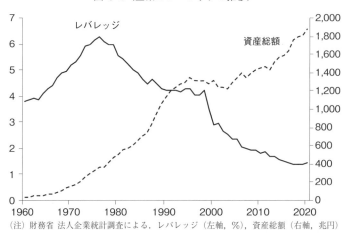

図 6-1（企業のレバレッジの推移）

（注）財務省 法人企業統計調査による．レバレッジ（左軸，%），資産総額（右軸，兆円）

---

[*3] レバレッジには，梃子（てこ）の原理と同様，少ない資本金で外部からの資金を多く調達するという意味が含まれている．

## 表 6-4　レバレッジと資本コスト

|  | 株式価値 | 負債価値 | レバレッジ | 株式コスト | 負債コスト | 法人税の節税 | 加重平均資本コスト |
|---|---|---|---|---|---|---|---|
| A | 20 | 80 | 4 | 16% | 4% | — | 6.4% |
| B | 100 | 0 | 0 | 6% | — | — | 6% |
| A′(法人税) | 20 | 80 | 4 | 16% | 4% | 0.96 | 5.44% |

(注) 単位（億円）．A 社は法人税の節税を考慮していない．A′ 社は A 社と同じであるが，法人税の節税を考慮して加重平均資本コストを計算している．B 社は無債務企業．

は 0 である．本書では，レバレッジが 0 の企業を**無債務企業**と呼ぶ．

なお，レバレッジの代わりに，**自己資本比率＝株式価値/企業価値**や**負債比率＝負債価値/企業価値**を用いることもある．A 社の自己資本比率は $20/(20+80) = 20\%$，負債比率は $80/(20+80) = 80\%$ である．

### 2.3　資本コストとレバレッジの関係とは

■**株式コスト，負債コスト，資本コスト**　表 6-4 では，A 社の株式コストは 16%，負債コストは 4% としている．株式コストはトータルで $20 \times 16\% = 3.2$ 億円，負債コストはトータルで $80 \times 4\% = 3.2$ 億円，トータルで 6.4 億円の資本コストがかかっている．企業価値は 100 であるので，資本コストは 6.4% である．一方，レバレッジがゼロの B 社は株式コストは 6% であるので，資本コストも 6% である．2 社を比べると，資本コストは B 社のほうが低い．

資本コストは市場で投資家が要求した収益率であり，株式の収益率を株式コスト，借入利子率を負債コストとして用いる．資本コストを一般的に式で表すと，

$$加重平均資本コスト = (1 - 負債比率) \times 株式コスト + 負債比率 \times 負債コスト \quad (6.1)$$

となる．このように計算された資本コストを**加重平均資本コスト** (weighted average cost of capital: **WACC**) という．

── コラム・・・日本企業の WACC（例）──

　経済・金融情報提供サービス会社の Bloomberg 社は世界の企業の WACC などコーポレート・ファイナンスにおける企業分析のためのデータを提供している。ここでは，楽器・音響機器の製造を主要事業としているヤマハ株式会社（証券コード 7951）について簡単に見てみよう．

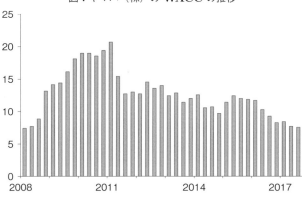

図：ヤマハ（株）の WACC の推移

（注）Bloomberg 提供．縦軸は％表示．

　ヤマハの株式価値は 7,270 億円，短期債務 179 億円となっており，97.6％が株式による調達，残りの 2.4％が負債による調達となっている（2017 年 9 月時点）．Bloomberg 社によると株式コストは 7.70％，負債コストは 0.10％である．したがって，WACC は $0.976 \times 7.70 + 0.024 \times 0.1 = 7.5\%$ となる．

　図は 2008 年第 1 四半期から 2017 年第 3 四半期までの WACC の推移を見たものである．2008 年から 2011 年までは上昇傾向にあり，一時は 20％台まで上昇したが，その後低下し，2017 年は 10％をかなり割り込む数値まで低下した．

　なお，Bloomberg 社は他に，国際金融/マクロ経済関連のデータやニュース，証券投資（ポートフォリオ分析）用のデータ，デリバティブ関連のデータ等も提供している．

## 2.4　法人税の利子控除制度とは何か

■**法人税の利子控除制度**　日本では，法人税の課税ベースは利子控除後のキャッシュフロー（税引き前当期利益）である．このように，利子を控除して法人税を課税する制度を**法人税の利子控除**制度という．

表 6-4 の最下欄には，A 社について利子控除を考慮した資本コストの計算を行っている．利子控除を考慮する A 社のことを A′ 社と呼ぶ．法人税率を 30% とすると，A′ 社は支払利息 $80 \times 4\% = 3.2$ 億円に対する税額 $3.2 \times 0.3 = 0.96$ 億円を節税できる．

■**税引き後加重平均資本コスト** 税引き後負債コストを 借入利子率 × (1 − 法人税率) と定義すると，それは $4\% \times (1 − 0.3) = 2.8\%$ となる．税引き後加重平均資本コストは

$$\text{税引き後 WACC} = (1 − \text{負債比率}) \times \text{株式コスト} \\ + \text{負債比率} \times \text{税引き後負債コスト} \tag{6.2}$$

と定義される．この例では，$0.2 \times 16 + 0.8 \times 2.8 = 5.44$ となる．

---

†コンセプト・チェック
- 資本コスト，株式コスト，負債コスト，レバレッジとは何か？
- 加重平均資本コスト (WACC) とは何か？
- 法人税の利子控除制度，税引き後 WACC とは何か？

---

## 3. モジリアーニ・ミラーの定理◇◇

### 3.1 資本コストを下げることはできるのか

■**レバレッジの引き上げに伴う副作用** 表 6-4 では，法人税の利子控除制度がない場合，A 社は 8 割の資金を 4% という低いコストをもつ負債で借り入れている．これは財務担当者から見れば負債による資金調達が実に魅力的であることを意味する．しかし，加重平均資本コストは実は B 社の 6% を上回っていた．その理由が高い株式コストによることは明らかである．

レバレッジを引き上げると，安価な負債の金利を通じて資本コストを低減させることができる一方，株式コストが高くなることを考慮する必要がある．

■コーポレート・ファイナンスとレバレッジ　財務担当者の主要な関心事の一つは，資金調達を株式・負債のどちらで行うのがよいのか，どのようなレバレッジが適切なのか，レバレッジを上げると株式コストや資本コストは上がるのか・下がるのかということである．このテーマはコーポレート・ファイナンスの中でも最も大きなテーマであり，F. Modigliani と M. Miller はこのテーマについて**モジリアーニ・ミラーの定理**を導いた[*4]．

■レバレッジの異なる二つの企業　表 6-5 を用いてこの定理を説明しよう．A 社と B 社を考え，いずれも 1 年後のキャッシュフロー (CF) は 106 である．B 社は**無債務企業**であり，株式価値は**基礎的価値** $100(=CF/(1+株式コスト) = 106/1.06)$ となっている．

有債務（負債発行）企業 A 社の負債は 80 であり，負債コストは 4% である．借入返済額は 83.2 億円となる．これを $CF(=106)$ から差し引くと，株主残余分は $106 - 83.2 = 22.8$ 億円になる．

もし A 社の株主が B 社と同じ 6% の収益率（株式コスト）を要求しているとすれば，基礎的価値は $22.8/1.06 = 21.5$ 億円になる．すると，A 社の企業価値（＝株式価値＋負債価値）は $80 + 21.5 = 101.5$ となる．しかし，この株式価値 21.5 は割高であることが分かる．

表 6-5　モジリアーニ・ミラーの定理

|   | 株式 | 負債 | 株式コスト | 負債コスト | CF | 負債の返済額 | 株主残余分 | WACC | 企業価値 |
|---|---|---|---|---|---|---|---|---|---|
| A | **21.5** | 80 | 6% | 4% | 106 | 83.2 | 22.8 | 4.4% | 101.5 |
| B | 100 | 0 | 6% | - | 106 | 0 | 106 | 6.0% | 100.0 |
| A′ | 20 | 80 | **14%** | 4% | 106 | 83.2 | 22.8 | 6.0% | 100.0 |

(注) 単位（億円）．A 社と A′ 社は同じ企業であり，A 社は均衡前，A′ は均衡における値を示す．B 社は無債務企業．法人税の節税を考慮していない．

---

[*4] Modigliani, F., Miller, M. 1958. The cost of capital, corporation finance and the theory of investment. *American Economic Review* 48, 261-297. Modigliani, F., Miller, M. 1963. Corporate income taxes and the cost of capital: A correction. *American Economic Review* 53, 433-443.

表 6-6  投資戦略：自家製レバレッジ

| 投資戦略 | A社株式 | B社株式 | 借入 | 配当 | 借入返済額 | 期末価値 | リターン |
|---|---|---|---|---|---|---|---|
| I | 21.5 | 0 | 0 | 22.8 | 0 | 22.8 | 6% |
| II | 0 | 100 | −80 | 106 | −83.2 | 22.8 | 14% |

(注) 単位（万円）．いずれの戦略でも株式は時価総額の 0.01%（1 万株）を購入．法人税の節税は考慮していない．リターンは 期末価値/自己資金 − 1．

■**自家製レバレッジ戦略による裁定** なぜ割高になっているかを考えるため，次の二つの投資戦略を考えよう．両社とも 1 億株の株式を発行している．

投資戦略 I: あなたは当初 A 社の株式の 0.01% である 1 万株を購入する．A 社の株価は 21.5 円であり，あなたの株式保有額は 21.5 万円である．1 年後にあなたは配当 22.8 万円を得る．

投資戦略 II: あなたは B 社の株式の 0.01% である 1 万株を購入する．B 社の株価は 100 円であり，あなたの株式保有額は 100 万円である．1 年後にあなたは配当 106 万円を得る．同時に，あなたは 4% の利子率で 80 万円借入を行う．返済額は $80 \times 1.04 = 83.2$ 万円である．ネットの収益は $106 - 83.2 = 22.8$ 万円となる．

この投資戦略 II は，無債務企業 (B) の株式を購入すると同時に，自前で借入を行うことによって企業 A と同じ CF（ただし，規模は 0.01%）を複製している．これを**自家製レバレッジ戦略**という．

表 6-6 はこれら二つの戦略を示している．どちらの戦略も同じ期末価値を実現している．しかし，戦略 I を実行するためには 21.5 万円かかり，戦略 II を実行するためには $100 - 80 = 20$ 万円しかかからない．リターンはそれぞれ 6%，14% となっており，戦略 II の方が収益性は高い．投資戦略 I は魅力的でないので，A 社の株式を購入する投資家が減り，株価は下落する．

このように，自家製レバレッジ戦略は**裁定取引**になっている．**自家製レバレッジ**によって A 社の CF を複製できるため，A 社の株価が高すぎる場合には A 社の株価が下落する．よって，このような裁定取引を引き起こす A 社の株価 21.5 円は均衡株価ではない．なぜなら，第 2 章 2 節で述べた無裁定条件が満たされないからである．

## 3.2 モジリアーニ・ミラーの定理とは何か

**■MM 第一定理**　表 6-5 の A′ 社は A 社と同じであるが，株式価値は 20 となっている．A′ 社の株価は 20 円であるから，投資戦略 I の株式保有額は 20 万円になる．これは戦略 II に必要な資金と同じであるから，上のような裁定取引は生じることがない[*5]．すなわち，**無裁定条件**が満たされるという意味で，株価 20 が**均衡株価**である．

このとき，A′ 社の企業価値は $20 + 80 = 100$ となり，B 社と同じになっている．いいかえると，B 社と同じ CF をもつ A′ 社はレバレッジを 4 に設定したが，企業価値は B 社と異ならない．これは無債務企業と有債務企業の企業価値は同じになることを意味している．本書では，モジリアーニとミラーの頭文字をとって，これを **MM 第一定理**という．すなわち，「完全な金融市場では，企業価値はレバレッジ（資本構成）とは無関係である」．

式で表せば，

$$\text{無債務企業の企業価値} = \text{有債務企業の企業価値} \tag{6.3}$$

となる．

**■前提条件**　この定理の前提条件は，(1) 金融市場が競争的であり，株式と負債の価格が基礎的価値に決まる，(2) 税金や取引費用などが存在しない，(3) CF が十分大きく，負債を発行しても倒産しない，(4) 情報の非対称性などによって資金調達法の選択が企業の CF や意思決定を変えないことである．

**■資本コストの同値性**　表 6-5 に戻ると，B 社と A′ 社の WACC は同じになっている．これは CF がすべて株主と債権者（負債の購入者）に分配されるからである．つまり，B 社では株主に CF すべてが配当され，A′ 社では株主と債権者に分配される．分配される金額は同じであるから，資本コストは同じになる．式で表せば，

---

[*5] 逆に，A 社の株式価値が B 社の株式価値を下回る場合には，投資戦略 I は B 株に 100 万円，投資戦略 II は 0.01%の A 株と安全資産 80 万円とする．投資戦略 II は B 株（戦略 I）の期末価値 106 万円を複製する．

$$\text{無債務企業の資本コスト} = \text{有債務企業の資本コスト} \tag{6.4}$$

である.レバレッジによって資本コストを低下できないということは,レバレッジによって企業価値を増大できないことと同じである.

■**MM 第二定理** このことから,有債務企業の株式コストについて次の MM 第二定理がえられる[*6].

$$\begin{aligned}
\text{株式コスト} = {} & \text{無債務企業の株式コスト} \\
& + (\text{無債務企業の株式コスト} - \text{無リスク利子率}) \\
& \times \text{レバレッジ}
\end{aligned} \tag{6.5}$$

図 6-2 はこの式を表したものである.無債務企業の株式コストが水平の破線で表されている.これは有債務企業の加重平均資本コストでもある.右上がりの直線は有債務企業の株式コストを表している.株式コストはレバレッジの一次式であり,その傾きは無債務企業の株式コストと無リスク利子率の差(スプレッド)である.

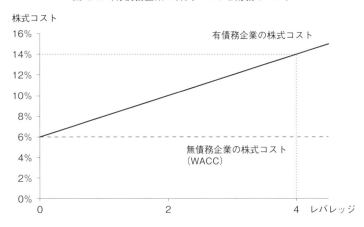

図 6-2(有債務企業の株式コストと財務リスク)

---

[*6] 金融経済学(清水克俊)第 3.1 節参照.

表6-5の数値例ではスプレッドは $6-4=2\%$ である．A′社のレバレッジは $80/20=4$ であるので，$2\times 4=8\%$ が無債務企業の株式コスト $6\%$ に上乗せされる．この上乗せ分 $8\%$ は**財務リスク**によるものであり，有債務企業では株主残余分が少なくなるために発生するリスクを反映したリスク・プレミアムである．

### 3.3 財務・株式指標とは何か

■**異なる企業を比較する**　現実の企業の資本コストや株式価値を評価するためには，企業規模の調整が必要になる．以下では，表6-5に登場しているCFや株式価値を比較するための指標を説明する．

■**財務指標**　収益性を測る指標には，**ROE** と **ROA** がある[*7]．ROE は当期純利益/株主資本，ROA は当期純利益/資産である．前者は株主資本の規模で，後者は資産規模で収益性を測ったものである[*8]．

**EPS**（一株当たり利益）は当期純利益/発行済み株式数であり，**BPS**（一株当たり純資産）は純資産/発行済み株式数である．これらは株式1単位当たりの利益と純資産であり，株式数で基準化されている．

■**株式指標**　株式価値の評価を表す指標としては，**PER** や **PBR** がある[*9]．PER は株価総額/当期純利益であり，株価/EPS でもある．PER の高い株式は過大に評価され，低い株式は過小評価されている．同じく，PBR は株価/一株当たり純資産である．PER の逆数を**株式益利回り**，一株当たり配当/株価を**配当利回り**という．

---

[*7] ROE は return on equity（資本利益率），ROA は return on assets（資産利益率），EPS は earnings per share，BPS は book-value per share の略である．

[*8] ROE を（純利益/売上高）×（売上高/総資産）×（総資産/株主資本）と分解する公式をデュポン公式という．デュポン公式では，レバレッジが（総資産/株主資本）を通じて ROE に正の影響を与える．

[*9] PER は price earnings ratio（株価・収益率），PBR は price book ratio（株価・純資産倍率）の略である．

図 6-3（日本企業の収益性）

(注) 単位（%）．財務省　法人企業統計．自己資本経常利益率（当期末）を ROE，総資本経常利益率（当期末）を ROA と表示している．資本金 10 億円以上のみ．

■**日本企業の収益性の推移**　図 6-3 は 1961 年以降の日本の大企業（資本金 10 億円以上）の ROE と ROA の推移を表す[*10]．ROE は 6%〜27% のレンジで推移しており，平均は 14% である．ROA は 2%〜5% のレンジで推移しており，平均は 4% である．直近 10 年では，ROE の平均が 10%，ROA が 5% となっており，ROE は比較的高いが ROA はかなり低迷している．

■**日本企業の株式指標の推移**　図 6-4 は 1999 年以降の日本企業の株式指標の推移を表している．

PER は 2004 年までは 100 倍を超える水準にあったが，それ以降は 20 倍程度で安定している[*11]．PBR はより安定しており，1〜2 のレンジで推移している．EPS は −8 から 140 のレンジで推移しており，平均は 26 となっている．なお，2018 年に，上場銘柄の売買単位が 100 株に統一されたことに伴い，集計方法が変更されたことから，EPS のジャンプが生じている．

---

[*10] これらは当期純利益ではなく経常利益ベースの ROE，ROA である．
[*11] 通常，当期純利益が負の場合は PER を計算しない．

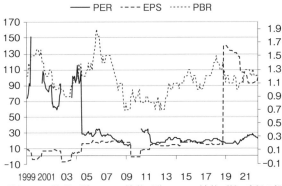

図 6-4（日本企業の株式指標）

(注) PER（左軸, 倍）, EPS（左軸, 円）, PBR（右軸, 倍）. 東証Ⅰ部企業の単純平均. 日本取引所.

† コンセプト・チェック
- 自家製レバレッジ戦略とはどのようなものか？
- MM 第一定理，MM 第二定理とは何か？
- 収益性指標，株式価値評価指標にはどのようなものがあるか？

── コラム・・・実質的な無債務企業 ──

　図 6-1 でも見たように，日本企業のレバレッジはかなり低下してきています．近年のレバレッジ 1.5 という数字は負債比率で表すと 60%です．東証Ⅰ部上場企業の有利子負債比率の平均はもっと低く，ここ 10 年では 2 割前後となっています．また，1 割程度が有利子負債ゼロの無債務企業です．

　企業が保有する現金・預金や短期投資有価証券は，企業が即座に借金の返済にあてることができることから，「負の負債」と呼ばれます．負債からこれらを差し引いたものは「ネットの負債」と呼ばれます．潤沢な現預金等を保有していれば，多少の有利子負債を抱えていても「ネットの負債」は負になります．

　近年の東証一部上場企業の中には「ネットの負債」が負の企業，すなわち実質的な無債務企業が約半数も存在します．これらの企業は即座に債務の返済が可能な企業です．下図に示すように，無債務企業数の割合はそれほど変化がありませんが，実質無債務企業の割合は増加傾向にあります．

　下図では，無債務企業，実質無債務企業，実質有債務企業の現金等の比率を折れ線グラフで示しています．無債務企業の平均は 31%，実質無債務企業は 22%，実質有債務企業は 10%でした．どうやら現金が潤沢な企業ほど債務が少ないという傾向

があるようです.

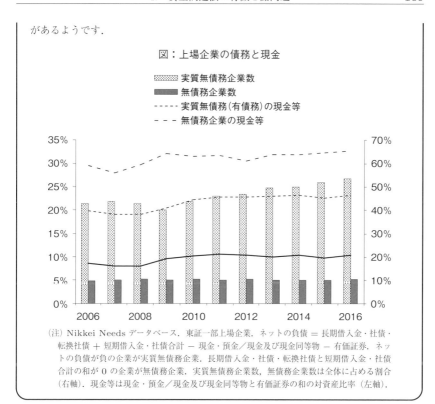

(注) Nikkei Needs データベース. 東証一部上場企業. ネットの負債 = 長期借入金・社債・転換社債 + 短期借入金・社債合計 − 現金・預金／現金及び現金同等物 − 有価証券. ネットの負債が負の企業が実質無債務企業. 長期借入金・社債・転換社債と短期借入金・社債合計の和が 0 の企業が無債務企業. 実質無債務企業数, 無債務企業数は全体に占める割合（右軸）. 現金等は現金・預金／現金及び現金同等物と有価証券の和の対資産比率（左軸）.

## 4. 資金調達法の特徴と諸問題°°°

### 4.1 法人税の利子控除制度は資本コストを下げるのか

■**法人税利子控除制度の加重平均コストへの影響** 3.2 節では，レバレッジと資本コストが無関係であるという MM 第一定理を説明したが，その際には**法人税の利子控除制度**を無視した．現実には，2.4 節で触れたように，利子控除により法人税を節約することができるため，MM 第一定理は修正される．

法人税率を $t$，利子率を $r$ とおくと，**実効的な税引き後利子率**は $(1-t)r$ となり，WACC が (6.2) 式になることは先に説明したとおりである．図 6-5 は法人税利子控除制度がレバレッジと加重平均資本コストの関係に与える影響

図 6-5（法人税と加重平均資本コスト）

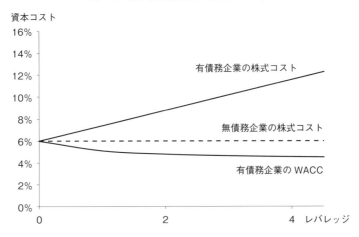

を示している．レバレッジが高くなるほど，**節税効果**によりWACCは低下する．図には有債務企業の株式コストもあわせて示している．

このように企業は法人税利子控除制度によって，レバレッジを上げるほど低いWACCで資金調達が可能になる．この結果，有債務企業の企業価値は無債務企業の企業価値よりも大きくなる．つまり，法人税利子控除制度のもとでは，前述のMM第一定理は成立しない．

■**法人税利子控除制度におけるMM定理**　一般的に式で表すと，法人税利子控除制度ではMM第一定理は

$$
\begin{aligned}
\text{有債務企業の企業価値} &= \text{無債務企業の企業価値} \\
&+ \text{法人税率} \times \text{負債価値}
\end{aligned} \tag{6.6}
$$

と修正され，MM第二定理は

$$
\begin{aligned}
\text{株式コスト} =\ & \text{無債務企業の株式コスト} \\
& + (\text{無債務企業の株式コスト} - \text{無リスク利子率}) \\
& \times (1 - \text{法人税率}) \times \text{レバレッジ}
\end{aligned} \tag{6.7}
$$

と修正される．WACC は

$$\text{資本コスト} = \frac{\text{株式価値}}{\text{企業価値}} \times \text{株式コスト} \\ + \frac{\text{負債価値}}{\text{企業価値}} \times \text{無リスク利子率} \times (1 - \text{法人税率}) \quad (6.8)$$

と計算される．

■**負債発行の便益**　したがって，利子控除による節税は**負債発行の便益**であると言える．企業はレバレッジを引き上げることによって企業価値を増大できる．

## 4.2　個人所得税は資本コストに影響するのか

■**個人所得税と資本コスト**　個人に対する**所得税**を考慮すると，1 円あたりの税引き後配当は $(1 - \text{法人税率}) \times (1 - \text{配当所得税率})$ となり，1 円あたりの税引き後利子所得は $(1 - \text{利子所得税率})$ となる．

　企業にとっては，税率の低いほうを選択したほうが同じ金額の支払でも投資家に多くを支払ったことになるため，$(1 - \text{法人税率}) \times (1 - \text{配当所得税率})$ が $(1 - \text{利子所得税率})$ を下回るときには負債発行が有利であり，逆の場合は負債発行は不利である．

## 4.3　レバレッジ引き上げのコストとは

■**有限責任ルール**　負債を発行する企業の利益の配分には二つの優先ルールがある．一つは債権者への支払いが株主への支払いより優先されるルールであり，株主の**残余請求権**ルールという[*12]．もう一つは株主が株式を引き受けた金額以上の責任を負わないというルールであり，**有限責任ルール**という[*13]．

　図 6-6 は株主と債権者への財産分配ルールを示している．この企業は 10 (億円) の返済を債権者に約束している．企業価値が 10 を超えれば，債権者は 10 を受け取り，残りを株主が受け取る．たとえば，企業価値が 25 のとき，

---

[*12] 平時には剰余金の配当を受け取る権利があり，会社の清算時には残余財産の分配を受ける権利がある．会社法 105 条．

[*13] 会社法 104 条．

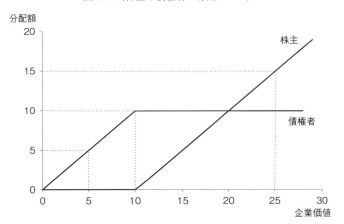

図 6-6（株主と債権者の分配ルール）

債権者は 10，株主は 15 を手にする．一方，企業価値が 10 を下回ると，株主は一切の財産を受け取ることができない．たとえば，企業価値が 5 になると，債権者が 5，株主は 0 を受け取る．

■**倒産コスト**　図 6-6 の例では，企業が倒産するのは約束された 10 億円の負債を返済できない時である．レバレッジを引き上げると，負債額が増えて**倒産確率（デフォルト確率）**が高くなる．

　倒産すると，法的な倒産手続等に法的費用（弁護士報酬，訴訟手数料等，調査・通信費用等）がかかり，**債権者集会**の開催費用もかかる．これらを**倒産の直接コスト**という．

　一方，倒産には**間接コスト**もある．倒産の可能性が高まってくると，事業部門の売却や，通常の借入よりも高い金利での資金調達，リストラクチャリングに関係する費用などがかかる．本来有望な投資機会を見逃さざるをえないなどの機会費用もかかる．

　倒産の直接コストと間接コストの合計が**倒産コスト**であり，**負債発行のコスト**の一つである[*14]．倒産コストがかかるとき，レバレッジの引き上げには

---

[*14] 本書では借入の利子率のことを単に負債コストといい，倒産コストなどを含めたコストを負債発行のコストと呼び，区別する．

コストが生じるから，レバレッジを引き下げることにより，企業価値を高めることができる．

## 4.4 資金調達法を考慮して NPV を計算するには

■**投資と資金調達の非独立性**　負債に便益やコストが存在するとき，レバレッジは企業価値や資本コストに影響を与えるため，実物投資と資金調達の意思決定を分離して決定することはできない．

■**調整 NPV 法**　企業全体の予算計画の中で，レバレッジを調整することを一つの投資計画として全体の NPV を計算する方法を **APV** (adjusted present value, 調整現在価値) **法**という．APV 法では借入を増加させるとき，法人税率 × 借入増加額をレバレッジ調整の NPV といい，それを実物投資の NPV に加えたものを APV と定義して，NPV の代わりに用いる．

---

†コンセプト・チェック
- 法人税利子控除制度のもとでの MM 第一・第二定理とは何か？
- 負債発行の便益・コストとは何か？
- 有限責任ルールとは何か？　倒産コストとは何か？
- 調整 NPV 法とは何か？

# 第7章

# 企業の財務戦略とガバナンス

　本章は，前章に引き続き，コーポレート・ファイナンスについて説明する．本章では，企業のペイアウトなどの財務戦略とコーポレート・ガバナンスなどを取り上げる．**1**節ではペイアウト政策を，**2**節ではコーポレート・ガバナンスにおける利益相反問題を説明する．**3**節ではガバナンスにおける負債の役割について，**4**節では株式の役割について詳述する．**5**節では，レバレッジのトレード・オフ理論と不完全な金融市場における資金調達の考え方を紹介する．

## 1. キャッシュフローとペイアウト

### 1.1　フリー・キャッシュフローをどう処分するか

■**フリー・キャッシュフローの処分計画**　第5章3.1節ではフリー・キャッシュフロー (FCF) の計算例を見た．あなたは財務担当者として，FCF をどのように処分するかを考えなければならない．以下では，企業の FCF が与えられているものとし，その処分とバランス・シート (B/S) の変化について説明する．

　企業は実物資産と現金以外の資産を保有しないと考えよう．表7-1の上段には期初の B/S が示されている．実物資産 50 億円，現金 10 億円を有し，負

表 7-1 FCF の処分計画とバランス・シート

| 期初 B/S | | | |
|---|---|---|---|
| 実物資産 | 50.0 | 負債 | 40.0 |
| 現金 | 10.0 | 資本 | 20.0 |
| 資産合計 | 60.0 | 負債純資産合計 | 60.0 |
| FCF の処分計算表 | | | |
| アウトフロー | | インフロー | |
| 実物投資 | 2.0 | FCF | 5.0 |
| 配当 | 0.5 | 新株発行 | 1.0 |
| 自己株取得 | 0.0 | 新規借入 | 1.0 |
| 利払い | 1.6 | | |
| 借入返済 | 0.0 | | |
| 現金増 | 2.9 | | |
| 計 | 7.0 | 計 | 7.0 |
| 期末 B/S | | | |
| 実物資産 | 52.0 | 負債 | 41.0 |
| 現金 | 12.9 | 資本 | 21.0 |
| | | 内部留保 | 2.9 |
| 資産合計 | 64.9 | 負債純資産合計 | 64.9 |
| 配当・利息（現金） | 2.1 | 配当・利息 | 2.1 |
| 資産＋配当・利息 | 67.0 | 負債純資産＋配当・利息 | 67.0 |

(注) 単位（億円）．実物資産と現金以外の資産は存在しない．

債 40 億円，株式 20 億円を発行している．ここでは，純資産の内訳はすべて資本金であると仮定する．資産の合計は 60 億円である．

■**FCF の処分計算表**　表の 2 段目には **FCF の処分計算表**を示している．まず，右側に記載されているキャッシュのインフローは FCF が 5.0 と新株発行額が 1.0，新規借入が 1.0 の計 7.0 である．このキャッシュをどのように使うかを表しているのが左側のアウトフローである．実物投資に 2.0，配当に 0.5，自己株式取得に 0，利払いに 1.6，借入返済に 0 を用いることにした．これらの合計は 4.1 となるから，キャッシュのインフローから 4.1 を差し引くと，現金が $7.0 - 4.1 = 2.9$ 増加することになる．

期末 B/S にはこの FCF の処分の結果が反映されている．資産側では，実物投資により実物資産が 52 に増加，現金が 12.9 に増加する．なお，ここでは簡単のため実物投資の NPV は 0 であると仮定している[*1]．資産合計は 64.9 である．

一方，負債は新規借入の分だけ増加し 41 となり，資本も新株発行分だけ増加し 21 となっている．これらの合計は 62 である．資産合計との差額 2.9 は内部留保（剰余金）である．FCF の処分計算において，現金増の分は内部留保となり，インフローから実物投資，配当，利払いを除いたものと等しい．なお，この B/S は配当支払・利払後のものであり，これらを足し合わせると，期初の B/S に FCF 処分計算の計 7 を足した 67 が合計となる．

■**FCF の処分計画のまとめ**　一般的に式で表すと，単純化された**バランス・シート条件**は

$$\text{実物資産} + \text{現金} = \text{負債} + \text{資本} \tag{7.1}$$

となり，FCF の処分は，

$$\begin{aligned}&\text{実物投資} + \text{支払配当} + \text{支払利息} + \text{借入返済} + \text{現金増}\\&= \text{FCF} + \text{新株発行} + \text{新規借入}\end{aligned} \tag{7.2}$$

を満たすように決定される．左辺はキャッシュのアウトフロー，右辺はインフローである．

## 1.2　ペイアウト政策をどのように決めればよいか

■**ペイアウト**　株主への利益分配を**ペイアウト**という．ペイアウトするには，配当を支払うか，**自己株式取得**を行う．内部留保はすぐさま，また将来確実にペイアウトするとは限らないのでペイアウトには含めない．

あなたは財務担当者として，配当について現状維持とするか，増配を行うかを考えている．この問題について考えるため，表 7-2 では二つのペイアウ

---

[*1] これにより，期末の B/S における市場価値と簿価は一致している．

表 7-2　増配と企業価値

| A: 期初 B/S | | | (億円) |
|---|---|---|---|
| 実物資産 | 50.0 | 負債 | 0.0 |
| 現金 | 10.0 | 資本 | 60.0 |
| 資産合計 | 60.0 | 負債純資産合計 | 60.0 |

| B: FCF 処分計算表（現状維持） | | | (億円) |
|---|---|---|---|
| アウトフロー | | インフロー | |
| 実物投資 | 2.0 | フリー・キャッシュフロー | 5.0 |
| 配当 | 3.0 | | |
| 現金増 | 0.0 | | |
| 計 | 5.0 | 計 | 5.0 |

| C: 期末 B/S（現状維持） | | | (億円) |
|---|---|---|---|
| 実物資産 | 52.0 | 負債 | 0.0 |
| 現金 | 10.0 | 資本 | 60.0 |
| | | 内部留保 | 2.0 |
| 資産合計 | 62.0 | 負債純資産合計 | 62.0 |

| D: 株主リターン（現状維持） | | | (万円) |
|---|---|---|---|
| 今期配当 | 30 | | |
| 来期売却価格 | 620 | | |
| 計 | 650 | リターン (%) | 8.3% |

| E: FCF 処分計算表（増配） | | | (億円) |
|---|---|---|---|
| アウトフロー | | インフロー | |
| 実物投資 | 2.0 | フリー・キャッシュフロー | 5.0 |
| 配当 | 4.0 | | |
| 現金増 | △1.0 | | |
| 計 | 5.0 | 計 | 5.0 |

| F: 期末 B/S（増配） | | | (億円) |
|---|---|---|---|
| 実物資産 | 52.0 | 負債 | 0.0 |
| 現金 | 9.0 | 資本 | 60.0 |
| | | 内部留保 | 1.0 |
| 資産合計 | 61.0 | 負債純資産合計 | 61.0 |

| G: 株主リターン（増配） | | | (万円) |
|---|---|---|---|
| 今期配当 | 40 | | |
| 来期売却価格 | 610 | | |
| 計 | 650 | リターン (%) | 8.3% |

(注) 実物資産と現金以外の資産は存在しない．

ト政策を比較する．この表では，表 7-1 とは異なり，負債を発行せず，新株発行・自己株取得株式等株式の異動もない企業を考える．

表 A は期初の B/S を表しており，実物資産 50（億円，以下同じ）と現金 10 を株式 60 で調達している．表 B, C, D では配当 3 を支払う現状維持のペイアウト政策を，表 E, F, G では配当 4 を支払う増配政策を考える．いずれの場合も企業は FCF=5 をえ，実物投資 2 を行う．

なお，FCF（または当期純利益）に占める配当の割合を**配当性向**，$1 -$ 配当性向 を**内部留保率**という．

### 1.3 配当に関するミラーとモジリアーニの定理とは

■**FCF 処分計算と期末価値**　まず，**現状維持政策**について見よう．表 B では，FCF5 から実物投資 2 と配当 3 を支払うため，ちょうど現金増減は 0 となっている．表 C の期末 B/S では，FCF のうち配当されなかった 2 について内部留保されている．

**増配政策**の表 E では，FCF から実物投資 2 と配当 4 を賄えないために，現金 1 が使用される．これを反映して，表 F では現金残高が 1 減少している．資産合計は期初から $61 - 60 = 1$ 増となり，内部留保は FCF のうち配当されなかった 1 となる．以上のことから，増配政策による期末資産は現状維持の場合よりも 1 小さいことが分かる．

■**MM 第三定理**　表 D と表 G では，それぞれ現状維持政策，増配政策を行った時の株主リターンを計算している．株主は当初 0.1% の株式（600 万円）を保有しており，今期配当を受け取った後に株式を売却する．

表 D（現状維持）では，配当 30 万円を受け取り，620 万円で売却するから，トータルで 650 万円をえる．株主リターンは $50/600 = 8.3\%$ である．一方，表 G（増配政策）では，配当 40 万円を受け取るが，売却価格は 10 万円下がるためトータルで 650 万円，8.3% のリターンとなる．

すなわち，増配政策は株主にとっての企業価値（65 億円）に影響せず，株主リターンにも影響しない．これを Miller と Modigliani の第三定理（**MM**

第三定理）といい，配当の無関係性定理とも呼ばれる*2.

この定理の前提条件は，MM 第一定理の前提条件と同じである．MM 第三定理が成り立つのは，将来の投資および FCF を所与とする限り，今期の増配政策は来期以降の企業価値の減少を意味するためである．たとえ無配であっても同様である．投資家から見れば，いつペイアウトされるのかが違うだけであり，受け取ることのできるペイアウト総額は変わらない．

### 1.4　税制はペイアウト政策に影響するのか

■**ペイアウト政策への税制の影響**　個人所得税がレバレッジに影響を与えるように，所得税はペイアウト政策にも影響を与える．配当所得税率が**株式譲渡益**（キャピタル・ゲイン）税率よりも高いときには，配当の増加は税率の差の分だけ所得税のロスをうみ，税引き後株主リターンを低下させる*3.

> †コンセプト・チェック
> - フリー・キャッシュフロー，FCF の処分計算表とは何か？
> - ペイアウト，MM 第三定理とは何か？
> - 税制はペイアウト政策にどのような影響を与えるか？

## 2.　コーポレート・ガバナンス◦

### 2.1　利益相反問題とは何か

■**利益相反問題**　企業の内外では，さまざまな利害関係者が企業価値の創出に取り組んでいる．株主，経営者，債権者，従業員，取引先，顧客などである．これらはステークホルダーと呼ばれる．しかし，ステークホルダーの利

---

*2 Miller, M., Modigliani, F. 1961. Dividend policy, growth, and the valuation of shares. *Journal of Business* 34, 411-433.

*3 日本では，個人の配当所得税率およびキャピタルゲイン税率は原則として約 20％であるが，総合課税制度を適用すると，配当所得は所得控除の適用を受けることができ，個々人の累進所得税率に従って課税される．なお，一定金額について配当所得・譲渡所得を非課税にする少額投資非課税制度 (NISA) が導入されている．

害は時として対立する．これを**利益相反問題**という*4．

たとえば，企業・株主が経営者に企業の経営を委託する事例では，企業・株主を**プリンシパル**（委任者）といい，経営者を**エージェント**（受任者）という．契約上の委任者と受任者の関係を**エージェンシー関係**といい，それにまつわる諸問題を**プリンシパル・エージェント問題**という*5．

以下では，株主と債権者，経営者と株主の利益相反（プリンシパル・エージェント）問題について説明しよう．

## 2.2 株主と債権者の利益相反とは何か

■**株主と債権者の利益相反**　株主と債権者の利益相反の代表的なものとして，次の3つがある．

**1: 過大なペイアウト**　FCFのうち投資されなかった部分は株主または債権者に分配される（表7-1参照）．株主への**過大なペイアウト**は債権者への支払い可能額を減少させ，債権者の利益を侵害する可能性がある．

両者の対立は会社が財務難に陥った場合に深刻になる．たとえば，倒産の可能性が高くなると，株主・経営者は会社の重要な財産を自己と関係の深い団体などに安価で譲渡し，債権の価値を毀損することもある．

**2: 過大なリスク・テイキング**　財務難に陥った企業は大きな賭けに出ようとすることがある．これを**株主のリスク・テイキング**という．その理由は有限責任ルールのもとで財務難となり自己資本が過小になると，企業は一か八かの大きな賭けに出ても失うもの（自己資本）が少ないからである．

一方，もし賭けが当たれば，その利益の多くは株主のものとなる．このように他人資本である負債を利用して大きな利益を獲得しようとすることを**資産置換** (asset substitution) という．債権者は債権の保全を重視するから，このことは株主と債権者の間の利益相反を意味する．

---

*4 Jensen, M., Meckling, W. 1976. Theory of the firm: Managerial behavior, agency costs and ownership structure. *Journal of Financial Economics* 3, 305-360.

*5 他に，被告と弁護士，医者と患者，フランチャイズ契約の当事者たちがプリンシパルとエージェントの例である．

**3: 過小投資**　財務難に陥った企業の株主は投資を控えることもある．たとえば，株主が増資をして新規投資を行っても，CFの大部分を債権者がえることになり，株主の取り分が小さい場合である．債権者にとっては返済額が増えるので新規投資が望ましいが，株主は新規投資を抑制する．

## 2.3　経営者と株主の利益相反とは何か

■**経営者と株主の利益相反**　経営者と株主の利益相反には，役得の消費，私的流用，モラル・ハザードなどがある．

**1：役得**　経営者は余剰資金を用いて，地位を利用した**役得** (perquisite, perk) を手に入れようとする．食品会社のナビスコ社などでCEOをつとめたロス・ジョンソン氏が社用ジェット，24のゴルフクラブ，二人のメイドを会社の費用で賄ったという有名な逸話がある[*6]．これほどではないにせよ，たとえ投資が犠牲になっても，高級乗用車やヘリコプターを購入し，経営者自身の移動や出張が快適に行われることを優先するのは経営者にとって魅力的な選択肢である．また，経営者が一部の従業員に役得やポストを与えるという**エンパイア・ビルディング**も役得の一種である．

**2：私的流用**　役得はある程度会社で経営者が必要とするものと関連しているが，純粋に自己の利益のために会社の資金を**流用**（横領）することもある．親族など個人的に密接な関連会社との取引を通じた私的流用もある．違法な取引を行ったことで経営者が会社に損失を与えたとして，損害賠償を請求される事例は日本でも生じている．

**3：経営者のモラル・ハザード**　モラル・ハザードは経営者が経営努力を怠ることを指す．経営努力を怠ると，会社の収益が低下したり，費用が増大することを通じて会社に損害が発生する．

---

[*6] Burrough, B., Helyar, J. Barbarians At The Gate. Arrow. 2010 (1990). 訳: 野蛮な来訪者：RJRナビスコの陥落．鈴田敦之訳，三和総合研究所海外戦略部監修．日本放送出版協会．1990.

## 2.4 どのように利益相反問題を解決すればよいのか

■**利益相反問題の解決策** このような利益相反問題に対処するためには，法律や契約によって**インセンティブを与える仕組み**が必要とされる．現実に，**会社法**等に定められている義務や権利の範囲内にステークホルダーの取ることのできる行動は制限されている．さらに，会社が経営者や債権者等のステークホルダーと独自の契約を結ぶことによって，事前に利益相反問題が生じないように取り決めをすることもある．こうした法制度・契約を金融契約理論では**最適インセンティブ契約**と呼んでいる．

　最適インセンティブ契約は，契約可能な条文を用い，契約の相手方（経営者や債権者等）の行動に制約を課すことによって望ましい結果を実現することを目的とする．代表的な例としては，配当の財源規制やストック・オプション契約がある．

■**経営者報酬とストック・オプション** 企業・株主（プリンシパル）が経営者（エージェント）に株主価値を最大化するようにさまざまな意思決定や業務を行うことを委ねる場合，経営者から株主価値を高める努力を引き出す（あるいは，経営者のモラル・ハザードを抑止する）ことがプリンシパルにとって重要である．

　経営者から努力を引き出すための一つの方法が**インセンティブ報酬**である．端的に言えば，企業業績がよければボーナスを与え，悪ければペナルティを課すということである．また，**ストック・オプション**などを組み込んだ株価連動型報酬もインセンティブ報酬として機能する．

■**配当の財源規制** 会社法で定められた**配当の財源規制**はペイアウトの額について「分配可能額」を定め，ペイアウトの額が分配可能額を超えることはできないようにしている．これは**過大なペイアウト**を抑制し，株主と債権者等の利益相反を深刻にしないための制約である[7]．

---

[7] 金融経済学（清水克俊）p.110 参照．

■**財務制限条項** また，債権者は**財務制限条項**（財務上の特約，covenant）において配当制限条項，純資産維持条項，担保提供制限条項，利益維持条項，担保切り替え条項を特約することによっても債権者の権利を強め（ひいては債権の価値を高め）ることができる．

■**利益相反問題を解決するためのコスト** 最適インセンティブ契約においては利益相反問題が完全に解決されるとは限らない．なぜなら，望ましい結果を実現するために，契約で経済主体の行動を縛ることにはコストがかかるからである．こうしたコストは**エージェンシー・コスト**と呼ばれる．たとえば，財務上の特約において配当や担保提供を制限すると，新株発行や銀行借り入れによる資金調達を事後的に困難にすることが一つのコストとして考慮される必要がある．

> †コンセプト・チェック
> - 利益相反問題（プリンシパル・エージェント問題）とは何か？
> - 利益相反問題はどのように解決されるか？
> - ストック・オプションとは何か？
> - エージェンシー・コストとは何か？

## 3. 負債とガバナンス◇◇

### 3.1 負債のエージェンシー・コストとは何か

■**過剰債務問題** 第6章4.3節では負債のコストとして倒産コストをあげたが，エージェンシー・コストも発生しうる．その一つは，企業が過剰な負債を負うときに発生する．過剰な債務を抱える企業の価値が低下する問題を**過剰債務問題**という．

　レバレッジの高い企業は債務の利払いと返済のためにCFが不足し，正のNPVの投資を実行できないことがある．このため，レバレッジの高い企業の価値は低い企業の価値よりも低くなる．つまり，過剰な債務を負う企業で

は，利払いと借入返済が投資資金を圧迫するため，**過小投資**を通じた企業価値の低下が生じる．債権者への利払いと返済を優先することが過小投資の原因である．

　株主のインセンティブは利払いや借入返済よりも正の NPV の投資を実行することである．債権者のインセンティブは利払いと返済を優先してもらうことである．ゆえに，ここでは**株主と債権者の利益相反**が発生している．

■**負債のエージェンシー・コスト**　レバレッジの高い企業が投資を断念するために生じる企業価値の低下分は負債発行のために生じる損失なので，負債発行のコストの一つとして数えられる．これを**負債のエージェンシー・コスト**という[*8]．

### 3.2　もう一つの負債発行の便益とは何か

■**経営者の規律付け**　株主と経営者の利益相反問題の解決に株主は負債を利用することができる．経営者が正の NPV の投資を実行せずに，自己の**役得**に資金を流用しているとしよう．

　過剰債務が投資を妨げるのとまったく同じロジックで，債務は経営者が自己の役得に資金を流用するのを妨げることができる．すなわち，既存債務は借入返済による余剰資金の減少を通じて，経営者を**規律づける手段**として機能する．これを Jensen の**フリー・キャッシュフロー仮説**という[*9]．

### 3.3　どのような場合に会社を存続させるべきなのか

■**清算・継続**　日本では，バブル崩壊以降長期にわたって，多くの企業が経営不振に陥り，銀行は不良債権を抱えた．一部の企業は破たんし，他の企業はリストラを行い，事業の再生を行おうとした．有債務企業が財務難に陥ると，債権者側は資金の回収・債権保全を優先し，株主・経営者側は事業の存

---

[*8] 長期債務のエージェンシー・コストは短期債務のそれよりも高い．長期債務に期限前償還条項を付与した**期限前償還条項付債券**は過剰債務問題が起きそうになったら償還してコストを下げることができる．

[*9] Jensen, M. 1986. Agency costs of free cash flow, corporate finance, and takeovers. *American Economic Review* 76, 323-329.

続を優先することが多い．

　全体の観点から**事業の継続**が望ましいのは，継続時の企業価値が清算価値を上回る場合であり，逆の場合は**清算**が望ましい．清算価値は，企業を破たんさせて債権者が抵当権を行使（会社の財産を売却）し資金を回収したときにえられる価値である．債権者は継続時の債権価値が清算時の回収額を下回るとき事業の継続に反対し，逆の場合には賛成する．

　会社側が事業の継続を，債権者が清算を主張するとき，株主と債権者の利害が対立する．

### 3.4　債務整理を円滑に行うにはどうすればよいのか

■**債務のリスケジューリング**　コーポレート・ガバナンスにおいて**債務整理**が円滑に行われることは重要である．債務整理の一つの方法として，**リスケジューリング**がある．返済期日の延期などにより，利払い費の負担軽減を図ったり，余剰資金を生み出すことで新規投資を行えるようにすることができる．また，債務整理法には，**債務の減免・債権放棄**や，株式と社債を交換する**デット・エクイティ・スワップ** (Debt Equity Swap, DES), DIP (Debtor in Possession) ファイナンスなどがある．

■**社債の債務整理の問題点**　社債と貸出の違いの一つに，債権者の数の違いがある．多数の投資家が債権者となる社債では，多数の同意をえることが難しくなるため，債権者数の少ない銀行貸出よりも債務整理が難航しやすい．

---

†コンセプト・チェック
- 過剰債務問題，負債のエージェンシー・コストとは何か？
- 経営者の規律付け，フリー・キャッシュフロー仮説とは何か？

## 4. 株式とガバナンス◇◇

### 4.1 株主はどのような役割を果たすのか

■**株主によるガバナンス**　株式会社が株主のものである（あるいは株式会社の目的が株式価値の最大化である）という標準的な見方に立てば，株主が果たす役割こそガバナンスの本筋である．すなわち，コーポレート・ガバナンスとはいかにして株主が企業を支配するかという問題として定義される．

しかし，規模の大きな企業では少数の大量保有者と多数の少量保有者が株式を保有する構造になっている．これを**所有と経営の分離**といい，所有するだけの株主と経営だけを行う経営者の分離が発生している．

所有と経営の分離が生じる会社では，株主がいかにしてガバナンス上の役割を果たせるかが重要になる．株主の意思に反する経営者の行動が経営者と株主の利害対立をもたらす．

■**株式所有構造**　このような場合，経営に携わらない株主は経営者を**監視**（モニター）する必要がある．しかし，多くの少量保有株主は経営者を監視するインセンティブが弱い．経営者に対する監視が弱まると，企業経営が株主利益の最大化にならない可能性がある．よって，誰が株主になり，どの程度の株式を保有するかという，**株式所有構造**が重要になる．

---

**コラム・・・不正会計はなくならないのか？**

企業の財務諸表の計算が正しく行われていることは，投資家や株主にとって極めて重要です．天然ガスなどのエネルギーを取り扱っていたエンロン (Enron) は，米国で最も成功した企業の一つに数えられていました．フォーチュン誌でもエンロンの株式は最も信頼のできるトップ 10 に入っていました．しかし，その評価が間違っていたことがエンロンの破たん（2001 年）で明らかになりました．エンロンの従業員は職や年金を失い，株主は 610 億ドルを失いました．

エンロンは借入を少なく見せる一方，収入を多く見せかけることで資金調達を行っていました．借入を少なく見せるために，エンロンは銀行からの借入を銀行へのエネ

ルギー先物取引の売却とその買戻し（pre-pay 取引）として計上していました．エンロンはエネルギー先物取引を通常業務として行っていましたから，この銀行との間の先物取引をその中に紛れ込ませることで，借入を隠したのです．その金額は 50 億ドルに上りました．

　一方，エンロンは収入を多く見せかけるために時価会計を利用しました．時価会計では契約の価値の減少は損失として計上されます．エンロンはエネルギーの長期契約を結び，その公正価値が上昇したことにして収入を多く見せかけました．

　このような不正は通常，監査人，取締役，証券アナリスト，規制当局によって見抜かれてしまいます．米国では，企業は 10-Q, 10-K レポートにより財務情報を開示しなければなりません．投資家はこれらのレポートに基づいて投資判断を行いますが，これらのレポートでは上記の不正を見抜くことはできませんでした．当時のエンロンの経営陣は株価を上げ，格付けを維持するために不正を行ったと言っています．不正会計に関与していた会計事務所の Arthur Andersen はこの事件の後，解散となりました．

　日本でも東芝（2015 年），オリンパス（2011 年），ライブドア（2004 年），カネボウ（2000 年代前半）などの大企業が粉飾決算を行ったとされています．

　エンロンの事件を受けて，米国ではサーベンス・オクスリー (SOX) 法が制定され，日本では金融商品取引法に内部統制規定が盛り込まれるなど規制が強化されました．経営陣が不正を行わないように，取締役や株主が正確な情報を入手できるようにすることがガバナンス上重要なのです．

### 4.2　日本の株式所有構造はどうなっているのか

■**日本の株式所有構造**　図 7-1 は日本の上場企業の株式所有構造を投資部門別に示したものである．株式保有比率（株式数ベース）は，個人・その他（以下，個人と略す）が 21%，事業法人が 24%，金融機関が 26%，外国法人等が 26% を保有している．図には示していないが，個人株主数は 1949 年以降増加傾向にあり，近年は 5,000 万人弱（延べ人数）となっている．

　個人の株式保有比率（金額ベース）は 1990 年以降おおむね 20% 弱である．金融機関の保有株式比率は 1990 年代は 4 割を超えていたが，1999 年以降低下傾向にある．この低下は都銀・地銀と生命保険会社の比率の低下が主である．事業法人も 1990 年には 30% 程度を保有していたが，近年は 20% 強となっている．外国法人等は 1990 年には 5% 弱だったものが，2003 年には 20% を超えるようになった．

## 4. 株式とガバナンス

図 7-1（日本の株式所有構造）

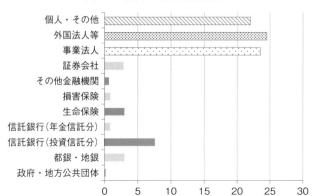

（注）単位（％）．東京証券取引所および名古屋，福岡，札幌証券取引所「2020年度株式分布状況調査の調査結果について」．

表 7-3　企業の株式所有構造の例

| 順位 | 企業 | 時価総額 | 発行済株式数 | 株主数 | 金融機関 | その他法人 | 外国法人等 | 個人・その他 | 10大株主 |
|---|---|---|---|---|---|---|---|---|---|
| | | 兆円 | 十億 | 千人 | ％ | ％ | ％ | ％ | ％ |
| 1 | トヨタ | 21.2 | 3 | 575 | 32 | 21 | 24 | 21 | 40 |
| 2 | 三菱UFJ | 10.9 | 14 | 712 | 30 | 13 | 36 | 18 | 22 |
| 3 | NTTドコモ | 10.6 | 4 | 251 | 10 | 64 | 14 | 10 | 72 |
| 4 | NTT | 10.2 | 2 | 681 | 18 | 1 | 29 | 19 | 49 |
| 5 | ソフトバンク | 9.2 | 1 | 201 | 22 | 5 | 39 | 32 | 45 |
| 6 | KDDI | 7.8 | 3 | 91 | 23 | 29 | 36 | 9 | 44 |
| 7 | JT | 7.6 | 2 | 153 | 17 | 1 | 31 | 15 | 49 |
| 8 | 日本郵政 | 6.6 | 5 | 502 | 2 | 0 | 3 | 14 | 83 |
| 9 | ホンダ | 6.5 | 2 | 185 | 41 | 8 | 40 | 9 | 32 |
| 10 | ゆうちょ銀 | 6.4 | 5 | 540 | 2 | 74 | 2 | 21 | 76 |

（注）時価総額の順位は日本経済新聞による（2017年3月10日時点）．所有構造はJTを除き，2017年3月末各社有価証券報告書による．JTは2016年12月末．各社とも普通株式のみを対象とする．

■**日本企業の株式所有構造の例**　次に，代表的な企業の株式所有構造を見てみよう．表7-3は，時価総額の高い上位10社の株式所有構造を見たものである．ここでは，金融機関，事業法人（その他法人），外国法人等，個人・その他だけを表示している．最右列の10大株主は上位10位までの大株主の持ち株比率である．

これらの企業の発行済み株式数は1億株を超え，株主数はおおむね10万人以上となっている．トヨタ，三菱UFJ，ホンダでは金融機関の持ち株比率が3割を超えている．外国法人等の持ち株比率は3割程度の企業が多い．

■**大株主のモニタリング** 少量保有株主のモニタリング（監視）インセンティブは弱いが，大量保有株主は相対的に強い監視インセンティブをもつ．典型的には，年金や生命保険会社，投資信託などの機関投資家や創業者一族などである．**大株主**の持ち株比率が高くなれば，監視の便益は高くなるので，モニタリングは強まり，経営者の利益相反行動を抑制し，企業価値を高めることができる．

### 4.3 M&Aとは何か

■**M&A** 1990年代以降，M&Aの件数は世界的に急速に増大した．日本では，1999年以降年間の件数が1,000件を超えるようになり，最近は2,000件以上3,000件近くまで増えた年もある[*10]．

企業が他の企業と合併したり，他の企業を買収することを**M&A** (mergers and acquisitions) という．二つ以上の会社が一つの会社になることを**合併**といい，ある企業が他の企業の株式を一定以上取得し，他の企業の経営権を握ることを**買収**という．また，他の企業の一部事業を買い取ることも買収という．

■**M&Aの種類** 合併には吸収合併と新設合併がある．**吸収合併**では，一つの会社を存続させ，他の会社を消滅させる．新設合併では，新企業を設立し，既存の会社はすべて消滅させる．同一産業内の合併を**水平型合併**，生産プロセス上関連のある会社間の合併を**垂直型合併**，無関係な会社間の合併を**コングロマリット型合併**という．

買収は株式譲渡，株式交換，株式移転，事業譲渡によって行われる．買収の中で，最も単純な方法は**株式譲渡**である．株式譲渡では，ある企業Bの株主がAに株式を譲渡する．Aは企業Bの株主となり，経営権をえる．企業

---

[*10] レコフデータによる．

BがAに対して第三者割当増資をする場合もある[*11].

## 4.4　M&Aにはどのような役割があるのか

■**M&Aの意義：シナジー効果**　M&Aの意義の一つはM&Aによって会社の価値が増大することであり，**シナジー効果**と呼ばれる．たとえば，2社の合併の場合のシナジー効果は

$$\text{シナジー効果} = \text{合併後の企業の価値} - \text{合併前のA社の価値} \\ - \text{合併前のB社の価値} \tag{7.3}$$

と表される．シナジー効果は投資計画において収入の増大，費用の低下などを通じたCFの増大として結実する．マーケティングやブランド戦略などが強化されることによって収入が増加したり，範囲の経済や規模の経済によってコストが抑制される．

■**M&Aの意義：非効率な経営者の淘汰**　企業のM&Aには非効率な企業や経営者を淘汰するという役割もある．経営者がM&Aに反対する場合を**敵対的買収**，反対しない場合を友好的買収という．上場企業の買収は**公開買付け** (takeover bid, **TOB**) によって行われる[*12]．買付け予定者は公開買付け届出書を提出し，買付け期間，**買付価格**，買付け予定数を明示する．

　通常，買付価格は現状の株価よりも高く設定され，その差を**買付プレミアム**という．公開買付けは買付プレミアムが高いほど，また買収者が事前に多くの持ち株を保有しているほど成功しやすい[*13]．

■**買収防衛策**　現職経営陣は買収されないように予め，**ライツプラン** (rights plan, **毒薬** (poison pill)) などの**買収防衛策**をとる[*14]．米国では1980年代

---

[*11] 株式交換，株式移転，事業譲渡についてはインターネット付録7.1を参照．
[*12] 金融商品取引法第二十七条の二
[*13] 金融経済学（清水克俊）第5.3節参照．
[*14] 買収防衛策として，役員の任期にズレを設け，取締役会の過半数を維持する期差任期取締役会や経営者の解任に多額の報酬を保証するゴールデン・パラシュートもある．

以降,日本でも 2000 年代以降に防衛策をとる会社が増えた[*15].

> †コンセプト・チェック
> - 所有と経営の分離とは何か？
> - 株式所有構造とは何か？　日本の株式所有構造はどうなっているか？
> - 大株主のモニタリングとは何か？
> - M&A とは何か？　どのような種類があるか？

## 5. 資本構成に関する理論

コーポレート・ファイナンスでは,企業がいかにして資本構成を決定しているかに関する実証研究が盛んである.次に説明するトレード・オフ理論とペッキング・オーダー理論は資本構成を決定する理論として主要なものである.

### 5.1　レバレッジのトレード・オフ理論とは何か

■**トレード・オフ理論**　これまで見てきたように,負債発行には節税という便益(前章 4.1 節)と,倒産コスト(同 4.3 節)やエージェンシー・コスト(本章 3.1 節)といったコストが伴う.企業は便益とコストのトレード・オフを勘案し最適なレバレッジを決定するという考え方を**資本構成のトレード・オフ理論**という.

高いレバレッジをターゲットとして設定するのは,倒産コストの低い安全な企業,倒産しても資産売却のしやすい固定資産比率の高い企業,課税所得の多い企業,倒産しても損失の小さい低成長企業などである.

### 5.2　ペッキング・オーダー仮説とは何か

■**内部資金**　表 7-2 でも少し考えたように,投資を行う企業にとって株式や負債といった外部から資金調達する方法に加えて,**内部資金**(現金等)を利用する方法がある.配当支払いなどのペイアウトを行わずに内部留保された

---

[*15] ライツプランでは,既存株主に新株予約権を事前に与え,TOB が行われたときに買付け者以外の株主が新株予約権を行使できるようにする.

ものが内部資金である.

■**ペッキング・オーダー仮説** 内部資金を利用すれば資金調達コストはゼロであるから,内部資金の利用は魅力的である.株式と負債は外部資金であるので,資金調達コストが内部資金よりも高い.外部資金よりも内部資金を優先して資金調達に利用するという仮説を Myers の**ペッキング・オーダー (pecking order) 仮説**という[*16].

■**リスク・プレミアムと情報の非対称性** 完全な金融市場では,投資家と企業が保有する情報に違いがないとされる.投資家と企業の間に**情報の非対称性**が存在する金融市場は**不完全な金融市場**と呼ばれる.

不完全な金融市場では,たとえば,借入の場合に金融機関が想定するデフォルト確率は企業が考えている確率より高いかもしれない.その場合,借入金利には高いリスク・プレミアムが上乗せされる.過大なリスク・プレミアムを要求されるリスクの低い企業は内部資金を投資に用いるのが有効であるが,その投資額は内部資金量に制約されることがある.これを内部資金の**資金制約**という.

■**新株発行によるシグナリング** 不完全な金融市場では,株式市場において資金調達すること自体が株価下落の要因となることもある.これは,投資家が株式市場での資金調達を株価が**過大評価**されているからであると判断する場合である.通常,株価が真の価値よりも高く評価されていれば**新株発行**は有利であり,低く評価されていれば不利である.そのため,投資家は新株発行を株価に比べて企業の投資計画が悪いという**シグナル**であると見なす.

一般に,情報をもつ主体がある特定の行動をとることによって,真の情報を他の主体に伝えることを**シグナリング**といい,シグナリングによって企業を見分けるような均衡を**シグナリング均衡**という[*17].上記のような場合,新

---

[*16] Myers, S. 1984. The capital structure puzzle. *Journal of Finance* 39, 575-592.
[*17] Myers, S., Majluf, N. 1984. Corporate financing and investment decisions when firms have information that investors do not have. *Journal of Financial Economics* 13, 187-221.

株発行という行動が投資計画がよくない（株価が過大評価されている）ことのシグナルになる．

†コンセプト・チェック
- レバレッジのトレード・オフ理論とは何か？
- 内部資金，ペッキング・オーダー仮説とは何か？

# 第8章

# リスク・ヘッジと金融資産

　本章では，金融資産を用いたリスク・ヘッジの方法や仕組みについて説明する．**1**節ではリスク・ヘッジとデリバティブについて，**2**節で先物・先渡，**3**節でオプション取引について説明する．**4**節ではスワップ取引について述べ，**5**節は二項モデルにおけるオプション価格理論，ブラック・ショールズ公式を紹介する．

## 1. リスク・ヘッジ°

### 1.1　リスク・ヘッジとは何か

■**リスク・ヘッジ**　経済活動を行う人は誰でもリスクに直面する．表8-1は直面するリスクの例を経済主体別にあげたものである．こうしたリスクの一部は，生命保険会社や損害保険会社の提供する保険商品によって損失をカバーすることができる．リスクが具現化したときの損失をカバーするように予め取る行動を**リスク・ヘッジ**という．

■**損失のカバー**　リスクによって生じる損失を抑制するためには，リスクが具現しないようにする（具現する可能性を低下させる）か，リスクが具現したときの損失をカバーする金融資産を保有する．前者は，たとえば病気にな

表 8-1 経済主体の直面する様々なリスク

| 経済主体 | 直面するリスクの例 |
| --- | --- |
| 一般 | 火事，盗難，交通事故，犯罪，自然災害 |
| 個人 | 病気，けが，失業，死亡 |
| 企業 | 売上高の変動，販売する財・サービスの価格変動，原材料価格・燃料代の変動，倒産，流動性不足，営業・経理上のミス |
| 輸出入業者・多国籍企業 | 為替レートの変動，不安定な政治などによる営業上の損失，外国の通貨危機など |
| 農家 | 猛暑や台風など気候による作物被害，病虫害による被害 |
| 資金調達者 | 金利の変動，再調達の困難 |
| 資金運用者 | 金利の変動，価格の変動，運用先のデフォルト |

らないように食事に気をつける，売上高が大きく変動しないように固定的な顧客を増やすなどがある．本章では後者のリスク・ヘッジ，すなわち金融資産の取引によってリスク具現時の損失を抑える方法を説明する．

### 1.2　デリバティブとは何か

■**デリバティブ**　ある資産の収益をもとに構成される資産を**デリバティブ**という．債券，株式，外国為替などをもとにさまざまなデリバティブが生み出されている．先渡・先物やオプション等が主要な商品である．

デリバティブの元となる収益をもたらす資産を**原資産**という．こうしたデリバティブはリスクをヘッジするために，また，**投機**を行うために保有される．投機は一定のシナリオのもとでのリスク・テイクである．

保険商品はデリバティブには含めないが，どちらも一定の条件を予め決めておいて，その事態が発生したら契約に従って支払・受取が行われるという特徴を持つ．

> †コンセプト・チェック
> - リスク・ヘッジとは何か？　リスク・ヘッジの方法には何があるか？
> - デリバティブとは何か？

## 2. 先物・先渡

### 2.1 先渡・先物契約とはどのようなものか

■**先渡・先物取引** 先渡・先物取引は金，原油，大豆などの**商品先物**と金利，為替，株価指数などの**金融先物**に分類される．端的に言えば，**先渡契約・先物取引**は将来行う取引の予約である．将来，原資産を特定の価格で取引することを予め契約し，価格変動により損失を被るリスクをヘッジする．

一方，先渡・先物取引は投機を目的としても取引される．将来の値上がりを期待するときには，現在の低い価格で先物を買っておけば，大きな利益をあげられることもある．

■**先物市場と先渡契約** 先物・先渡取引が行われる市場を**先物市場**・**先渡市場**という．先物取引は一般に取引所で行われ，**先渡契約** (forward contract) は店頭 (OTC) で結ばれる[*1]．以下では，先物・先渡取引を厳密に区別せずに説明する．

### 2.2 為替リスクをどうヘッジするか

■**為替予約** 例として**為替予約**の場合について先物・先渡取引を説明しよう[*2]．あなたは輸出企業の担当者として，3か月後に10万ドルが入金されることを知らされた．

■**為替リスク** 現在のドル為替レートは1ドル100円であるが，将来の為替レートが変動するという**為替リスク**に直面している．将来の為替レートが120円になれば10万ドルは1,200万円，80円になれば10万ドルは800万円になる．つまり，円安（減価）になると為替差益200万が発生し，円高（増価）になると為替差損200万を被る．

---

[*1] 先物取引は標準化された契約であり，先渡契約は個々に異なる契約条件で契約される．
[*2] シカゴ・マーカンタイル取引所 (CME) にはユーロや円などの通貨先物が存在する．

■**為替予約による為替リスクのヘッジ** あなたはどうすればよいだろうか．このまま何もしないでいる決定をしたなら，あなたは**為替投機**をすることになる．200万円の損をするかもしれないが，もしかしたら利益があがるかもしれない．賢明なあなたはこうしたリスクを取ることは求められていないことに気づき，銀行に行って**ドル売り為替予約**をすることにした．

あなたは3か月後に10万ドルを100円で売るドル売り予約をした．3か月後，あなたは10万ドルを銀行に入金し，代わりに1,000万円を受け取った．これで為替リスクをヘッジすることができた．

輸入企業は逆の為替予約をすることになる．ドルの支払い予定がある輸入企業は将来円を売ってドルを買う**ドル買い予約**をしておく．

輸入業者によるドル買い，輸出業者によるドル売りがそれぞれ先物為替の需要，供給となる．先物為替市場ではこうした外貨売買の需給によって**先物（先渡）為替レート**が決定される．先物為替レートと区別するため，現在の為替レートを**直物為替レート**という．

## 2.3 先物為替レートはどのように決まるか

■**先物為替レートと銀行の役割** 現実には，同期日に同額のドル売り予約とドル買い予約が入るとは限らない．その場合でも，銀行は顧客の為替予約を引き受けてくれるだろう．輸入企業のA社が3か月後に10万ドルのドル買い予約を行ったとき，銀行は先物為替レートを次のように設定する．

$$\text{先物レート} = \text{直物レート} \times \frac{1 + \text{日本の金利}}{1 + \text{米国の金利}} \tag{8.1}$$

この式を**金利平価式**という[*3]．たとえば，現在の直物レートは1ドル100円，米国金利は2%，日本の金利は1%であるとしよう．(8.1) 式に従うと，先物為替レートは $100 \times 1.01/1.02 = 99.02$ 円となり，為替予約をいれたA社は銀行に $10 \text{万ドル} \times 99.02 = 990.2$ 万円を支払い，10万ドルを受け取る．

銀行は990.2万円のPVである $980.4 (= 990.2/1.01)$ 万円を円建てで借り入れ，ドルに両替した $9.804 (= 980.4/100)$ 万ドルを米国金利で運用する．3か月後に銀行は $10 (= 9.804 \times 1.02)$ 万ドルを受け取り，A社に10万ドルを支

---

[*3] 金利平価式については第15章5.1節においても説明する．

## コラム・・・先物為替レート

次の表はある日の直物為替レートと先物為替レートの Bid（売値）と Ask（買値）の一覧である．直物レートは 111.61/111.62 円で取引され，1 週間物（1W）の先物為替レートは 111.55/111.56 円で約定されている．つまり，先物為替レートは直物よりも幾分円高となっている．1 年物（1Y）は 109.34/109.37 とさらに円高傾向になっていることが分かる．

表：先物為替レートのビッドとアスク

|  | Dates | Bid | Ask |
| --- | --- | --- | --- |
| 直物（スポット） | 09/28/2017 | 111.61 | 111.62 |
| 先物 |  |  |  |
| 1W | 10/05/2017 | 111.55 | 111.56 |
| 2W | 10/12/2017 | 111.52 | 111.53 |
| 3W | 10/19/2017 | 111.48 | 111.49 |
| 1M | 10/30/2017 | 111.42 | 111.44 |
| 2M | 11/28/2017 | 111.28 | 111.29 |
| 3M | 12/28/2017 | 111.12 | 111.13 |
| 4M | 01/29/2018 | 110.88 | 110.89 |
| 5M | 02/28/2018 | 110.70 | 110.72 |
| 6M | 03/28/2018 | 110.54 | 110.56 |
| 9M | 06/28/2018 | 109.95 | 109.97 |
| 1Y | 09/28/2018 | 109.34 | 109.37 |
| 15M | 12/28/2018 | 108.71 | 108.75 |
| 18M | 03/28/2019 | 108.05 | 108.10 |
| 2Y | 09/30/2019 | 106.69 | 106.75 |

（注）Bloomberg 提供．一部を抜粋して表示している．

払う．代わりに，A 社から受け取った 990.2 万円を借入返済（= 980.4 × 1.01）に充てる．

このようにして，(8.1) 式に基づく先物為替レートで先物予約を受け付ければ，ドル資産をもっていない投資家（ここでは銀行）も輸入企業の先物ドル需要に対し先物取引に応じることができる．

重要な点は，この一連の取引を銀行は無リスクで何の費用もかけずに行うことができるという点である．確かに銀行は借入を行い利息を支払うが，A 社の円支払い分によって借入利子は返済できるのでネットでは費用負担は発生しない．

■**先物・先渡取引の種類**　他の先物・先渡取引としては，金利先物，**国債先物**，株価指数先物などがある．金利先物には，**ユーロドル金利先物**やユーロ円金利先物がある．東京金融取引所では**ユーロ円3か月金利先物**が取引される．銀行との相対取引として**金利先渡契約**がある．

> †コンセプト・チェック
> - 先物・先渡取引とはどのような取引か？
> - 為替予約とは何か？　為替リスクとは何か？
> - 先物為替レートはどのように決まるのか？
> - 金利平価式とは何か？

## 3.　オプション｡

### 3.1　オプション取引とはどのようなものか

■**コールとプット**　オプション取引では，原資産を将来売買する権利が売買される．将来買う権利を**コール (call)・オプション**，売る権利を**プット (put)・オプション**という．

■**行使価格**　また，将来の売買価格を**行使価格**といい，オプションの買い手は行使価格で権利を行使できる．先物契約は契約を結ぶと取引が義務となるが，オプション取引では買い手にとっては義務ではなく権利であるという点が先物取引との違いである．売り手には買い手が権利行使するときに，それに応じなければいけない義務がある．

■**オプションのタイプ**　ヨーロピアン型では，行使できると決めた期日にしか権利行使できないが，アメリカン型では期日までのいつでも権利行使できる．複数回の権利行使日が設定されるものをバミューダ型という．

■**オプションの原資産**　原資産には，金利，債券，通貨，株式，株価指数，先物，スワップなどがある．日本では大阪取引所に日経225オプション等が上

場されているほか，通貨オプションなどが取引されている．

## 3.2 オプションはどのような仕組みなのか

■**オプション取引のペイオフ**　オプションの権利を行使して利益が出せる状態を**イン・ザ・マネー**，出せない状態を**アウト・オブ・ザ・マネー**という．ちょうど原資産と行使価格が等しいときは**アット・ザ・マネー**という．

コール・オプションの買い手は将来の現物価格 $Y$ が行使価格 $X$ よりも高くなる $(Y > X)$ と権利を行使し，低くなる $(Y < X)$ と権利を行使しない．前者では，オプションを行使して買った原資産を即座に市場で売却すると $Y - X$ の利益となり，後者では利益は 0 である．

図 8-1 の左上のグラフはコールの買い手のペイオフである．グラフは行使価格（ここでは 100）で屈折し，現物価格が 100 以下では水平（0 の値をとる），100 以上では 現物価格 − 行使価格 のペイオフとなっている．

図 8-1（オプションのペイオフ）

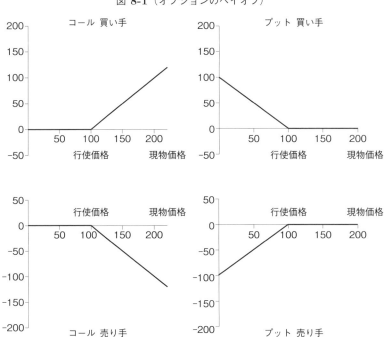

コールの売り手のペイオフはちょうど買い手のペイオフを負の値にしたものになる．売り手は買い手が権利を行使すると，現物市場で原資産を買って，行使価格で売らなければならない．行使価格より現物価格が高いときのペイオフは 行使価格 − 現物価格 となる．図 8-1 の左下のようにペイオフは屈折点で水平から右下がりになる．

プットの買い手は現物価格が行使価格よりも低くなると，現物を買い，権利を行使して行使価格で売る．ペイオフは 現物価格 − 行使価格 となる．現物価格が行使価格を上回るとペイオフは 0 である．プットの売り手は買い手のペイオフを負の値にしたものである．図 8-1 の右上はプットの買い手，右下はプットの売り手のペイオフを表す．

■ペイオフの特徴　これらの図からいくつかのことが分かる．1) 買い手のペイオフは 0 以上になる．2) 売り手のペイオフは 0 以下になる．3) どの場合も行使価格で屈折する．4) コールの買い手とプットの売り手のペイオフは右上がり部分をもち，コールの売り手とプットの買い手のペイオフは右下がり部分をもつ．5) 売り手と買い手のペイオフを足したものは 0 になる．ただし，ここでのペイオフにはオプションの価格を含んでいない．

## 3.3　オプション価格はどのように決まるのか

■オプションの価格　このように，オプションの買い手は先物取引者と異なり，損失の発生を回避しつつ利益をえることができる．一方，売り手は損失を被るか，0 のペイオフしかえられない．したがって，オプションの買い手は売り手に**オプション価格**を支払う必要がある．代表的なものに，後述するブラック (F. Black) とショールズ (M. Scholes) のオプション理論価格がある．

■オプションを用いた投資戦略　株式オプションの場合，オプション価格は当然原資産である株価と関係がある．このことを考えるために，二つの投資戦略を考えよう．投資戦略 I はコール＋無リスク資産，投資戦略 II はプット＋株式である．

図 8-2 を見てみよう．上側の 3 つのグラフはコールを買う (A) と同時に，行

図 8-2（プット・コール・パリティ）

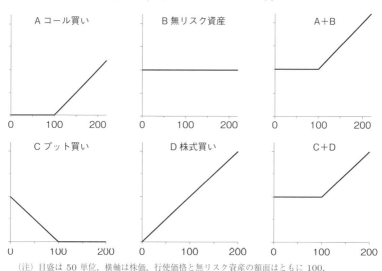

(注) 目盛は 50 単位．横軸は株価．行使価格と無リスク資産の額面はともに 100.

使価格と同額の額面をもつ無リスク資産を買った (B) 場合のペイオフ (=A+B) を表す．

下側の 3 つのグラフはプットを買う (C) と同時に株式を買った (D) 場合のペイオフ (=C+D) を表す．明らかに，右側の上下二つのグラフは全く同じになっている．つまり，これら二つの投資戦略は同じペイオフをもたらす．

言い換えると，投資戦略 I のペイオフは投資戦略 II によって複製できる（逆も同じ）．したがって，二つの戦略は同じコストでできなければならない．どちらかのオプション価格が低いために一方の戦略のほうが安くできるなら，裁定が起こる．裁定取引の結果，二つの戦略にかかるコストは同じになる．すなわち，**無裁定条件**が成り立たなければならない．

投資戦略 I のコストはコール・オプション価格と行使価格の PV（無リスク資産の購入量）であり，投資戦略 II のコストはプット・オプション価格と株価（原資産）である．

■**プット・コール・パリティ**　この無裁定条件は

$$
\begin{aligned}
&\text{コールオプション価格}+\text{行使価格の PV}\\
&\qquad =\text{プットオプション価格}+\text{株価}
\end{aligned} \tag{8.2}
$$

である．これを<u>プット・コール・パリティ</u>といい，ヨーロピアン型のオプション価格と株価の関係を示している．左辺は投資戦略 I のコスト，右辺は II のコストである．

　この式から，右辺の株価が上昇するとコール価格が上がるか，プット価格が下がる（または両方）ということが分かる．コールでは行使価格（たとえば 100）で株式を買うことができるので，株価が（たとえば 100 から 110 に）上がると，コールの利益は増大し，コール価格も上昇する．プットでは行使価格で株式を売ることができるので，株価が（たとえば 100 から 90 に）下がるとプットの利益が増大し，プット価格は上昇する．

■**オプション価格の決定要因**　株価のほかに，株式オプション価格に影響を与えるものとしては以下のようなものがある．
(1) 行使価格：行使価格が低いほど，コール価格は高くなり，行使価格が高いほどプット価格は高くなる．
(2) 期限：期限が長いほどオプション行使の可能性が高まるので，オプション価格は上昇する効果がある[*4]．
(3) ボラティリティ：株価収益率の標準偏差が高いほど，権利行使の可能性が高まるのでオプション価格は上昇する．
(4) 無リスク利子率：無リスク利子率の上昇はプット・コール・パリティにおいて行使価格の PV が低下する効果により，コール価格を上昇させ，プット価格を低下させる．

■**オプション価格の感応度**　オプション価格の感応度を表す指標として，デルタ，ガンマ，ベガ，ロー，シータなどの**グリークス (Greeks)** がある[*5]．た

---

[*4] 期限が短くなると行使価格の PV が高まるため，プットでは逆になる場合がある．
[*5] 各変数はそれぞれ次のものに対するオプション価値の変化を表す．ロー：無リスク利子率，ベガ：ボラティリティ，シータ：残存期間．

とえば，デルタ ($\Delta$) は原資産の価値変化がオプションの価値をどれだけ変化させるかを表す[*6]．

> †コンセプト・チェック
> - オプション取引とはどのような取引か？
> - コール/プット・オプション，行使価格，原資産とは何か？
> - オプション取引のペイオフはどのような形状か？
> - プット・コール・パリティとはどのようなことか？
> - オプション価格の決定要因にはどのようなものがあるか？

## 4. スワップとデリバティブ◇◇

### 4.1 金利スワップとは何か

■**変動金利と固定金利の選択** 借入の金利には**変動金利**と**固定金利**があり，借り入れるときにどちらかを選択するのが普通である．変動金利を選択すると，利息はベースレートに信用リスク・スプレッドを上乗せされたものとなる．ベースレートは短期金利の指標金利，たとえば**LIBOR** (London Interbank Offered Rate, ロンドン・インターバンク提示金利)，**TIBOR** (Tokyo Interbank Offered Rate)，あるいは短期プライムレートなどである．これらの短期金利は変動するため，変動金利を選択したときにはベースレートの変動とともに借入利息も変動する．一方，固定金利を選ぶと借入利息は契約期間中一定となる[*7]．

■**金利情勢の変化** あなたは企業の財務担当者として，将来の変動金利の下落を見越して変動金利を選んだとしよう．しかし，あなたの見通しははずれ，変動金利の下落は起きなかった．また，将来の変動金利の動きには相当の変

---

[*6] この変化はオプションの売り手にとっては損失となるから，損失をカバーするために投資家はデルタ・ヘッジを行う．コールの売り手のデルタ・ヘッジは原資産をデルタだけ購入することである．

[*7] ただし，一定の期間毎に見直しをする場合もある．

動がありうることが分かったので，固定金利に変更して**金利リスクをヘッジ**したいと考えた．このような場合，銀行と相談して債務そのものを固定金利に変更することも可能である．しかし，それよりも**金利スワップ契約**を結んだほうがよい場合もある．

■**金利スワップ**　スワップ (swap) 取引では，将来キャッシュフローを一定期間交換することを契約する．金利スワップでは，固定金利と変動金利を交換する．企業は金融機関と相対 (OTC) でスワップ取引を行う．また，金融機関同士で行われるスワップ取引もある[*8]．金利スワップ取引の固定金利を**スワップ・レート**と呼ぶ．

### 4.2　金利スワップで金利リスクをヘッジするには

■**金利スワップによる金利リスクのヘッジ**　図 8-3 に示すように，あなたの会社（A 社）は変動金利債務を抱えており，現在の変動金利は 3% である．変動金利債務の元本は 1 億円であり，これを**想定元本**とするスワップ契約を

図 8-3（スワップのキャッシュフロー）

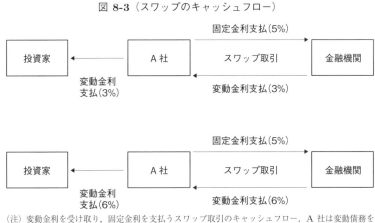

（注）変動金利を受け取り，固定金利を支払うスワップ取引のキャッシュフロー．A 社は変動債務を抱えている．上図では短期金利が 3%，下図では 6%．

---

[*8] 標準的な金利スワップは**プレーン・バニラ** (plain vanilla) と呼ばれる．

結ぶ*9.

スワップ契約では，あなたの会社は毎年金融機関にスワップ・レート5%に相当する500万円の固定利息を支払い，3%に相当する変動利息300万円を受け取る．あなたの会社はこの300万円を変動金利債務の利息に充てる．

変動金利が6%に上昇したら，あなたの会社は600万円をスワップ契約から受取り，これを債務の支払利息に充当する．あなたの会社の借入費用はスワップ期間中は常に5%に相当する500万円となる．このようにして，金利リスクをスワップ取引によってヘッジできる．

■**通貨スワップ** 金利スワップは異なる通貨間でも可能である．円同士のスワップを円–円スワップ，異なる通貨間のスワップを**通貨スワップ**という．両方の金利が固定金利である場合を固定–固定通貨スワップ，変動–固定の通貨スワップを**クロス・カレンシー金利スワップ**，変動–変動の通貨スワップを**ベーシス・スワップ**という．

## 4.3 デリバティブにはどのようなものがあるか

■**金利リスクのヘッジ** 金利リスクをヘッジするには，金利デリバティブを用いることもできる．**金利キャップ**は金利の上限を，**金利フロア**は金利の下限をそれぞれ行使価格としたオプションである．

■**信用リスクのヘッジ** 信用リスクをヘッジするには**クレジット・デリバティブ**を用いる．**クレジット・デフォルト・スワップ** (credit default swap, CDS) では参照先企業のデフォルトが生じるとペイオフ（プロテクション）をえることができる．CDSの買い手は売り手にプロテクション料を支払う．これは**CDSスプレッド**と呼ばれ，信用リスクの一つの尺度である．

■**資産担保証券** 金融機関等は自らがオリジネートした貸出債権等を元にして新たな証券を組成・販売する．これを**証券化**という．証券化の代表的な手

---

*9 スワップ取引では，借入の元本はキャッシュフローの計算に用いるが，元本自体の取引は行わない．

法は特別目的会社を利用した**資産担保証券** (asset-backed securities, **ABS**) の発行である．

資産担保証券は，特別目的会社に売却された貸出債権を裏付けとして発行される．原資産は住宅ローン，自動車ローン，債券などである．米国では，住宅ローンを担保とする資産担保証券を MBS (mortgage-backed securities)，一般の債券を担保とするものを CDO (collateralized debt obligation) という．資産担保証券は，優先順位が高いシニア，中間のメザニン，低いエクイティなど，リスクに応じたクラス（トランシェ）に分割される．

† コンセプト・チェック
- 変動金利，固定金利とは何か？
- スワップ取引とはどのような取引か？
- 金利スワップはどのように金利リスクをヘッジできるか？

---コラム・・・世界金融危機の原因は何か？---

2000 年代後半の世界金融危機で起きた事件はすさまじいものでした．サブプライム・ローンのデフォルト問題に端を発し，投資銀行 Bear Sterns, 政府系の住宅金融会社である Fannie Mae・Freddie Mac, 投資銀行 Lehman Brothers と Merrill Lynch, 保険会社 AIG などが次々と破たんしました．

トリガーとなったのは住宅ローン返済の滞納および住宅価格の下落でした．住宅ローンの中でも主にサブプライム・ローンで滞納が発生したことから，これをサブプライム危機といいます．

サブプライム危機の影響を金融市場全体に広がらせたのは証券化です．金融機関は CDO や RMBS を組成し，住宅ローン等のリスクを投資家に販売していました．投資家は最も安全な格付けのものであれば安心だと考えていましたが，証券化された金融資産は複雑に絡み合っており，最も安全な格付けのものでさえ，安全ではなかったようです．

また，破たんした金融機関は CDS の発行者でした．CDS は参照企業のデフォルトに対して発行者が損失をプロテクトしますが，その発行者が破たんしてしまうと，購入していた CDS はその役割を果たせません．投資家は発行者を参照企業とする CDS でプロテクトしようとしましたが，その時には CDS スプレッドは急上昇していました．

また，投資家はレバレッジを効かせて，正味資産以上の取引を行っていました．しかし，取引で損失が発生したときの証拠金が増加し（マージン・コール），ヘアカッ

ト率（1− 担保の掛け目）も上昇しました．このため，投資家はレバレッジを下げるデレバレッジを余儀なくされました．

こうした事態になり，あらゆる金融市場から投資家が資金を引き揚げようとしました．資金を引き揚げれば引き揚げるほど，市場の金利（スプレッド）は上昇し，市場の流動性は枯渇しました．多くの金融機関は資金を調達することも，資産を売却することもできないという過酷な状況に直面したのです．

実は Basel II という銀行規制では，銀行の破たん確率が 0.1% に抑えられるように規制が行われていました．いいかえると，99.9% の確率で生じる事態には万全の備えがあったはずなのです．果たして 0.1% の確率の事態が起きたのか，それとも規制に抜け穴があったのか？ 世界の金融当局は規制を強化することにしましたが，リスク・ヘッジを如何に行うべきかには細心の注意が必要です．

## 5. オプション価格◇◇◇

### 5.1 簡単なオプション価格の理論値

■**株価の二項モデルとオプション**　図 8-4 は現在 100 円の株価が 1 年後に 120 円または 80 円になることを表している．このようなシンプルな定式化は**株価の二項モデル**と呼ばれる．

ここで，行使価格を 100 とするヨーロピアン型のコール・オプションを考えよう．コールを買うと，株価が 120 円のとき 20 のペイオフ，80 円のとき

図 8-4（二項モデルのオプション価格）

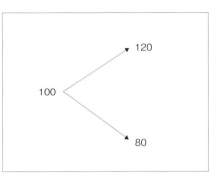

（注）株価 100 が将来 120 または 80 になることを表している．

表 8-2 コール・オプションの複製

|   |   | 現在 | 将来 1 | 将来 2 |
|---|---|---|---|---|
| a | 株価 | 100 | 80 | 120 |
| b | 行使価格 | 100 | | |
| c | 借入金利（無リスク利子率） | 10% | | |
|   | 投資戦略 I | | | |
| d | コール買い | ? | 0 | 20 |
|   | 投資戦略 II | | | |
| e | 株式 0.5 単位買い | −50 | 40 | 60 |
| f | 借入 | 36.363 | −40 | −40 |
| g | トータル | **−13.637** | 0 | 20 |

(注) キャッシュインフローをプラス，アウトフローをマイナスで表している．

0 のペイオフがえられる．売り手からみると，−20 の損失か 0 のペイオフとなる．売り手はこのオプションをいくらで売ればよいだろうか？

■**コール・オプションの複製** これを考えるために表 8-2 を見よう．a 行には株価が 100 から，将来 80 または 120 になることが示されている．コールの行使価格は 100 であり，借入金利（無リスク利子率）は 10% であるとする．投資戦略 I はコールを買う戦略であり，d 行に示すようにペイオフは 0 または 20 である．

投資戦略 II はこのコールのペイオフを複製する戦略である．その方法は株式を 0.5 単位買い，36.363 を借り入れることである．e 行には現在の株式価値 50，将来の株式価値 $40(= 0.5 \times 80)$ および $60(= 0.5 \times 120)$ が記されている．f 行には現在の借入 36.363，将来の返済額 $-40(= 36.363 \times 1.1)$ が記されている．g 行では，投資戦略 II のトータルのペイオフが 0 および 20 となっている．これは d 行のコール買いのペイオフと同じである．

■**コールの価格** したがって，二つの戦略は同じペイオフをもたらすことがわかった．裁定取引の考え方から，二つの投資戦略の構築費用は同じにならなければならない．戦略 II を実行するためには株式 50 が必要になるが，36.363 を借り入れるので必要資金は 13.637 である．これが戦略 II のコストである．

よって，戦略Iのコスト，すなわち，コールの価格は 13.637 でなければならない．

## 5.2　ブラック・ショールズのオプション価格

■**ブラック・ショールズの公式**　Black, Scholes, Merton らが導いたオプションの理論価格は後に，ブラック・ショールズ公式と呼ばれるほど有名になった[*10]．

行使価格 $K$，満期 $T$ のヨーロピアン型のコール・オプション価格 $C$ とプット・オプション価格 $P$ について，ブラック・ショールズ公式は次のように表される．

$$C = SN(d_1) - Ke^{-rT}N(d_2) \\ P = Ke^{-rT}N(-d_2) - SN(-d_1) \tag{8.3}$$

ここで，$S$ は株価，$r$ は無リスク利子率，$N(\cdot)$ は標準正規分布の分布関数，$e$ は指数関数であり，

$$d_1 = \frac{\ln(S/K) + (r + \sigma^2/2)T}{\sigma\sqrt{T}}, \quad d_2 = d_1 - \sigma\sqrt{T} \tag{8.4}$$

であり，$\sigma^2$ は収益率の分散である．

図 8-5 はブラック・ショールズの理論価格と株価の関係を表している．即座にアウト・オブ・ザ・マネーになる株価のときに，価格はほぼゼロである．また，即座にイン・ザ・マネーになるほど高い株価のときは，価値は 株価 − 行使価格 に近い．これらの中間的な株価（行使価格付近）でオプション価格は意味のある価格になる．

■**株式・負債価値とオプション**　オプションは一部の関心のある投資家にしか関係がないというのは間違いである．負債を発行する企業の**株式価値**や**負債価値**は実はオプションとなっている．

---

[*10] Black, F., Scholes, M. 1973. The pricing of options and corporate liabilities. *Journal of Political Economy* 81, 637-654.

図 8-5（コール・オプションの価値）

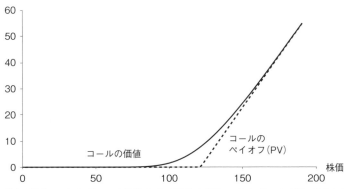

(注) 曲線はコールオプションの価値 $C$ を，屈折した線はコールオプションの買い手のペイオフを表す．

　第6章の図6-6と本章の図8-1を見比べるとすぐ気づくように，図6-6の株主のペイオフはコールの買い手のペイオフと同じ形状をしている．また，負債価値についても，図6-6の債権者のペイオフは図8-1のプットの売り手のペイオフを行使価格分だけ上にスライドしたものと同じであることが分かる．詳細は割愛するが，これらの価格評価にはオプションの考え方が取り入れられている．

†コンセプト・チェック
- 株価の二項モデルとはどのようなものか？
- ブラック・ショールズの公式とはどのようなものか？

#	第 9 章

# 金融市場と金融機関

　本章では金融市場が果たしている役割と金融市場で取引を行う金融機関が直面するリスクなどについて説明する．1 節では金融市場の基本的な機能について，2 節では市場のマイクロ・ストラクチャについて説明する．3 節では市場のアノマリーと呼ばれる現象やバブルについて述べる．4 節では短期金融市場について詳述する．5 節では金融機関が直面するリスクやリスク管理について紹介する．

## 1. 金融市場の役割。

### 1.1　金融市場はどのような役割を果たすのか

■**金融市場の 3 つの機能**　金融市場は金融取引が行われる場所である．さまざまな金融市場において，投資家や企業はそれぞれの目的が最もうまく達成されるようなやり方で資金を調達・運用している．金融市場の基本的な機能は次の 3 つである．
　1) 希少な資金を有効に活用するため，円滑に資金の需給を達成する．
　2) 異なるリスクに直面する投資家間の効率的なリスク・シェアリングやリスク・ヘッジを達成する．
　3) 効率的な価格形成を通じ，公正な価格および価値評価を実現する．

■**資源配分機能：希少な資金と市場均衡**　他の経済資源同様，金融市場で取引される資金も希少である．金融市場ではさまざまなニーズをもつ市場参加者が取引を行い，**市場の需給**が達成されるように金融資産の価格（利子率，収益率）が形成される．

効率的な市場では，裁定取引によってタダで正の利益を獲得することはできない．無裁定条件（第2章2節参照）が成り立つとき，金融資産の価格は効率的であり，希少な資金が**効率的**に配分される[*1]．これが金融市場の第一の機能である．

### 1.2　リスク・シェアリング機能とは何か

■**リスク・シェアリングとリスク・ヘッジ**　リスク回避的な投資家にとって，金融市場はリスクをシェアしたり，リスクをヘッジするために取引を行う場所である．リスクを取引者間で取引することをリスク・シェアリングという．さまざまなリスクを取引する投資家に，**効率的なリスク・シェアリング**を実現することが第二の機能である[*2]．

### 1.3　効率的な価格形成機能とは何か

■**価格の発見**　金融市場では，さまざまな価値評価に基づいた取引によって取引価格が決定される．その決定過程は，真の基礎的価値を発見するための試行錯誤であるともいえる．真の価値を発見する市場の機能を**価格発見機能**という．真の価値の発見は利回り，リスク，NPV など様々な評価を正確にするとともに，企業や消費者の最適な意思決定や経済全体の効率的な資源配分にも影響する．

■**情報効率性**　金融市場では，さまざまな情報をもつ投資家が市場で取引を

---

[*1] 無裁定条件は金融市場における均衡概念の一つである．無裁定条件が成り立たなければ，タダで正の利益をえることができる．無裁定であることは no free lunch を意味する．

[*2] Arrow, K. 1964. The role of securities in the optimal allocation of risk-bearing. *Review of Economic Studies* 31, 91-96. Debreu, G. 1959. *Theory of Value*. Yale University Press.

# 1. 金融市場の役割

行い，価格が決定される．あらゆる情報をもとに価格が形成されているとき，価格は情報上効率的であるという．しかし，現実には投資家が持っている情報にはさまざまなレベルがあるため，市場の**情報効率性**にもさまざまなレベルがある．

価格がすべての情報を反映しているとき，**強い意味で情報効率的**，すべての公的情報を反映しているとき，**セミストロングの情報効率的**，過去の価格のみを反映しているとき，**弱い意味で情報効率的**という．

公的情報とは公開されている有価証券報告書や決算短信，ニュース報道，アナリストや証券会社のレポートなどを指す．「すべての情報」の中にはインサイダー情報も含まれる．

情報効率的な価格形成を行い，公正な価格および価値評価を実現することが金融市場の第三の機能である．現実の市場が情報効率的であるという仮説を**効率的市場仮説**という[*3]．

> †コンセプト・チェック
> - 金融市場の3つの機能とは何か？
> - 情報効率性とは何か？

―― コラム・・・株価は予測できるのか？ ――

株価がランダムに動くという仮説を株価の**ランダム・ウォーク仮説**と言います．この仮説にはいくつかのバリエーションがありますが，その一つは，価格の変化分に統計学上の系列相関がないことを意味します．

1934年に，H. Working は株価がランダム・ウォークに見えると論じています．株価がランダム・ウォーク（千鳥足）のように動くということは，酔っ払いがどこに歩いていくかわからないように，価格が予測不可能であることを意味します．予測不可能であれば，投資家はシステマティックに儲けることはできません．

ノーベル賞受賞者の P. Samuelson が発表した 1965 年の論文以降，ランダム・ウォーク仮説は効率市場仮説に取って代わられました．簡単に言えば，株価がランダ

---

[*3] Fama, E. 1970, Efficient capital markets: A review of theory and empirical work. *Journal of Finance* 25, 383-417. 情報効率性に関する実証研究は膨大であり，配当や決算に関する情報，増資や M&A などのアナウンスメントが株価収益率に短時間で影響を与えることが示されている．

ムであるということよりも，株価が全ての情報を反映していれば，株式投資で儲けることはできないという仮説に変わったのです．この仮説は当初，株価にマルチンゲール性が成り立つことだと考えられました．**マルチンゲール性**とは期待キャピタル・ゲインがゼロであることを指します．これはゲームの賭けでいえば，損得ゼロが期待できるという意味で，ゲームが公正であることを意味します．

しかし，その後マルチンゲール性と効率市場仮説は関連付けられなくなりました．その理由は，株価が合理的な投資家によって取引されるとき，株価（および収益率）がマルチンゲール性に従うという根拠がなくなったからです．

ただし，マルチンゲールやランダム・ウォークという概念が現代の金融経済学の理論から消えたわけではありません．むしろ，マルチンゲールの考え方は現代の資産価格理論の根幹をなすようになりましたし，より強い仮定をおくオプション価格理論ではランダム・ウォーク（ブラウン運動）が仮定されるものもあります．

余談ですが，フランスの数学者の L. Bachelier の博士論文は国債価格のランダム・ウォークに関する研究でした．また，1905 年に発表した A. Einstein の 3 つの論文のうちの一つはランダム・ウォーク（ブラウン運動）に関するものでした．

## 2. 市場のマイクロ・ストラクチャと流動性の創出°

### 2.1 証券取引所にはどのような取引ルールがあるのか

■**取引ルールの分類**　各国の証券取引所では，さまざまなルールに基づいて売買注文の執行が行われている．注文執行ルールによって市場は，(1) **注文型 (order-driven) 市場**，(2) **気配型 (quote-driven) 市場**，(3) **ブローカー市場**，(4) **ハイブリッド市場**に分類される．東京証券取引所は注文型の一種に分類され，特に**指値注文市場**の特徴を強くもっている[*4]．

■**東証の注文執行方式**　東京証券取引所では，**板寄せ**と**ザラバ**の二つの執行方式が用いられる．立合開始時や終了時等に，すべての注文をまとめて単一の価格で執行するのが板寄せである．それ以外の時間に，注文順に順次執行していくのがザラバである．ザラバにおける注文は価格優先，時間優先の原則に従い，売買が成立するものから順に執行される．

---

[*4] インターネット付録 9.1 を参照．

## 2.2 どのように指値・成行注文を使い分けるか

■**指値注文と成行注文** 投資家は**指値注文**か，**成行(なりゆき)注文**のいずれかを指定する．前者では，売値（アスク価格）・買値（ビッド価格），および注文数を指定する．後者では売買の注文数のみを指定する．成行注文は指値注文よりも優先的に執行される．未執行の注文の指値と注文数のリストは**板**と呼ばれる．

■**ビッド・アスク・スプレッド** 成行注文は反対側の指値があれば即座に執行されるという利点がある．板における売値（売呼値）の最小値から買値（買呼値）の最大値を差し引いたものを**ビッド・アスク・スプレッド**という．これは成行注文を出すことのコストである．スプレッド分，安く売ってもよい・高く買ってもよいという投資家がコストをかけて成行注文を出す．

## 2.3 どのような市場が流動性の高い市場なのか

■**市場の流動性** 投資家にとって，取引したいときに即座に取引できる（即時性）方が望ましい．即時性のある市場を流動性が高い市場といい，**市場の流動性**を高めることを流動性の供給という．

■**市場のタイトネス** ビッド・アスク・スプレッドが大きい市場は，成行注文を出しづらいため，流動性が低いといえる．スプレッドが小さい市場をタイト，大きい市場をワイドといい，スプレッドは市場の**タイトネス**を測る流動性尺度の一つである．

■**市場のデプス** 大口の買注文・売注文は市場価格にインパクトを与える．大口注文でも市場価格にインパクトを与えない市場ほど，市場は深いといい，その流動性尺度を**デプス**(depth)という．

## 2.4 マイクロ・ストラクチャの影響とは

■**マイクロ・ストラクチャと取引者の分類** 注文の執行や売買に関するプロセスの細部を市場の**マイクロ・ストラクチャ**という．金融経済学には市場の

マイクロ・ストラクチャや取引者の行動が市場価格や流動性などにどのような影響をもつかを分析する分野がある．

■**取引者のタイプ**　取引者には (1) **情報トレーダー**（証券の基礎的価値について十分な情報を持っている），(2) **ノイズトレーダー**（情報トレーダーほどの情報を持たず，流動性需要などランダムな取引動機に基づいて取引する），(3) **裁定取引者**（価格のミスプライシングを発見し，裁定取引を行う）などのタイプがある．

こうした取引者のタイプによって，市場の価格形成やその変動が変わる．たとえば，裁定取引者が頻繁に裁定取引を行うと，価格は効率的になる[*5]．

---
†コンセプト・チェック
- 指値注文・成行注文とはどのようなものか？
- ビッド・アスク・スプレッドとは何か？
- 市場の流動性とは何か？　どのような尺度があるか？
- 市場の取引者にはどのようなタイプがあるか？
---

## 3. 市場のアノマリー°

### 3.1　市場にはどのようなアノマリーがあるか

■**アノマリー**　これまでの金融経済学の研究によって，市場では**例外的な現象**が時折観察されることが知られている．これを**市場のアノマリー**という．幾つかのアノマリーは，合理的な投資家を想定する理論的な分析からは説明できない一種のパズルであると考えられている．

■**リスク・プレミアム・パズル**　最もよく知られたアノマリーとして，株式のリスク・プレミアム（株式収益率 − 無リスク利子率）が理論的に想定され

---
[*5] 裁定取引がリスクを伴うために，裁定取引に制限が生じることもある．これを**限定アービトラージ**といい，その原因となるリスクにはファンダメンタル・リスクとノイズ・トレーダー・リスクがある．インターネット付録 9.1 を参照.

る水準を大きく上回っているという**リスク・プレミアム・パズル**がある[*6].

■**CAPM とアノマリー** 小型株の株式収益率が大型株の株式収益率よりも相対的に高くなる傾向をサイズ効果（または**小型株効果**），簿価時価比率の高い株式（バリュー株）の収益率が低い株式（グロース株）よりも相対的に高くなることを**バリュー株効果**という．過去の収益率の高い株式の収益率が将来も相対的に高くなる傾向を**モメンタム効果**という[*7]．これらはいずれも CAPM では説明できない現象であるから，**CAPM のアノマリー**という．

## 3.2　株価のバブルとは何か

■**日経平均株価のバブル** 株式市場はときとして熱狂的な状況を経験する．図 9-1 は 1950 年以降の日経平均株価指数の推移を示している．1987 年から 1990 年にかけた株価の上昇は極めて激しいものであったことが見て取れる．月間高値（終値）ベースで，1986 年初頭に 13,000 円台であったものが，最高で 38,916 円（1989 年 12 月）と約 4 年で 3 倍の上昇率であった．この時期はバブル期と呼ばれている．

それ以前には，第一次世界大戦後の 1913 年から 1919 年の時期に株価の極めて大幅な上昇を記録している[*8]．

■**日経平均の暴落** 一方，日経平均の暴落例としては，1987 年 10 月，2008 年 10 月，2011 年 3 月に日次で 10～15％の暴落，2008 年 10 月，1990 年 8 月，1953 年 3 月に月次で 22～36％の暴落があった．1987 年 10 月はニューヨーク証券取引所で起こった大暴落（ブラック・マンデー），2008 年 10 月は世界金融危機 (global financial crisis) への対応の遅れなどから同取引所で生じた大暴落を受けた暴落であった．

---

[*6] Mehra and Prescott (1985) の推計では，米国の S&P 指数リスク・プレミアムは 6.18％ であった．Mehra, R., Prescott, E. 1985. The equity premium: A puzzle. *Journal of Monetary Economics* 15, 145-161.

[*7] 逆に，過去の収益率の高い株式の収益率が将来低くなる傾向をリバーサル効果という．

[*8] 香西泰・白川方明・翁邦雄，バブルと金融政策，日本経済新聞社，2001 年．

図 9-1（日経平均株価）

(注) 単位 (円). 1950 年 1 月〜2022 年 3 月. 月間高値（終値ベース）

■海外のバブル　海外で起きたバブルの中では，1630年代のオランダ・チューリップ熱，1719〜1720年の南海バブル（イギリス），2000年頃のドット・コム・バブルなどが知られている．なお，バブルは株式に限らず，他の金融資産や不動産のほか，普通の財（チューリップの球根）にも生じる．

■バブルの定義　端的には，資産価格のバブルを市場価格が基礎的価値からの大幅なかい離がある状態と定義する．しかし，バブルにはもっと多くの特徴がある：(1) 連続的かつ急激な価格上昇，(2) 値上がり期待がさらなる投機を呼び込む，(3) 本来の使用よりも取引からの利益のための購入，(4) 長続きせず，価格の急落によって終わる，などである[*9]．

> †コンセプト・チェック
> - 市場にはどのようなアノマリーがあるか？
> - CAPMのアノマリーにはどのようなものがあるか？
> - 株価のバブルとは何か？

---

[*9] Kindleberger, C. 1987. Bubbles. in The New Palgrave: A Dictionary of Economics, edited by John Eatwell, Murray Milgate, and Peter Newman. New York: Stockton Press.

---コラム・・・行動ファイナンス---

1990年代以降，行動ファイナンスの分野が発展しました．一言で言えば，行動ファイナンスとは投資家が完全に合理的ではないと想定したファイナンス分析のことです．行動ファイナンスは**限定アービトラージの議論**と**心理的ファイナンス**の分野に分かれます．

たとえば，代表性ヒューリスティックとは投資家が過去のパターンに一番近いものをもとに予測し，判断しようとすることを言います．プロスペクト理論では，投資家は損失を利益よりも重視します．自信過剰な投資家は良い結果を自分の能力に帰し，悪い結果を運のせいにします．

こうした投資家が存在すると，市場が情報効率的ではなくなったり，アノマリーやバブル現象が生じたりします．

## 4. 短期金融市場○○

本節では，金融市場の中でも特に金融機関や機関投資家等を中心に取引が行われている日本の短期金融市場について説明する．

### 4.1 短期金融市場とは何か

■**短期金融市場の規模**　短期金融市場は金融機関のみが参加する**インターバンク市場**（コール市場）と，他の主体も参加できる**オープン・マネー市場**に分類されている．オープン・マネー市場には，コマーシャルペーパー (CP) 市場，国庫短期証券市場，譲渡性預金 (CD) 市場，債券現先・レポ市場がある．これらの市場は短期間の資金過不足を参加者間で調整する市場である．

表 9-1 は短期金融市場の規模を示している．国庫短期証券の規模が最も大きく，140兆円を超えている．東京オフショア市場は70兆円を超え，コール市場の規模は13兆円程度になっている[*10]．

■**短期金融市場の詳細**

**コール市場**　コール市場では金融機関が日々の資金過不足を相互に融通している．コールには money at call という意味がある．1日から1年までの期

---
[*10] 有担コール残高は2015年の13.6兆円から2016年に激減した．

表 9-1 短期金融市場の規模

| a | 無担保コール | 11.0 |
|---|---|---|
| b | 有担保コール | 1.6 |
| c | 公社債現先 | 127.9 |
| d | 譲渡性預金 | 36.1 |
| e | CP | 17.9 |
| f | 国庫短期証券 | 145.4 |
| g | 東京オフショア | 73.2 |
| h | 計 | 413.0 |

(注) 単位（兆円）．日本銀行　金融経済統計月報による．ただし，CP は金融資産負債残高表による．2021 年 12 月．

限をもつ資金貸借が行われる．

　有担保コール取引では国債等の担保提供とともに取引が行われ，翌日物と期日物がある．**無担保コール取引では担保授受なしで取引が行われ，オーバーナイト物**から 1 年物までが取引可能である．ほかに，当日中の貸借である日中コール取引や，約定日の翌営業日以降に資金貸借が行われる先日付物（トムネなど）がある．

　短資会社は主としてコール資金の貸付または貸借の媒介を行う金融機関であるが，短資会社を通さない直接取引もある．コール市場では，出し手と取り手が恒常化しており，都銀，外銀，証券会社は取り手となる傾向が強く，信託銀行や地銀，投信などが出し手となる傾向が強い．

　短期金融市場は日本銀行の金融政策と関係性が強く，特にコール市場の代表的金利である**オーバーナイト物無担保コール・レートは日本銀行が誘導目標に設定する政策金利としての役割をもっている**[11]．

**国庫短期証券市場**　国庫短期証券 (**T-bill**) は国が短期的な資金調達のために発行する割引債券につけられている金融商品名である．法的根拠別では，国が一般会計や特別会計の収支のずれによる一時的な資金不足を補うために発行する政府短期証券と，それ以外の 1 年未満の割引債である割引短期国債に

---

[11] ただし，日本銀行は金利ではなく，マネタリーベースや当座預金残高を誘導目標に設定する場合がある．

分けられる[*12].

**コマーシャル・ペーパー市場**　CP は額面 1 億円以上，満期 1 年未満の無担保の資金調達手段である．従前は約束手形との位置づけであったが，2002 年以降，**短期社債**と位置づけられる[*13]．近年は振替制度によってペーパーレス化（社債券を発行せず，代わりに電磁記録によって振替口座簿を作成）されている．

　発行者は一般事業法人や金融機関であり，引受業者が発行者から CP を引き受けて販売する方法と，直接発行する方法がある．一般事業法人が 4 か月未満の満期で発行するケースが多いが，資産流動化のための特定目的会社 (SPC) が発行する **ABCP** (asset backed CP) もある．

**債券レポ市場**　債券レポ市場は現金を担保とした債券の貸借市場である．レポ (repo) は repurchase agreement の略である．借り手は現金を担保として差し出す代わりに，債券を借りる．期限が来たら，借り手は債券を返却し，債券の貸借料を支払う．貸し手は担保金を金利を付して返却する．

　担保金の金利から債券の貸借料を引いたものを**レポ・レート**といい，債券の貸し手が支払うネットの支払額となる．担保金額を 100％以下に調整することを**ヘアカット**，債券の時価と担保金額の差額分を値洗いし，過不足分を請求することを**マージン・コール**という．

**債券現先市場**　債券現先市場は債券の条件付売買市場である．一般に，期限が来たら予め定めた価格で買い戻す（または売り戻す）条件をつけて，売買を行うことを**現先取引**という．債券現先市場は国債，地方債など債券の現先取引を行う市場である．ほかに，CP や T-Bill の現先市場もある．

　将来売り戻す条件で買い入れる取引を買い現先，逆を売り現先という．現

---

[*12] 国庫短期証券についてはインターネット付録 9.1 を参照．
[*13] 社債，株式等の振替に関する法律第 83 条に規定されている．なお，約束手形 CP も制度上存続している．

先の売り手は契約満了時に，当初の売却金額に利息を付した価額で債券を買いとる．この利息を**現先レート**という．買い現先は債券を借り，資金を貸し出したことになる一方，売り現先は債券を貸し，資金を借り入れたことになる．現先取引にもヘアカット，マージン・コールがある．

**譲渡性預金市場**　CD は預金取扱い金融機関の資金調達手段であり，預入期間を定めた預金である．他の預金とは異なり，発行体以外に譲渡が可能である．また，譲渡価格は取引者間で決定され，流通市場で取引の際には元本割れを起こす可能性があり，預金保険対象外である．CD の購入者は事業法人，金融機関，地方公共団体等さまざまである．

**オフショア市場**　一般に，非居住者が取引に自由に参加できる市場をオフショア市場といい，税制や規制などの制約が緩いという特徴がある．日本のオフショア市場は **JOM (Japan Offshore Market)** と呼ばれている[*14]．取引できる金融商品には，預金，貸付，外国公社債等のほか，デリバティブ取引，現先取引，流動化証券などがある．

> †コンセプト・チェック
> - 短期金融市場にはどのような市場があるか？

## 5. 金融機関が直面するリスク

本節では金融市場において取引を行っている金融機関が直面するリスクについて説明し，どのようなリスク管理が行われているかを説明する．

---

[*14] 非居住者には，外国法人，外国に主たる事務所をおく法人，国内銀行等の海外営業所等が含まれる．国内で JOM に参加できるのは，銀行，信用金庫，信用金庫連合会，農林中央金庫，保険会社，金融商品取引業者等である．

## 5.1 金融機関のリスクはどのように分類されるか

■**金融機関の直面するリスクの種類**　日本では金融機関への預金が資産運用の大半を占めているが，金融機関は市場で活発な金融取引を行っているため，金融機関がどのようなリスクに直面しているかを知ることは重要である．金融機関が直面する主要なリスクには，金利リスク，市場リスク，信用リスク，流動性リスク，オペレーショナル・リスク，外国為替リスクがある．

■**金利リスク**　金融機関が保有する資産と発行する負債の満期には違いが生じる．このため，市場の金利の動向によって資産価値が縮小したり，負債価値が上昇することで金融機関の経営が難しくなることがある．これは金融機関が直面する**金利リスク**である．

　金利リスクによって金融機関が逆ザヤとなった事例として最も有名なものは 1980 年代の米国における S&L (savings and loan association) の破たんである．変動性の高い金利で預金を調達し，長期固定の住宅ローンで運用していた S&L の約半数が消滅した．

■**再調達リスクと再投資リスク**　資産の満期が負債より長いとき，金融機関は**再調達リスク**に直面する．すなわち，資産の収益率に見合うコストで資金調達を再度行えるかどうかが不確実になる．一方，負債の満期が資産よりも長いとき，金融機関は**再投資リスク**に直面する．すなわち，負債の調達コストに見合う収益率で再投資できるかどうかが不確実になる．

■**金利情勢と金利リスク**　金融機関が固定金利で資金を調達し，変動金利で資金を運用すると，金利が下がる局面で再投資の収益率が下がってしまう．また，逆に金融機関が変動金利で資金を調達し，固定金利で資金を運用すると，金利が上がる局面で再調達のコストが上がってしまう．前者は再投資リスク，後者は再調達リスクである．

■**資産価値と負債価値の変動リスク**　金融機関の資産と負債の市場価値は利子率で割り引かれている．資産の満期が長いと，資産は負債よりも大きく割り引かれる（複利の効果）から，**金利変動のインパクトは資産側が大きくなる**．利子率の下落は資産価値を大きく減少させ，負債をあまり減少させないので，金融機関の正味資産は大きく減少する．

■**市場リスク**　金融機関が保有する市場性有価証券の価値の変動は金融機関の資産価値を毀損する．これを**市場リスク**（マーケット・リスク）という．オフバランス取引や先物などのデリバティブ関連取引により金融機関が巨額の損失を出した事件が有名である[15]．

　**オフバランス取引**は簿外であるため，資産価値や負債価値に直接の影響を与えないが，損失の実現後に影響が生じる．オフバランス取引のリスクを市場リスクと分けて，**オフバランス取引リスク**と分類する場合もある．

■**信用リスク**　信用リスクは，金融機関の資産のうち約束された元本および利息が返済されないリスクである（第3章2.1節）．これは債務者のデフォルト・倒産による支払い不能や，財務難による返済の延滞による．

　信用リスクが具現すると，金融機関は利益の減少，債権の不良債権化，資産価値の下落に直面する．特に，景気の悪化によるマクロ的な信用リスクの上昇は金融機関の資産価値を大きく減少させる．

　図9-2は日本における**倒産件数**と負債総額の推移を表したものである．直近10年間の平均で年間約12,000件の倒産が発生している．最も少なかったのは1990年前後のバブル期であるが，近年は減少傾向にある．

　一方，倒産企業の抱える負債総額は1994年以降では2000年がピークであり，総額24兆円にのぼった．それ以降は減少傾向が続いていたが，世界金融危機後の2008年には負債総額が12.3兆円となった．近年は5兆円を下回っている．大型倒産の事例としては，2001年のマイカル（負債1兆6千億円），2010年の日本航空・同インターナショナル（グループ合わせて2兆3千億

---

　[15] 前者の例として，大和銀行の国債オフバランス取引による巨額損失，後者の例としてベアリングス銀行における日経225先物取引による巨額損失がある．

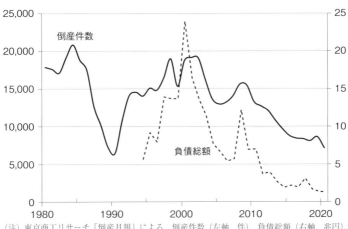

図 9-2（倒産件数の推移）

(注) 東京商工リサーチ「倒産月報」による．倒産件数（左軸，件），負債総額（右軸，兆円）．負債総額は 1994 年以降のみ．

円）などがある．

■**流動性リスク**　近年の世界金融危機では多くの金融機関，特に Bear Stearns, Lehman Brothers, AIG, BNP Paribas など世界有数の金融機関が深刻な流動性不足に陥った．他に，1980 年代のコンチネンタル・イリノイ・ナショナル銀行，1997 年の北海道拓殖銀行や山一證券，1998 年の LTCM（ロング・ターム・キャピタル・マネジメント）などの例もある．

　預金取扱機関は預金者の預金払戻請求に応じるため，マーケットで資金調達が必要になる．金融機関が資金調達が困難になり流動性が不足するリスクを**資金面の流動性リスク**という．

　一方，金融機関は預金払戻請求に応じるため，資産を売却（清算）する必要に迫られることもある．市場での売却価格が安くなったり，売却が困難になり流動性が不足するリスクを**市場面の流動性リスク**という．

■**オペレーショナル・リスク**　オペレーショナル・リスクは，業務上の人的過失（従業員による不正取引など）やシステム障害によって発生する損失を被るリスクのことである．たとえば，日本の金融機関による株式委託売買の

誤発注事例がある．

■**外国為替リスク**　金融機関は2つの**外国為替リスク**に直面している．一つは顧客の外貨取引に付随した外国為替業務によるもの，もう一つは銀行自身の国際資本取引によるものである．外国為替業務では，顧客との間の外国為替の売買のための外国為替資産・負債の残高が為替リスクのエクスポージャーとなる．国際資本取引では，貸出，債券，株式，預金など，外貨建ての資産や負債が為替リスクのエクスポージャーとなる．

■**カントリー・リスク**　外国為替リスクと関連したものに外国の政治・経済，社会問題などを原因とする**カントリー・リスク**がある．たとえば，外国企業の資産没収や資本流出（本国への送金）の禁止などが行われるため，融資が返済されないなど信用リスクとの関連もある．また，通貨危機も一つのカントリー・リスクである（第15章3.2節参照）．

## 5.2　金融機関がリスク管理を行うには

■**4つのステップ**　前小節で説明したリスクに直面する金融機関は**リスク管理**を次の4つのステップの順に行う．

(1) 評価モデルの構築：どのような**リスク・ファクター**を考慮するのかを検討し，それぞれのリスク・ファクターが具現したときのリスクをどのように評価するか，どのような**リスク量**でリスクを測るかを検討する．
(2) リスク量の計測：統計ツールとデータを利用して，(1) の評価モデルに基づいて，実際のリスク量を計測する．
(3) 対応策の策定：(2) でえた統計量をもとに，リスクを許容するのか，抑制するのかを判断し，必要な対応策を策定する．
(4) 開示とリスク管理の評価：リスク管理状況を開示し，結果を評価する．

■**リスク管理の意義**　金融機関にとって一定のリスク管理を行うことは，株式価値の最大化につながる．不十分なリスク管理は株主価値を損なう．逆に，過剰なリスク管理はリターンを犠牲にしてしまい，株主価値の損失をもたらす．

## 5.3 金融機関によるリスクの測定

■**Value at Risk**　金融機関が測定する代表的なリスク量として，**VaR** (value at risk) がある．これは金融機関が保有する有価証券等の価値の変動による損益が特定の確率分布に従っていることを仮定して測定される損失の大きさを表す[*16]．

ここでは，収益が標準正規分布（期待値 0，分散 1）に従っているとする．図 9-3 の上側は密度関数，下側は分布関数を表している．密度関数は損失（マイナス）と利益（プラス）が生じる確率密度を表し，分布関数はある水準以下の損益 $x$ が発生する確率を表す．

分布関数 $F$ を用いると，絶対値で $|x|$ 以上の損失（または $x$ 以下の損益）が発生する確率を $F(x)$ と表すことができる．たとえば，図の例（標準正規分布）では絶対値で 1.65 よりも大きな損失が生じる確率（損益が $-1.65$ 以下になる確率）は 5% である．

---
コラム・・・VaR

VaR は 1990 年前後にウォール・ストリートで用いられるようになった言葉です．at risk は「リスクにさらされている」というような意味ですが，J.P. Morgan 銀行がこのような呼び方の発祥地だとされています．

---

■**VaR の意味**　VaR のリスク管理では，損失が発生する確率ではなく，一定の確率で発生する損失額を把握することを目的とする．たとえば，図では 5% の確率で発生する損失（絶対値）は 1.65 である．いいかえれば，95% の確率で損失は 1.65 より小さい．この損失額のことを VaR という．「$100a\%$ の VaR は $x$ 円である」というとき，$100(1-a)\%$ の確率で損失額は $|x|$ より小さい．

■**VaR の定義**　分布関数の逆関数を分位点関数という．これを $G(a)$ と表す

---
[*16] VaR の他に，すべての金利が 0.1%(=10 bp) したときの資産価値の変化を表す **10 bp ヴァリュー**などのリスク量がある．

図 9-3（収益率の分布と VaR）

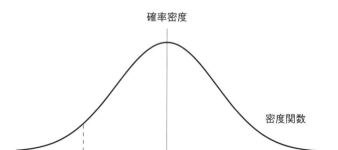

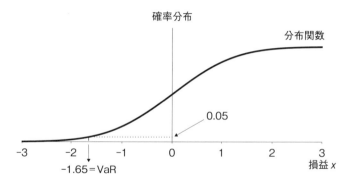

(注) ここでは，$-3$ から $+3$ までの収益率についてのみ表示している．

と，$100a\%$ の VaR の定義は

$$\mathrm{VaR}_a = G(a) \tag{9.1}$$

で与えられる．$a$ を**損失許容度**といい，$1-a$ を信頼水準という．通常，1%，5%，0.1%などが用いられる．損益が標準正規分布に従うと仮定すれば，5%の VaR は $-1.65$，1%の VaR は $-2.33$，0.1%の VaR は $-3.09$ である[17]．

---

[17] なお，収益率が正規分布に従うと仮定して，損失額の VaR を求めるときには，$\mathrm{VaR}_a = $ 金額 $\times (1 - e^{-\sigma G(a)})$ を計算する．ただし，$\sigma$ は収益率の標準偏差であり，金額はポートフォリオの現在価値である．

† コンセプト・チェック
- 金利リスク,市場リスク,信用リスク,流動性リスクとは何か?
- 金融機関はどのようにリスク管理を行えばよいか?
- VaR とは何か?

# 第10章

# 金融仲介機関の機能

　本章では，金融仲介機関が経済活動において果たす役割や機能について説明する．**1節**は金融仲介機関の基本的役割を，**2節**は銀行の貸出金利がどのように決定されるのかなどを説明する．**3節**では，銀行預金の流動性創出機能とは何か，金融危機や銀行取付がなぜ生じるのかについて述べる．**4節**では銀行と企業のプリンシパル・エージェント問題を扱う金融契約アプローチを紹介する．

## 1.　金融仲介機関の役割。

### 1.1　どのような機能を果たしているのか

■**金融取引の仲介**　金融機関は金融取引を仲介し，円滑な金融取引を実現する．経済学では取引自体に付随するコストを**取引費用**というが，金融取引には手数料等の取引費用がかかる．

　もし金融機関が仲介業務をしていなかったら，あなたはもっと多くの取引費用を払わなければならない．投資先や資金調達先を選ぶには，情報を収集するコストや交通費・通信費などがかかる．金融機関の提供するサービスはこうした取引費用を削減する役割がある．

　**金融仲介機関**は単純な仲介（取引の取次ぎ）だけではなく，より高度な仲

介機能を果たしている．金融仲介機関が果たしている基本的な機能には，(1) リスクの削減，(2) 情報の生産，(3) 満期の変換，(4) 決済サービスの提供の4つがある．

## 1.2　リスク削減機能とは何か

■**リスク削減機能**　第3章3.2節で説明したように，ポートフォリオにはリスク分散効果がある．十分な資金を有しない投資家は十分なリスク分散が不可能である．投資信託は，多くの投資家からの資金をプールし，ポートフォリオを構築し，収益を分配する仕組みである．投資信託によって，投資家は小額資金でもリスク分散効果をえることができる．

また，銀行は預金を集め，その資金を使って貸出ポートフォリオを構築し，収益を預金者に分配する仕組みである．この仕組みも，小額の資金をもつ投資家にリスク分散効果をもたらす．

このようにリスク分散効果をもたらすことを金融仲介機関の**リスク削減機能**という．

## 1.3　情報の生産機能とは何か

■**情報生産機能**　あなたが誰かにお金を貸すとしたら，どんなことを知りたいと思うだろうか．たとえば，(1) 企業がどのような収益率やリスクをもっているか，(2) 放漫経営などのモラル・ハザードが生じていないか，(3) 収益や財産を経営者が持ち逃げしようとしていないか，など数多くのことに注意しなければいけない．

金融機関は融資の申し込みを受けると，企業の財務状況などを調べ，審査を行う．審査をパスすると，融資が実行される．また，金融機関は融資後にも融資の事後管理を行う．このように借り手企業の情報を生産することを**情報生産機能**という．

■**融資審査**　金融機関は**融資審査**において信用調査を行い，信用調書を作成する．信用調書には，企業概要，業界動向，事業内容，財務状況などが記載される．

金融機関は損益計算書，貸借対照表，キャッシュフロー計算書などに基づいて財務分析を行う．通常，3年以上まで遡ってリスク（安全性）などの観点から検証される[*1]．たとえば，資金使途の妥当性，返済能力・財源，担保力，信用力，リスク分散の状況などが評価される．分析対象となる財務指標には，売上高，売上高総利益率，ROA，ROE，総資本回転率，自己資本比率，流動比率，当座比率，固定比率などがある[*2]．この他，他の銀行との取引状況を調べたり，企業の生産性分析や経営者の評価なども行う．

これらの情報は金融機関が融資前に生産する情報であり，こうした情報の生産活動を融資における**スクリーニング**という．

■**融資の事後管理**　金融機関は融資実行後も貸出債権保全のために，事後管理を行う．たとえば，融資申込時の資金使途に予定通り資金が用いられたか，融資金が予定通り支払われているかなどが融資後に必要になるチェック項目である．また，資金フローや財務状況，担保物件，保証人，取引先などに変化がないかをチェックする．これらは金融機関が融資後に生産する情報であり，このような情報の生産活動を融資の**モニタリング**という．

### 1.4　モニタリングの委託とは何か

■**モニタリング・コスト**　モニタリングにかかるコストを**モニタリング・コスト**という．銀行がモニタリングを行う場合，企業の銀行借入に伴う資金調達コストは

$$企業の資金調達コスト = 銀行の資金調達コスト + モニタリング・コスト \tag{10.1}$$

と表される[*3]．

---

[*1] 金融機関は安全性，収益性，成長性，流動性，公共性の5つの原則に基づいて融資の審査を行っていると言われる．
[*2] 流動比率は流動資産/流動負債，当座比率は当座資産/流動負債，固定比率は固定資産/自己資本である．
[*3] ただし，他の経費等を無視している．

■モニタリング・コストと規模の経済　モニタリング・コストが固定費用の場合，モニタリングには規模の経済が働く．すなわち，融資資金を提供する人の数が多くなればなるほど，一人当たりが負担する平均コストは低下する．たとえば，1 億円の融資のモニタリング・コストが 100 万円なら，一人当たりのモニタリング・コストは 100/人数（万円）になる．

■モニタリングの委託　これは，100 人の投資家各自が 100 万円のコストをかけて個別にモニタリングするよりも，金融機関が代表してモニタリングすれば 99 人分のモニタリング・コストを節約できることを意味する．つまり，モニタリングを重複して行うのは非効率であるから，金融機関にモニタリングを委託すれば，モニタリング・コストを節約できる．これを**モニタリングの委託**という．

　銀行の預金・貸出というシステムには，情報生産機能に付随して，モニタリングの委託によるモニタリング・コストの削減という機能がある[*4]．

### 1.5　満期の変換機能とは何か

■満期のミスマッチ　金融機関を経由しないで直接企業が個人等から資金を借り入れるときの問題に**満期のミスマッチ**がある．たとえば，あなたは中小企業の社長で，5 年の満期で資金を借り入れたいと思っている．貸してくれる人を探したところ，一人の知人は 3 年以内なら貸してもよいというが，5 年の期限では貸してくれない．あなたは 5 年の期限で貸してくれる人を探さなくてはならない．

■満期変換機能　このような満期のミスマッチを解消することが金融機関の第三の機能である．一般に，企業は安定した資金調達ができることを重視するが，投資家は金利情勢や他の経済情勢によって，長期間資金を束縛されることを嫌がる．金融機関は相対的に短い満期で預金者から資金を調達し，相対的に長い満期で企業に資金を貸し付ける傾向がある．これが**満期変換機能**であり，投資家の好む満期と企業の好む満期のミスマッチを解消する．

---

[*4] 金融経済学（清水克俊）第 9.2 節参照．

## 1. 金融仲介機関の役割

■**満期の違いと利子率の変動** 金融機関の預金・貸出業務からの純利益は

$$純利益 = 資金運用収益 - 資金調達費用 \tag{10.2}$$

と表される．第4章5節で述べたように，利子率には期間構造があり，残存期間によって利子率は異なる．満期の変換により銀行の貸出が相対的に長期に偏り，預金が相対的に短期に偏っているとすると，資金運用収益は相対的に長めの金利ベース，資金調達費用は相対的に短めの金利ベースになる[*5]．

表10-1では，銀行が1,000億円の預金を同額の貸出に投資していると想定している．議論を単純化するため，満期が相対的に長めの金利を長期金利，相対的に短めの金利を短期金利と呼び，貸出金利は長期金利ベース，預金金利は短期金利ベースであると想定する．貸出金利は今期5%であり，預金金利は今期3%である．資金運用収益は50億円，資金調達費用は30億円となり，純収益は20億円となる．今期の純収益率（貸出預金利鞘）は2%となる．

利子率は来期に変動し，確率50%ずつで来期1または来期2のいずれかの状態になるとしよう．来期1は長期金利が低下するケース，来期2は短期金利が低下するケースである．来期1には純収益率は-1%となり，来期2には4%となる．来期1は金利が逆ザヤとなり，資金運用純収益が赤字になっている．

表 10-1 満期変換と金利リスク

| | | 今期 | 来期1 | 来期2 |
|---|---|---|---|---|
| a | 貸出 | 1,000 | 1,000 | 1,000 |
| b | 預金 | 1,000 | 1,000 | 1,000 |
| c | 長期金利（貸出金利） | 5% | 2% | 5% |
| d | 短期金利（預金金利） | 3% | 3% | 1% |
| e | 資金運用収益 | 50 | 20 | 50 |
| f | 資金調達費用 | 30 | 30 | 10 |
| g | 純収益 | 20 | -10 | 40 |
| h | 純収益率 | 2% | -1% | 4% |
| i | 期待収益率 | 1.5% | | |
| j | 収益率の標準偏差 | 2.5% | | |

(注) 単位（億円）．

---

[*5] ただし，銀行は通常短期金利ベースの短期プライムレートをベースレートとしている．

■**金利リスクと満期変換のコスト** このように，長期金利と短期金利がそれぞれ上昇するのか，下落するのかによって銀行の純利益は影響を被る．表のi行には来期の期待収益率が $0.5 \times (-1) + 0.5 \times 4 = 1.5\%$ となること，j行にはその標準偏差が $2.5\%$ となることが示されている．この標準偏差は銀行利益の**金利リスク**を表している．

このリスクは貸出金利と預金金利が同じ方向に動かないために生じる．来期1の純収益が負になっているのは，貸出金利だけが低下したためである．預金金利も貸出金利と同様に低下すれば，純収益の悪化は抑制される．

金融機関が直面する金利リスクは**満期変換のコスト**である．すなわち，金融機関が満期変換機能を果たすために，金融機関の資産と負債の満期のミスマッチが生じ，それに付随して金融機関は金利変動によるリスクを負う．

### 1.6 決済サービスの提供機能とは何か

■**決済サービス** 預金取扱機関は**決済サービス**を提供している．従来は手形や小切手の流通（割引き）を通じた決済が中心であったが，最近では振込み（内国為替決済制度という）による決済が中心である．第12章1.2節で詳しく説明するように，これは預金間の残高の**振替**という方法に基づく．

■**現金の準備** 決済に用いることができるという点は他にはない預金の特徴である．この特徴は，預金者が要求すればいつでも現金を引き出すことができるという**要求払い性**に由来する．この要求払い性を実現するため，銀行は常に現金等を準備している．

預金者による現金の引出は一見ランダムに見えるが，全体の現金引出額は預金量のごく一部で済むことが経験的に分かっている．大数の法則により，十分に多くの預金者がいる場合には，個別預金者の現金引出額には大小があっても，平均的な現金引出額の変動はほとんどない[6]．このため，預金取扱金融機関は一定の現金（および中央銀行預け金）を準備しておけば，**要求払い預金**を提供できる．

---

[6] ただし，預金の基礎的価値が安定している場合．

■**決済サービスのコスト**　現金には利子がつかないため，現金を準備として保有することは銀行に機会費用をもたらす．すなわち，準備に回さずに他の金融資産で運用すればえられる収益率を銀行は犠牲にしている．この放棄した収益率は，決済サービス提供のための人的費用やシステム運用のコストに加えて，**決済サービス提供のコスト**である．

> †コンセプト・チェック
> - 金融仲介機関の機能とは何か？
> - リスク削減機能，情報の生産機能，満期変換機能，決済サービス提供機能とは何か？

## 2. 銀行貸出の諸問題◇◇

### 2.1 貸出金利はどのように決定されるのか

■**貸出金利の決定要因**　預金・貸出業務のみを行う銀行を考えると，その利潤は

$$\text{利潤} = \text{貸出金利} - \text{預金金利} - \text{経費率} - \text{貸倒損失} \tag{10.3}$$

となる．貸出金利息が資金運用収益であり，預金金利は資金調達コストである．経費率は人件費・物件費等を預金（貸出金）残高で割った比率である．貸倒損失は債務者が**デフォルト**（倒産）したときに，貸出金に生じる損失である．貸倒損失は信用リスク（デフォルト・リスク）が高いほど高くなる．

　銀行貸出・預金市場が完全競争的であれば，銀行の利潤はゼロとなる．貸倒損失に備えるため，銀行が借り手の信用リスクに応じて信用リスク・スプレッドを貸出金利に上乗せするものとすると，**貸出金利**は

$$\text{貸出金利} = \text{預金金利} + \text{経費率} + \text{信用リスク・スプレッド} \tag{10.4}$$

となる[*7]．

---

[*7] ただし，金利リスクなど他のリスクを無視している．

したがって，完全競争市場においては，預金金利，経費率，**信用リスク・スプレッド**が貸出金利の決定要因となる．これら3つのうち，預金金利と経費率はどの借り手に対してもほぼ共通してかかる部分であるが，信用リスク・スプレッドは借り手の信用リスクによって異なる．したがって，個別の借り手について信用リスク・スプレッドを吟味し，貸出金利を決定することが銀行にとって重要である．

■**融資審査** 融資審査では，この信用リスク・スプレッドの評価が最も重要になる．融資審査は，個別借り手のデフォルト確率を知り，デフォルト確率が十分に低い借り手だけを選別（スクリーニング）するために行う．

■**デフォルト確率の決定要因** 借り手のデフォルト確率は，たとえばレバレッジが高いほど，流動資産比率が低いほど高くなる．企業の売上高のボラティリティ，担保，マクロ経済の景気循環などもデフォルト確率に影響を与える．

■**クレジット・スコア・モデル** 借り手の特徴をもとにデフォルト確率を計算するモデルを**クレジット・スコア・モデル**という．たとえば，アルトマン (E. Altman) の **Z-スコア**では，運転資本・資産比率，内部留保・資産比率，EBIT・資産比率，株式市場価値・長期負債比率，売上高・資産比率の5つの財務比率を用いて，スコアを計算する．信用リスクの高い借り手の Z-スコアは低く，信用リスクの低い借り手の Z-スコアは高い．

---

コラム・・・サブプライム問題と融資基準

2000年代後半の世界金融危機の発端となった米国の**サブプライム** (subprime) 問題では，多くのサブプライム・ローンが不良債権となりました．米国では，通常の融資をプライム・ローン，通常の融資基準を満たさない，よりリスクの高い借り手へのローンをサブプライム・ローンと言います．

サブプライム・ローンには，(1) 信用履歴に問題がある借り手への融資，(2) 借り手の情報資料がほとんどない "Alt A" ローン，(3) LTV（融資額・担保価値）比率が高いローンが含まれます．

2006年のサブプライム・ローンは2000年の3倍にあたる6兆ドルありました．つまり，米国の銀行は2000年代前半にサブプライム・ローンを急拡大していました．

こうした動きには少なくとも3つの背景がありました．

(1) 米国の不動産価格の長期的な上昇トレンドがありました．不動産価格の上昇は担保価値を高めますから，銀行は融資がしやすい環境にあったと言えます．

(2) クレジット・スコアリング・モデルなどの融資技術のイノベーションがありました．銀行は，融資担当者の判断によるのではなく，機械的に融資の可否を判断したと言われています．

(3) 資産担保証券市場の発達により，銀行はローンのリスクを他に転売できたため，次々とサブプライム・ローンをオリジネートできるようになりました．大銀行のWells Fargo や Citicorp はサブプライム専門の支店を開設していました．

米国の住宅ローンの融資額の平均は16万ドル，借り手の平均所得は8万ドル，融資・所得比率の平均は4でした．全住宅ローンのうち，25%がサブプライムでした．融資申し込みの却下率は平均で20%でしたが，サブプライムの却下率はプライムの2.5倍ありました．

しかし，ローンを急拡大した銀行ほど，却下率は低く，また融資・所得比率は高かったようです．つまり，ローンを急拡大する戦略をとった銀行は融資審査基準を甘くして，相対的に低い所得の融資申込者への融資を拡大していたようです．これがサブプライム危機につながりました．

## 2.2 取引銀行からの借入は有利なのか

■**銀行の情報優位**　企業は通常，融資を受ける銀行に預金口座を開設するから，取引銀行は預金口座を通じたお金の出入りを容易にチェックできる．また，長期的な取引関係の中で，取引銀行は企業経営者の人物や企業の特性をよく知る機会も増える．そのような意味で，取引銀行，特に**主取引行**（**メインバンク**），は借り手企業の情報を他の投資家よりもよく知りうる立場にある．

■**貸出競争と情報優位**　取引銀行が他の投資家（銀行を含む）より**情報優位**にあるとき，取引銀行は**貸出競争**において有利である．貸出競争においては，低い貸出金利を提示できる銀行が勝つ．信用リスクが低いなど，低い貸出金利を提示できる情報を取引銀行が知っていれば，取引銀行は低い貸出金利を提示して，貸出競争に勝つことができる．

表10-2 では，銀行 A と銀行 B が提示できる貸出金利を考えている．両銀行とも預金金利は2%，経費率は0.5%である．A 銀行は借り手の取引銀行であり，デフォルト確率が十分低く，信用リスク・スプレッドは0.5%でよい

表 10-2 貸出競争と信用リスク・スプレッド

|   |   | A 銀行 | B 銀行 |
|---|---|---|---|
| a | 預金金利 | 2% | 2% |
| b | 経費率 | 0.50% | 0.50% |
| c | 信用リスク・スプレッド | 0.50% | 0.70% |
| d | 貸出金利 | 3.0% | 3.2% |

ことを知っている．B 銀行は借り手の取引銀行ではなく，信用リスク・スプレッドは 0.7%必要だと考えている．

(10.4)式を用いると，もし貸出市場が完全競争的なら，A 銀行は 3.0%の貸出金利を提示でき，B 銀行は 3.2%の貸出金利を提示できる．A 銀行の金利のほうが低いので，借り手は A 銀行を借入先として選択する．

### 2.3 情報独占とロック・インとは何か

■**取引銀行の情報独占** しかし，A 銀行が B 銀行の知らない情報を知っている状況では市場は完全競争的ではない．B 銀行は 3.2%以下の金利を提示できないため，A 銀行は 3%の金利を提示しなくても，たとえば，3.19%の金利を提示して競争に勝つことができる．それでも借り手は A 銀行を選ぶからである．

A 銀行は 0.19%の超過利潤をえることができる．これを**情報レント**という．情報レントは取引銀行が情報を独占していることによって生じる超過利潤である．他の銀行が知らない情報を A 銀行のみが知っていることを A 銀行による**情報独占**という．

■**ロック・イン効果** メインバンクなどの取引銀行はこのように情報優位に立つことができる立場にある．情報独占は他の投資家から企業が借入を行うことを妨げるから，取引銀行と企業の間に長期的な関係をもたらすかもしれない．これを**ロック・イン効果**という．

ロック・イン効果の弊害は，取引銀行が情報を独占しているため，企業が他の投資家から借り入れることができず，取引銀行から高い金利で借り入れざるをえないことである．

## 2.4 リレーションシップ型貸出とは何か

**■アームズ・レングス型貸出とリレーションシップ型貸出**　ロック・イン効果が生じ，取引銀行が継続して企業に貸出を行う場合，その貸出は**リレーションシップ型貸出** (relationship lending) と呼ばれる．これに対し，非取引銀行や他の投資家などによる融資は**アームズ・レングス** (arm's length) **型貸出**と呼ばれる．

アームズ・レングスとは一定の距離を置くという意味であり，アームズ・レングス型貸出のメリットはロック・イン効果の弊害を避けることである．

**■取引銀行のスイッチ**　取引銀行が提示する高い金利は企業に取引銀行を替えるインセンティブを与えるかもしれない．企業が資金調達コストを低下させるために，取引銀行を変更することを**取引銀行のスイッチ**という．

## 2.5 ソフト・バジェット問題とは何か

**■財務難の企業への追加融資**　第7章3.3節で説明したように，**財務難**に陥った企業の事業継続・清算は，継続時の企業価値が清算価値を上回れば事業継続が望ましく，下回れば清算が望ましい．

リレーションシップ型貸出においては財務難の企業の事業を継続するか，清算するかの判断が継続の方に偏向する可能性がある．資金がショートした企業には事業継続のために**追加融資**が必要になるが，取引銀行以外の投資家は追加融資には消極的である．なぜなら，追加融資の一部は取引銀行への債務の返済に充てられるかもしれないからである．この意味で，リレーションシップ型貸出を行う取引銀行は他の投資家が行わない追加融資を実行するインセンティブが強い．

**■ソフト・バジェット問題**　このような追加融資を融資申込の時点で期待する企業もある．追加融資をえやすいことを，財布の紐が緩いという意味で**ソフト・バジェット** (soft budget) という．ソフト・バジェットはリスクが高く，追加融資が必要になるような企業を銀行に集めてしまう．リスクの高い

借り手が財務難に陥っても銀行から追加融資がえられるだろうということを期待して融資を受けることはリレーションシップ型貸出のデメリットであり，**ソフト・バジェット**問題という．

## 2.6 モニタリングにはどのような意義があるのか

■**モニタリング・スクリーニングの意義**　理論的には，銀行のモニタリング・スクリーニングの意義として以下のようなものが考えられる．(1) 逆選択問題・モラルハザード問題を緩和する，(2) 非効率な事業選択を妨げる，(3) 企業のデフォルト確率を低下させる，(4) 効率的な継続・清算の意思決定を可能にする[8]．

■**逆選択問題の緩和**　貸出市場における情報の非対称性の典型は，デフォルト確率が企業の**私的情報**であり，銀行がそれを知らない状況である[9]．この場合，銀行はどの借り手にも同じ金利（平均的な信用リスクに対応する金利）を設定せざるをえない[10]．すると，この金利はリスクの低い企業にとっては割高となり，リスクの高い企業にとっては割安となる．割高な金利を提示された企業は貸出市場から退出してしまう．これを**逆選択** (adverse selection, 逆淘汰) **問題**という[11]．この場合，銀行にとって金利の引き上げよりも信用割り当てを行った方がよい場合がある．

---

†コンセプト・チェック
- 貸出金利はどのように決定されるか？
- 情報独占，ロック・イン効果，リレーションシップ型貸出とは何か？
- ソフト・バジェット問題とは何か？
- 銀行のモニタリングやスクリーニングにはどのような意義があるか？

---

[8] 金融経済学（清水克俊）第 9.3 節参照．
[9] 情報の非対称性があるときに，一方の経済主体のみが知っている情報を，その主体の私的情報という．
[10] ただし，シグナリング等によって私的情報を伝達することができない場合．
[11] 他の例として，保険にも逆選択の問題がある．保険金が支払われる可能性の高い人が多いほど保険料は高くなり，保険料が割高に感じる人は保険に加入するのを断念する．

## 3. 流動性の創出と金融危機○○

### 3.1 流動性の創出とは何か

■**流動性** 現金に換金しやすい性質のことを**流動性**という．さまざまな金融資産は収益性やリスクが異なるだけではなく，流動性も異なる．換金しやすいことを流動性が高いといい，換金しにくいことを流動性が低いという．前述の要求払い預金はいつでも引き出すことができるという意味で，最も換金しやすい，流動性の高い金融資産である．

■**流動性リスク** 投資家（消費者）は急に病気になったり，失業したりして，流動性（現金）が必要になることがある．このような流動性が必要になり，手持ちの流動性が不足するリスクは投資家が直面する**流動性リスク**である．

■**流動性リスクの分散と流動性の創出** 流動性リスクの発生に備えて現金を保有することは非効率である．それよりも銀行に預金したほうが利子がえられる分，効率的である．投資家は個々に異なる流動性リスクに直面しているため，銀行はそれらの流動性リスクを分散し，要求払い預金によって効率的な資源配分を実現することができる．これを銀行の**流動性創出機能**という．効率的な資源配分を実現できるのは，必要になる流動性の額には全体として一定の傾向があるためである[*12]．

### 3.2 金融危機はなぜ生じるのか

■**金融危機と銀行取付** 多くの国が**金融危機**を経験してきている．過去の金融危機においては，**銀行取付**が起きた．銀行取付とは預金者が一斉に預金の払戻請求をすることをいう．近年は後述する**預金保険**の効果によって，銀行取付を防ぐことに成功しているが，預金保険の対象とならない金融資産については類似の現象がみられている．

---

[*12] 金融経済学（清水克俊）9.1 節参照

■**流動性の枯渇と投げ売り**　金融危機では預金払戻請求が大量に発生するため，銀行でも流動性が枯渇する．銀行は流動性を確保するため，保有する資産を大量に急いで売却しようとする．「投げ売り」(fire sale) は金融危機において幅広い金融資産で見られる現象である．

■**銀行システムの脆弱性**　銀行取付にさらされる銀行システムは脆弱である．銀行取付のきっかけには二つある．一つはファンダメンタルズ（基礎的条件）の悪化，すなわち，銀行に不良債権が発生し，その健全性が悪化することにより，預金者が預金を払い戻す場合である．

　もう一つはサン・スポット（sun spot，太陽の黒点）であり，銀行のファンダメンタルズが悪化していないのに，何らかの外的要因によって預金者が預金払い戻しを一斉に行う場合である．

■**銀行取付の弊害**　銀行取付の弊害は円滑な決済を滞らせることである．銀行は大量の払戻請求に応じるために，通常の業務を行えなくなる．払戻に時間がかかるため，決済は滞る．場合によっては，他の銀行にも波及し，決済システム全体が麻痺する可能性もある．

■**破たんの伝染**　通常，現金準備が不足した銀行はインターバンク市場やオープン・マネー市場などを通じて資金調達を行うことができる．しかし，危機において，この銀行間の貸借は一つの銀行の破たんを他の銀行に伝染させ，危機を増幅する作用がある．**破たんの伝染**は金融危機の特徴である．

■**システミック・リスク**　銀行の破たんが連続して生じるような状況を**金融危機**という．1990年代後半の日本の金融危機や2000年代の世界金融危機 (Global financial crisis) においても見られたように，不良債権の大幅な増加，市場取引の萎縮，流動性の枯渇，資産価格の大幅な下落などの現象がみられる．多くの金融機関の信用リスクが増大すると，金融市場全体の信用リスクも増大する．金融市場全体の信用リスクが高まり，決済システムが麻痺するリスクを**システミック・リスク**という．

†コンセプト・チェック
- 流動性リスク,銀行取付,システミック・リスクとは何か?
- 銀行危機はどのような影響があるか?

## 4. 銀行貸出・借入の意思決定◇◇◇

### 4.1 企業のリスクにどのような影響を与えるのか

■**情報の非対称性と銀行貸出** 企業と銀行の間に情報の非対称性がある場合,貸出・借入契約を結んだ銀行(プリンシパル)と企業(エージェント)はプリンシパル・エージェント問題に直面する.銀行は企業の取る行動を観察できないため,企業はモラル・ハザードを起こすかもしれない.ここでは,情報の非対称性がある場合の銀行の貸出の意思決定に関する理論分析である**金融契約アプローチ**を紹介する.

■**企業のプロジェクト選択と融資** 企業のプロジェクトは1単位の資金を必要としており,企業は自己資金を全く持たないとしよう.企業は銀行から1単位の資金を借り入れる.$R$を借入金利として,企業は事業成功時には$1+R$を銀行に返済し,失敗時には一切返済できない.

企業は借入後に二つの事業のうちの一つを選択して投資する.事業Gは成功確率が1,失敗確率が0である.事業Bは成功確率が$p$,失敗確率が$1-p$である.事業Gは成功時に$X$,事業Bは成功時に$x$のキャッシュフローをもたらす.キャッシュフローは$X-1>0>px-1$を満たすとする.すなわち,事業GのNPVは正であるが,事業BのNPVは負である.また,事業BのキャッシュフローはGよりも高い$(x>X)$と仮定する.

それぞれの事業を選んだ時の企業の期待利潤は

$$Y_G = X - (1+R)$$
$$Y_B = p(x - (1+R)) \tag{10.5}$$

となる.利潤はいずれもキャッシュフローから返済額を引いたものである.

企業は $R$ の借入金利で融資契約を結んでから，事業を選択する．また，事業の選択を銀行は知ることができない．

■**企業の選択：モラル・ハザード**　企業はどちらの事業を選択するだろうか．事業 B の NPV は負であると仮定したから，事業 B を選択することをモラル・ハザードと呼ぶ．事業 G を選択するのは $Y_G > Y_B$ のとき，すなわち，

$$X - (1+R) > p(x-(1+R)) \tag{10.6}$$

の場合である．書き換えると，

$$R < \frac{X - px}{1 - p} - 1 \tag{10.7}$$

である．すなわち，貸出金利 $R$ が十分小さいとき，企業は事業 G を選択する．

図 10-1 は横軸に金利 $R$ をとり，それぞれの事業を選択したときの期待利潤を描いたものであり，金利 $R$ が低い範囲で $Y_G$ が $Y_B$ を上回っていることがわかる．

貸出金利 $R$ が (10.7) 式右辺よりも高くなると，企業は事業 B を選択してしまう．つまり，**モラル・ハザード**を引き起こす．企業がモラル・ハザードを起こすのは，金利が高くなると事業 G では残余利益 $X - (1+R)$ が小さくなり，成功確率は低くても事業 B の残余利益 $(x - (1+R))$ を得た方が利益が大きくなるからである．

図 **10-1**（貸出金利とモラル・ハザード）

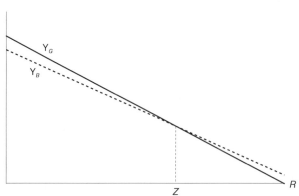

■**貸出金利とモラル・ハザード**　このことから，モラル・ハザードを引き起こさないためには，銀行は融資契約において高い金利を設定してはいけないことが分かる．高い金利を設定すると，結果的に銀行の貸出ポートフォリオのリスクが高まってしまうからである．

†コンセプト・チェック
- 銀行貸出における企業のモラル・ハザードとは何か？
- 貸出金利はモラル・ハザードにどのような影響を与えるか？

# 第11章

# 金融制度と規制

　本章では，金融制度や金融取引・金融機関への規制について説明する．1節では日本の金融契約，金融取引，金融機関，金融システム安定化に関する制度を詳述する．2節では，日本の金融システムの安定化策と規制緩和について，3節では市場取引に関する規制について述べる．4節では，自己資本規制について紹介する．

## 1. 金融制度

### 1.1 金融制度はどのように分類されるか

　さまざまな法律によって権利や義務が定められることにより，円滑な金融取引が可能になる．広い意味で金融取引に関して取り決められた制度を金融制度という．金融制度は表11-1のように4つに分類できる．

### 1.2 金融契約に関する制度

　金融契約に関する制度とは，資金の貸借・出資等の金融契約に関して，取引者の主要な権利・義務を定めるものである．

表 11-1　金融制度（法律）の分類

|  | 主な内容 |
|---|---|
| **(i) 金融契約に関する制度** | |
| 会社法 | (a) 株主の権利・義務や株式，(b) 会社の機関，(c) 会社の設立・組織変更・清算 |
| 会社法，社債株式等振替法，担保付社債信託法 | 社債に関する事項 |
| 会社法，破産法，民事再生法，会社更生法 | 倒産・事業再生 |
| 民法（財産法），臨時金利調整法，出資法，利息制限法，貸金業法 | 債権者の権利・債務者の義務 |
| **(ii) 金融取引に関する制度** | |
| 金融商品取引法 | (a) 企業情報の開示，(b) 公開買付け・大量保有に関する開示，(c) 有価証券の取引規制等，(d) 金融商品取引業者・金融商品取引所等，(e) 投資者保護基金等 |
| **(iii) 金融機関等に関する制度** | |
| 銀行法，信用金庫法，長期信用銀行法，信託業法，金融機関の信託業務の兼営等に関する法律等 | (a) 免許制，(b) 健全経営規制，(c) 兼業規制，(d) モニタリング・立ち入り検査，(e) 業務改善命令，(f) 信用供与限度額規制，(g) 議決権取得制限（5％ルール），(h) 準備預金制度等 |
| 金融商品取引法，資産流動化法，投資信託法，信託法，抵当証券法，有限責任事業組合契約法，投資事業有限責任組合契約法，商品先物取引法 | 第一種・第二種金融商品取引業，投資助言・代理業，投資運用業，金融商品仲介業者，信用格付け業者，金融商品取引業協会，金融商品取引所，金融商品取引清算機関等 |
| **(iv) 金融システム安定化に関する制度** | |
| 預金保険法 | 預金保険制度 |

（注）なお，上記の分類法は大きな分類であり，個別法律は適宜異なる分類の内容も定めている．

■**株主の権利・義務や株式に関する事項**　会社法は株式会社の出資者である株主の権利と有限責任を定める．株主の権利には (1) 剰余金の配当を受ける権利，(2) 残余財産の分配を受ける権利，(3) 株主総会における議決権，(4) 株主提案権，(5) 帳簿閲覧権などがある．株主の権利や義務を定めることにより，株式による資金調達が円滑に行われ，**コーポレート・ガバナンス**上の株主の権利を明確にするという意味がある．

また，**会社法**は株式の譲渡や自己株式の取得，募集株式の発行，新株予約

権，資本金・剰余金の増減等についても定める．これらは株式発行や売買の基本原則となり，株式会社の資金調達や財務戦略を規定する．

■**会社の機関に関する事項**　会社と役員等の関係は委任の関係にあり，コーポレートガバナンス上重要な規定として (1) 忠実にその職務を行わなければならないという**忠実義務**や，(2) 競業及び利益相反取引の制限がある．また，会社法は役員等の損害賠償責任を定めている．

■**倒産関連法と法的整理**　会社の事業再生や倒産手続きは，会社法等の**倒産関連法**により定められ，その手続きのことを**法的整理**という．これとは別に，債権者・債務者は債権放棄などの私的整理を行うこともできる[*1]．

■**債権・債務**　民法の一部である**財産法**は債権者の権利・債務者の義務などに関する基本ルールや金融契約の基礎となる「契約」について定めている．特に，財産法は銀行貸出の主要な契約方式である**金銭消費貸借契約**や銀行が設定する担保権について定めている．

## 1.3 金融取引に関する制度

金融取引に関する制度とは，有価証券等の取引ルールを定める制度である．

■**金融商品取引法**　金融商品取引法（以下，金商法）上の有価証券には，国債・地方債等，資産流動化証券等，社債，出資証券等，株券・新株予約権証券，投資信託受益証券等，投資証券等，貸付信託受益証券等，抵当証券等，CP（短期社債）がある．

■**企業情報の開示**　市場参加者にとっては，金融取引をする上で企業情報を知ることがまず必要である．金商法は，有価証券届出書，目論見書，有価証券報告書，半期・四半期報告書，内部統制報告書等の提出を義務付けている．

---

[*1] その一つとして，裁判外紛争解決手続き (ADR) を事業再生に用いる**事業再生 ADR 制度**が創設されている．

■**公開買付け・大量保有に関する開示**　金商法は公開買付けの手続きや公開買付け届出書について，また 5%を超える株式を保有する大量保有者の大量保有報告書の提出義務について定めている．なお，こうした書類および企業による公告は EDINET（電子情報開示システム）で閲覧できる．

■**有価証券の取引規制等**　金商法は売買における不正行為，風説の流布，偽計取引，相場操縦行為等を禁止している．また，空売りについては空売りであることの明示，価格規制，残高報告などを定めている．ただし，売付け後遅滞なく有価証券を提供できることが明らかでない場合の**空売り**は禁止されている．さらに，インサイダー取引（内部者取引）を規制している．

### 1.4　金融機関に関する制度

■**競争制限規制**　預金取扱金融機関はそれぞれの特別法（銀行は銀行法）によって業務が定められ，さまざまな規制がある．銀行は内閣総理大臣の免許制であり，金融取引業は登録制となっている．免許制は登録制よりも強い規制であり，**競争制限規制**の一種である．

■**健全経営規制・自己資本規制**　健全経営規制は**自己資本規制**とも呼ばれる．銀行の破たんを起こりにくくし，金融システムの安定性を維持することを目的としている．また，**立ち入り検査**や当局によるモニタリング，さらに**業務改善命令**などと組み合わせて，銀行の健全経営を促進する．

　現行の自己資本規制の一部は，欧米諸国や日本などの金融当局が 1988 年に**バーゼル (Basel) 合意**に達し導入されたものであり，日本では 1992 年から導入された．また，関連する制度として，1998 年に導入された**早期是正措置制度**がある．

■**検査**　金融庁による検査の内容等は**金融検査マニュアル**およびマニュアル別冊（中小企業融資編）に定められている．また，監督については主要行等向けの総合的な監督指針，中小・地域金融機関向けの総合的な監督指針を公表し，監督上の評価項目が定められている．

■**金融商品取引業者の業務に関する制度**　第一種金融商品取引業は，いわゆる証券会社の業務であるが，一部の業務は銀行等の登録した金融機関も行う．業務には，有価証券の売買等（委託売買を含む），市場デリバティブ取引等，有価証券の売出し・募集等がある．第二種金融商品取引業は，委託者指図型投資信託，外国投資信託，抵当証券，集団投資スキーム（みなし有価証券）の募集を行う．

## 1.5　金融システムの安定化に関する制度

■**預金保険制度**　1971 年に導入された**預金保険制度**は，金融機関が破たんしたときの預金者の保護を第一の目的としている．対象となる金融機関は日本国内に本店のある銀行，信用金庫，信用組合，労働金庫，信金中央金庫，全国信用協同組合連合会，労働金庫連合会，商工組合中央金庫である．

■**預金保険**　預金保険の対象となる預金は，預金，定期積金，掛金，元本補てん契約のある金銭信託，金融債（保護預り専用商品）である．外貨預金，譲渡性預金，オフショア預金等は対象外である．

　決済用預金には預金保険で保護される限度額はないが，他の預金は 1 金融機関・預金者 1 人当たり元本 1,000 万円までと利息を限度とする．

　金融機関が預金保険機構に支払う保険料率は当初は 0.006% であったが，1990 年代の金融危機頃から約 0.1% に引き上げられ，現在は約 0.05% に引き下げられている．

■**預金保険のペイオフ**　預金の払戻しが停止したときには，**ペイオフ方式**（保険金を預金者に支払う）または資金援助方式（救済金融機関等に資金援助を行う）がとられる．日本ではこれまでほとんどの場合資金援助方式がとられてきた[*2]．なお，預金保険法は金融危機対応措置を定めている．

■**預金保険機構の業務**　預金保険機構は預金保険業務のほかに，破たん処理，不良債権買取，資本増強などの業務を行うことになっている．

---

[*2] ペイオフ方式は 2010 年の日本振興銀行について初めて適用された．

破たん処理業務とは，金融整理管財人に選任され，破綻金融機関の業務の維持・継続や事業の譲渡等の業務を行うことである．また，預金等の全額保護や特別危機管理などの金融危機対応措置に関する業務も行うこととされる．

不良債権買取業務とは，整理回収機構を通じて破たん金融機関から取得した資産の回収を行うことである．資本増強業務とは，金融危機対応措置として，金融機関の資本増強を行う業務である．

■セーフティ・ネット　こうした預金者の預金を保護する仕組みをセーフティ・ネットという．セーフティ・ネットは預金を保護するだけでなく，銀行取付や決済システムの麻痺を未然に防ぐ．預金が保護されると，預金の払戻し請求を行う必要性がなくなるからである[*3]．

■日本銀行と信用秩序の維持　日本銀行は信用秩序の維持に重大な支障が生じるおそれがあるとき，金融機関への資金の貸付けを行う．これを特別融資といい，中央銀行の**最後の貸し手機能**とも呼ばれる[*4]．

†コンセプト・チェック
- 金融制度はどのように分類されるか？
- 健全経営（自己資本）規制とは何か？
- 預金保険とは何か？

---

[*3] 証券会社の破たんに備える制度として，投資者保護基金がある．また，日本には，中小企業等の借入に関し，公的な保証制度がある．これを公的信用保証制度という．公的信用保証制度は中小企業に対して一種のセーフティ・ネットを供与している．これらについては，インターネット付録 11.1 を参照．

[*4] 特別融資は日本銀行法の第三十八条に基づくことから，三十八条融資ともいう．これとは別に，システム事故などの場合に日本銀行は三十七条融資を行うことができる．

## 2. 金融システムの安定化政策と規制緩和政策◇◇

### 2.1 日本の不良債権問題と金融危機

■**不良債権問題**　1990年前後のバブル経済の崩壊と共に，日本経済は多くの金融機関が巨額の不良債権を抱えるという問題に直面した．

不良債権は，**破綻先債権**，**延滞債権**，3ヵ月以上延滞債権，**貸出条件緩和債権**から構成される[*5]．破綻先債権は破たんの手続きが行われている債権，延滞債権は一定の期間元利金支払の遅延が発生した債権である．経営再建のために，金利の減免，元本・利息支払の猶予，債権放棄を行った債権が貸出条件緩和債権である．

図11-1は日本の金融機関の不良債権の推移を表している．最も不良債権比率が高くなったのは2002年であり，不良債権比率は8.7%を記録した．貸出

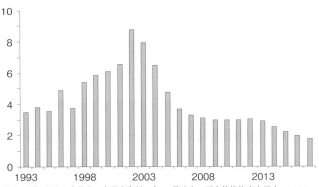

図 11-1（不良債権の推移）

(注) 単位（%）．大蔵省，金融庁資料．各3月時点の不良債権比率を示す．1993～95年度の不良債権は主要行の破綻先債権と延滞債権の合計．1996～97年度は全国銀行の旧基準にもとづく公表不良債権（破綻先債権，延滞債権，金利減免等債権）．1998～2001年度は，全国銀行の新基準のリスク管理債権（破綻先債権，延滞債権，3ヵ月以上延滞債権，貸出条件緩和債権）．2002年度以降は預金取扱金融機関のリスク管理債権．ただし，対象から破たん金融機関は除外．

---

[*5] これらはリスク管理債権と呼ばれる．不良債権には，金融再生法に基づく分類もある．

金の総額606兆円のうち，53兆円が不良債権であった．1990年代後半から2000年代前半の期間は5%を超える不良債権を金融機関は有していた．

■**不良債権問題と金融危機** 銀行は通常，不良債権により発生する貸倒損失の償却を行う．償却が行われた損失分は株主が負担する．しかし，1990年代の日本では，この損失処理の先送りが行われ，不良債権問題は長期化し，不良債権の累積的増加現象が生じた．

不良債権問題が深刻になると，金融機関は破たんする．1992年には2つの金融機関が破たんしただけであったが，1998年には30の金融機関が破たんした．その後，2003年までの間に多くの金融機関が破たんした．この時期は金融システム不安が社会的に広がり，**金融危機**と呼ばれている．

■**不良債権問題と金融危機の解決** 不良債権問題と金融危機を解決するために採られた主要な政策は(1)破たん処理政策，(2)金融機関の資本増強政策，(3)その他の政策に分類される[*6]．

■**破たん処理政策** 政府は，破たんした金融機関を他の金融機関に救済させるという方法で金融機関の破たんを処理した[*7]．具体的には，預金保険機構が破たんした金融機関の救済金融機関に金銭贈与を行ったり，その不良資産を買い取ることによって，救済金融機関による破たん金融機関の合併や救済金融機関への事業譲渡が行われた．

図11-2は1992年から2004年までの間に行われた，預金保険機構による破たん金融機関への資金援助実績を表している．資金援助額は金銭贈与や資産買取の額であり，折れ線は件数を，棒グラフは金額（億円）を表す．

■**金融機関の資本増強政策** 金融危機において預金保険機構が行った公的資金による資本増強実績は金融システム安定化法によるもの（1998年）：18,156億円，早期健全化法（1999～2002年）：86,053億円，預金保険法（危機対応）

---

[*6] その他の政策については，インターネット付録11.1を参照．
[*7] 一部の金融機関は国有化されるという方法で破たん処理が行われた．

図 11-2(金融機関破たん処理の実績)

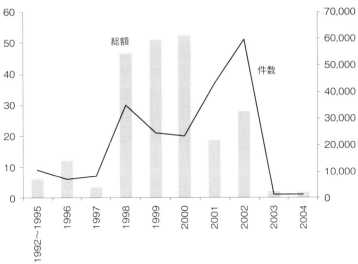

(注) 折れ線グラフは年度の資金援助件数(左軸),棒グラフは金銭贈与・資産買取による資金援助額(右軸,億円)を表す.

に基づく資本増強(2003年):19,600億円等である[*8]. 資本増強は優先株式や劣後債・劣後ローンの形で行われ,総額は約12兆円にのぼった.

■**TBTF 政策** 大銀行の破たんは金融システム全体やマクロ経済全体への大きな影響を与えると考えられるため,大きすぎてつぶせないと言われる.そのため,大銀行を過剰に救済する政策のことを too-big-to-fail (**TBTF**) 政策という.

―― コラム・・・G–SIFIs ――――――――――――――――

日本では 2000 年前後の金融危機において,銀行に公的資金が注入されたり,銀行の国有化が行われました.驚くべきことに,日本以上にマーケットを重視する米国においてすら世界金融危機 (GFC) で破たんした銀行に公的資金が注入され,一部の金融機関は国有化されました.

---

[*8] インターネット付録 11.1 を参照.

理由は TBTF，大きすぎて潰せないからです．**TBTF 政策**は金融機関のモラル・ハザードを引き起こします．金融機関は救済されることを見込んでリスク・テイキングを行います．ツケは税金の形で国民に回ってきます．

G20 や金融安定化理事会 (FSB) は，破たんが金融市場の崩壊につながるような金融機関を SIFIs (systemically important financial institutions) と呼ぶことにしました．SIFIs は規模が大きく，代わりとなる金融機関が存在せず，他の金融機関とのコネクションが強いなどの特徴をもつ金融機関です．

2009 年の G20 における提言を受け，FSB・BCBS は G–SIBs (Globally-systemically important banks) に対する新規制案を打ち出しました．新しい規制では，G–SIBs は 5 つのバケットに分けられ，それぞれに異なる総損失吸収キャパシティ (TLAC) の最低基準が設定されることになりました．たとえばバケット 5 には 3.5%，バケット 1 には 1.0%の最低基準が設定されます．

表：世界の **G-SIBs**

| バケット | 最低基準 (%) | G-SIBs（2017 年 11 月） |
|---|---|---|
| 5 | 3.5 | – |
| 4 | 2.5 | JP Morgan Chase |
| 3 | 2.0 | Bank of America, Citigroup, Deutsche Bank, HSBC |
| 2 | 1.5 | Bank of China, Barclays, BNP Paribas, China Construction Bank, Goldman Sachs, Industrial and Commercial Bank of China Limited, **Mitsubishi UFJ FG**, Wells Fargo |
| 1 | 1.0 | Agricultural Bank of China, Bank of New York Mellon, Credit Suisse, Groupe Crédit Agricole, ING Bank, **Mizuho FG**, Morgan Stanley, Nordea, Royal Bank of Canada, Royal Bank of Scotland, Santander, Société Générale, Standard Chartered, State Street, **Sumitomo Mitsui FG**, UBS, Unicredit Group |

表は 2017 年に G–SIBs に認定された世界の銀行です．日本では 3 メガ銀行が G–SIBs に認定されています．なお，G–SIBs に対応するものとして，保険会社については G-SIIs に対して規制が導入されます．

## 2.2 日本における規制緩和の流れ

■**銀行規制の流れ**　銀行に関する厳しい規制は緩和される方向で進んできている．従来は，競争を制限することで金融システムの安定性を保つという考え方がとられてきた．**競争制限規制**には，免許制度による参入制限，業務分野規制，店舗に関する出店規制，金利規制などがあった．

■**競争制限規制**　たとえば，1960 年代までは多くの国々において金利が規制されていた．日本でも預貯金金利や貸出金利には上限が設定され，公定歩合の変更とともに**規制金利**も変更された．これは人為的低金利政策と呼ばれた．

　**業務分野規制**としては，長短金融の分離規制（普通銀行と長期信用銀行・信託銀行）や銀行・証券の分離規制が行われていた．競争制限規制は銀行に超過利潤を保証することで過当競争を防ぎ，金融システムの安定性を実現するために導入されたと言われている．

■**銀行規制の緩和**　1980 年代以降，規制は次第に撤廃された．1985 年から銀行の預金金利が自由化され始め，1994 年の流動性預金金利の自由化までに漸次的に自由化された．貸出金利も市場金利に連動するプライム・レートが導入された．**金利自由化**はグローバルな潮流であったが，日本の国内的な背景としては，国債の大量発行による金融市場の競争の激化があった．

　業務分野規制に関しては 1993 年に子会社方式による銀行・証券の相互参入が認められた．長短金融分離規制については，1990 年代の金融危機において長期信用銀行・信託銀行の多くが破たんしたことから，事実上分離の垣根が取り払われた形となっている[*9]．また，関連して，郵便貯金の民営化や政府系金融機関の統合も行われた．

　**短期金融市場**の多くは 1970 年代から 1980 年代にかけて創設された．具体的には，手形市場（1971 年），CD 市場（1979 年），オフショア市場（1986 年），CP 市場（1987 年），債券レポ市場（1996 年），FB（政府短期証券，1981

---

[*9] 信託業に関しては，信託業務の兼営等に関する法律によって規定されている．

年)，TB (割引短期国債市場，1986年)，JOM 市場 (1986年) などである[*10].

■**金融ビッグバン**　1990年代後半には**金融ビッグバン**と呼ばれる改革が行われ，金融持ち株会社制度の導入，株式売買委託手数料の自由化，証券会社の登録制への移行，銀行による投資信託や保険の販売自由化，取引所集中義務の廃止，単元株制度の導入などが行われた[*11].

■**金融商品取引法**　2007年には証券取引法が大幅に改定され，金商法が施行された．新しいニーズに合わせて有価証券の範囲が拡充されるとともに，前述の金融商品取引業者が定義され，証券取引法よりも包括的に金融商品取引を規制する法律となった．

また，上場企業の四半期報告書や内部統制報告書が義務付けられるようになり，ディスクロージャーが強化された．

■**コーポレート・ガバナンス・コード**　東京証券取引所は2015年に株主の権利・平等性の確保などを謳う「コーポレートガバナンス・コード」を制定し，上場規程の一部に含めた．また，機関投資家向けのスチュワードシップ・コードもある．

---

†コンセプト・チェック
- 1990年代〜2000年代前半の不良債権問題とはどのようなものか？
- 不良債権問題・金融危機の解決のためにどのような政策がとられたか？
- これまでにどのような規制緩和が行われてきたか？

---

[*10] なお，コール市場の創設は1902年，債券現先市場は1950年前後とされている．
[*11] 単元株制度では，定款で1単元と定められた株式数が売買の単位となる．

## 3. 市場取引の規制◇◇

### 3.1 インサイダー取引規制とは何か

■**インサイダー取引規制**　重要事実を知った会社関係者がその公表前に有価証券の売買することを禁止する規制を**インサイダー取引規制**という．インサイダーは，株式を発行する会社の経営者，従業員，取引相手，金融機関等，およびこれらの者から情報を聞いた者である．対象となる情報には，資金調達，合併，新事業，事業や資産の譲渡などがある（金商法166条）．

　違反には課徴金および罰則が科せられる．取引所の自主規制法人および**証券取引等監視委員会** (SESC) が取引を監視している．また，発行会社の役員には売買報告書の提出義務と短期利益の返還義務も定められている．

■**インサイダー取引規制のメリット・デメリット**　インサイダー取引を禁止しないと，値下がりを知っているインサイダーの取引相手は値下がりを知らずに株式等を購入することになる．このような取引は当事者の一方に損害を与えるという点で不公正であるため，禁止されている．

　しかし，インサイダー取引を禁止すると，情報が公表されるまで株価は新しい情報（インサイダー情報）を反映することができなくなる．情報反映に時間がかかると，反映までの間の投資家や企業自身の意思決定は歪められる．

### 3.2 取引所はどのようなルールを定めているか

■**自主規制業務**　日本取引所グループは金商法に基づいて，金融商品等の上場・上場廃止に関する業務や上場企業の情報開示に関する審査等の自主規制業務を行っている．

■**上場基準**　取引所は株式の上場および廃止基準を定めている．東京証券取引所は，それぞれの市場で異なる上場審査・廃止基準を設けている．株主数，株式数，時価総額，年数，純資産，利益などに関する要件があるが，I部の

要件の方がII部よりもおおむね厳しい．マザーズは新興企業向けの市場であり，株主数や純資産，年数などの要件がII部よりも緩和されている．

■**適時開示制度**　金融商品取引法に基づくディスクロージャーに加え，重要な会社情報をタイムリーに投資家に提供することを目的として，東京証券取引所は**適時開示制度**を設けている．上場会社の決定・発生事実，決算情報，業績予想などの情報が提供される．東証は TDnet (Timely Disclosure network) を運営しており，TDnet を通じて公開された資料は適時開示情報閲覧サービスで閲覧できる．

■**取引制限**　東京証券取引所では，株価に応じて上下の値幅制限を定め，それを超えた注文ができない仕組みとしている．これを**値幅制限**という．値幅制限は価格が情報を反映する速度を遅くする一方，その間に情報を収集することができるというメリットもある．

　先物・オプション取引については，値幅制限とともに取引自体を停止する**サーキット・ブレーカー** (circuit breaker) 制度が導入されている．

### 3.3　制度信用取引とはどのようなものか

■**信用取引**　資金を借り入れて株式を購入したり，株式を借り入れて株式を売却する取引を信用取引という．信用取引には**制度信用取引**と一般信用取引がある．制度信用取引は取引所が定めた規定に基づく取引であり，一般信用取引は各証券会社の規定による取引である．

■**制度信用取引**　東京証券取引所では，制度信用銘柄・貸借銘柄を選定し，銘柄ごとの品貸料を定めている[*12]．信用取引では，貸借の担保として，買い付けた株または売付け代金を証券会社に預け，担保価値の変動をカバーするための委託保証金を支払う必要がある．制度信用取引は証券金融会社を通して行われる．

---

[*12] 貸借銘柄は，制度信用銘柄のうち売付けの可能な銘柄であり，貸借銘柄でない制度信用銘柄は貸借取引ができない．

† コンセプト・チェック
- インサイダー取引規制とはどのようなものか？
- 取引所はどのような自主規制を行っているか？
- 制度信用取引とはどのようなものか？

## 4. 自己資本規制°°°

### 4.1 自己資本規制とは何か

■**自己資本規制**　銀行等の金融機関に一定以上の自己資本を要求する規制を**自己資本（比率）規制**という[*13]．日本では国際統一基準行と国内基準行に分けて2種類の規制が存在している．現在の国際基準行に対する規制は世界各国の金融監督者によって合意された規制であり，各国のルールはおおむね同一のルールに則っている．

国際基準行の自己資本規制は1988年のバーゼル合意がもとになっている．その後，バーゼルII（2004年），バーゼルIII（2011年）とよばれる新ルールがバーゼル銀行監督委員会（Basel Committee on Banking Supervision, BCBS）で提案され，各国で導入された．このため，国際基準行の自己資本規制はバーゼル規制とも呼ばれる[*14]．日本では国際基準行の自己資本規制として，2007年にバーゼルIIを，2013年にバーゼルIIIを反映した新たな規制枠組みが導入された．

■**自己資本規制の種類**　表11-2に示すように，自己資本規制にはさまざまな種別がある．主な対象は銀行等の預金取扱金融機関および銀行持株会社である．

国際統一基準は海外営業拠点をもつ銀行に適用され，持たない銀行には国内基準が適用される．国際統一基準はバーゼル規制に則った基準であるが，

---
[*13] 類似の規制として，保険会社にはソルベンシー規制がある（保険業法130〜132条）．
[*14] バーゼル銀行監督委員会は1974年にドイツのヘルシュタット銀行の破たんを受けて設立された．

表 11-2　金融機関の自己資本規制

| | | |
|---|---|---|
| a | 対象 | 銀行，銀行持株会社，信用金庫等，信用組合等，労働金庫等，農林中央金庫等，漁業協同組合等，商工組合中央金庫，最終指定親会社等 |
| b | 基準 | 国際統一基準，国内基準 |
| c | 算出対象の財務諸表 | 連結財務諸表，単体財務諸表 |
| d | 国際統一基準行自己資本比率の種類（最低基準） | 普通株式等 Tier1 比率 (4.5%)，Tier1 比率 (6%)，総自己資本比率 (8%)，資本バッファー比率（最低資本バッファー比率） |
| e | 国内基準行自己資本比率の種類（最低基準） | 自己資本比率 (4%) |
| f | 普通株式等 Tier1 資本 | 株主資本の額（普通株式，(控除) 社外流出予定額），その他の包括利益累計額・その他公表準備金，新株予約権（普通株式），普通株式等 Tier1 資本に係る調整後非支配株主持分，(控除) 調整額 |
| g | Tier1 資本の額 | 普通株式等 Tier1 資本，その他 Tier1 資本 |
| h | 総自己資本の額 | Tier1 資本，Tier2 資本 |
| i | 国内基準行自己資本 | コア資本基礎項目，(控除) コア資本調整項目 |
| j | コア資本基礎項目 | 株主資本（普通株式・強制転換条項付優先株式，(控除) 社外流出予定額），その他の包括利益累計額，新株予約権（普通株式・強制転換条項付優先株式），コア資本に係る調整後非支配株主持分の額，一般貸倒引当金等 |
| k | 信用リスク・アセットの計測法 | 標準的手法，内部格付け手法（基礎的・先進的） |

(注) d と e について，銀行については連結と単体があり，銀行持株会社は連結のみである．

国内基準行に対する規制はバーゼル規制とは異なる定義に基づく．

国際統一基準行については，普通株式等 Tier1 比率，Tier1 比率，総自己資本比率，資本バッファー比率の 4 つの比率について，d 行の括弧内に示す**最低基準**を定めている．各比率は以下のように定義されている．

$$\text{普通株式等 Tier1 比率} = \frac{\text{普通株式等 Tier1 資本}}{\text{信用リスク・アセット合計額} + \text{「その他」}}$$

$$\text{Tier1 比率} = \frac{\text{Tier1 資本}}{\text{信用リスク・アセット合計額} + \text{「その他」}}$$

$$\text{総自己資本比率} = \frac{\text{総自己資本}}{\text{信用リスク・アセット合計額} + \text{「その他」}}$$

$$資本バッファー比率 = \frac{資本バッファーに係る普通株式等 Tier1 資本}{信用リスク・アセット合計額 + 「その他」}$$

一方，国内基準行には単一の自己資本比率規制が課される．自己資本比率は

$$自己資本比率 = \frac{自己資本の額}{信用リスク・アセット合計額 + 「その他」}$$

と計算される．この自己資本比率の最低基準は 4％である．銀行はそれぞれの自己資本比率について連結ベースの比率と単体ベースの比率のいずれをも満たさなければならない．

■**自己資本比率の分子** どの比率も分子は資本（規制資本）の額であり，分母は一種のリスク資産の額である．それぞれの資本の定義は表の f～j に示すとおりである．**普通株式等 Tier1 資本**は最も質の高い資本であり，Tier1 資本，Tier2 資本の順に資本としての質は低くなる．その他 Tier1 には優先株，Tier2 には一定の条件を満たす劣後債・劣後ローンが含まれる．

■**自己資本比率の分母** 分母は，**信用リスク・アセット**の合計額と「その他」である．表記を簡単にするため，マーケット・リスク相当額の合計額 /0.08 + オペレーショナル・リスク相当額の合計額 /0.08 を「その他」としている．これらは銀行のマーケット・リスクとオペレーショナル・リスクによる損失をカバーするために，分母に算入されている[15]．

信用リスク・アセットの計算には，標準的手法と二つの内部格付け (internal rating based, IRB) 手法がある（基礎的内部格付手法 (FIRB)，先進的内部格付手法 (AIRB))．

■**標準的手法** 標準的手法では，信用リスク・アセットは銀行資産の加重平均である．リスクの高いものほど高いウェイトで加重される．

---

[15] これらを 0.08 で割っているのは，マーケット・リスク相当額およびオペレーショナル・リスク相当額はそれぞれのリスクによる損失に備えるための必要資本だからである．必要資本の 12.5 倍の資産を有していると見なして，自己資本比率を計算していると解釈すればよい．なお，0.08 は国内基準行にも適用される．

表 11-3 標準的手法のリスク・ウェイトの例

| リスク・ウェイト | 対象 |
|---|---|
| 0 | 現金, 日本政府, 日本銀行, 地方公共団体, OECD, 外国政府 (AAA) |
| 10 | 政府関係機関の一部, 信用保証のある融資 |
| 20 | 金融機関 (AAA), 法人 (AAA), 外国政府 (A+) |
| 35 | 住宅ローンの一部 |
| 50 | 金融機関 (A+), 法人 (A+), 外国政府 (BBB+) |
| 75 | 中小企業・個人の一部 |
| 100 | 金融機関 (B−), 法人 (BB−), 外国政府 (BB+), 無格付, 無該当 |
| 150 | 法人 (BB−未満), 延滞 |

(注) リスク・ウェイトは%表示.

表 11-3 は典型的な銀行資産の債務者区分とリスク・ウェイトを示している．たとえば，安全性の高い現金や国債のリスク・ウェイトは 0 であり，リスクの相対的に高い，格付けが BB 未満の債権は 150%のウェイトとなる．なお，金融機関，企業，外国政府で用いられる格付けは認定された外部格付け機関の格付けである．

リスクが高い資産を多く持つほど信用リスク・アセットは大きくなる．分母が大きくなると，銀行の自己資本比率は低くなる．よって，リスクが高い資産を保有する銀行は自己資本比率の最低基準を満たすためにより多くの規制資本を保有する必要がある．リスクの高い銀行にはより多くの自己資本を要求することがバーゼル規制の精神である．

■**内部格付け手法** 内部格付け手法では，銀行が独自に債務者を格付けし，内部格付けに基づくデフォルト確率等をもとに必要資本額が計算される．

### 4.2 新しいバーゼル III のフレームワークとは

■**バーゼル規制のフレームワーク** 現行のバーゼル規制は三つの柱からなる[*16]．第一の柱が最低必要自己資本，第二の柱が監督上の検査，第三の柱が市場規律である．バーゼル規制のフレームワークでは前述の金融庁検査が第二の柱の一部となる．第三の柱として市場規律を活用するため，ディスクロー

---

[*16] これはバーゼル II 以降である．

ジャー資料としてバーゼル規制に基づく開示が義務付けられている.

バーゼル III では,世界の金融監督者たちは,世界金融危機の発生への反省から,回復力のある金融システムの構築を目指し,前述の普通株式等 Tier1 比率のように資本性の高い自己資本比率を重視するとともに,以下のような新規制を導入することを提案した[*17].

■**資本バッファー比率規制** 資本バッファー比率規制は金融危機などのストレス時に自己資本比率が低下することを防ぐため,より高い最低基準を予め要求する.最低基準には資本保全バッファー比率とカウンター・シクリカル・バッファー比率がある.資本バッファー比率が最低基準を下回った場合,銀行は社外流出制限計画を提出し,実行することを命令される[*18].

■**自己資本比率規制の問題点** 自己資本規制の問題点として,自己資本比率のプロシクリカリティがある.すなわち,好況時には自己資本比率が上昇するが,不況時には低下する.貸出を増加すると自己資本比率が一層低下するため,不況時に銀行の貸出低迷を増幅させる効果がある.

■**マクロ・プルーデンシャル政策** システム全体に広がるリスクやそれに伴う社会的コストを抑制し,金融サービス提供の混乱のために実体経済に深刻な影響が生じることがないようにするための政策を**マクロ・プルーデンシャル政策**という.バーゼル III の中で,カウンター・シクリカル・バッファーなどは自己資本比率のもつプロシクリカリティを弱める効果が期待され,マクロ・プルーデンシャル政策の一つに数えられる.

また,TBTF 問題に対処するため,グローバルにシステム上重要な金融機関 (**G-SIFIs**, Globally Systemically Important Financial Institutions) には自己資本のサーチャージが段階的に導入される.

---

[*17] 他に,レバレッジ比率規制,流動性カバレッジ比率規制,純安定調達比率規制がある.インターネット付録 11.1 を参照.

[*18] 銀行法第二十六条第二項に規定する区分等を定める命令.社外流出制限計画は,税引き後利益の一定割合の社外流出を制限する計画のことである.

†コンセプト・チェック
- 自己資本規制とはどのようなものか？
- 新しいバーゼルIIIではどのような規制が導入されたか？
- マクロ・プルーデンシャル政策とは何か？

# 第12章

# マネーと金融政策

　本章では，マネーや決済の仕組み，信用創造のメカニズムについて説明する．**1節**ではマネーの種類と銀行を通じた決済について，**2節**では日本銀行がどのような目的をもち，どのような組織なのかを説明する．**3節**では金融政策と信用創造のメカニズムについて述べる．**4節**では，中央銀行からマネーが市場に広まる度合いを示す信用乗数の考え方を紹介する．

## 1. マネーとは何か

### 1.1　マネーにはどのような種類があるか

■**マネー・ストック統計**　日本銀行は**通貨量**を把握するために，マネー・ストック統計を作成・公表している[*1]．マネー・ストック指標には，M1，M2，M3，広義流動性の4つがある．表12-1はこれらの定義を示したものである．

■**通貨の種類**　統計では，一般法人，個人，地方公共団体・地方公営企業を通貨保有主体と呼び，これらの保有する通貨のみを対象とする．**現金通貨**は，通貨保有主体の保有する日本銀行券と貨幣（硬貨）であり，**預金通貨**は通貨保有主体の保有する**要求払い預金**である．金融機関の保有する現金は現金通

---

[*1] マネー・ストック統計は月次で作成され，翌月に速報が，翌々月に確報が公表される．

表 12-1 マネー・ストック統計におけるマネーの種類

| a | 現金通貨 | ＝銀行券発行高＋貨幣流通高 |
|---|---|---|
| b | 預金通貨 | ＝要求払い預金 |
| c | 準通貨 | ＝定期性預金＋外貨預金 |
| d | M1 | ＝現金通貨＋預金取扱機関発行の預金通貨 |
| e | M2 | ＝現金通貨＋国内銀行等発行の【預金通貨＋準通貨＋CD】 |
| f | M3 | ＝現金通貨＋預金取扱機関発行の【預金通貨＋準通貨＋CD】 |
| g | 広義流動性 | ＝M3＋金銭の信託＋投資信託＋金融債＋銀行発行普通社債＋金融機関発行CP＋国債＋外債 |

(注) 要求払い預金は当座預金, 普通預金, 貯蓄預金, 通知預金, 別段預金, 納税準備預金である. 定期性預金は, 定期預金, 据置貯金, 定期積金である.

貨には含まれない. 定期性預金と外貨預金を**準通貨**という.

■**M1, M2, M3** M1 は現金通貨と預金取扱金融機関の預金通貨の合計であり, **M2** は現金通貨と国内銀行等の預金通貨, 準通貨, CD (譲渡性預金) の合計であり, **M3** は現金通貨と預金取扱金融機関の預金通貨, 準通貨, CD の合計である. なお, 国内銀行等はゆうちょ銀行を除く国内銀行や信用金庫等であり, 国内銀行等に, ゆうちょ銀行や信用組合, 農協等を加えたものが預金取扱機関である$^{*2}$.

M1 は最も容易に決済手段として用いることができる通貨として考えられ, M2 や M3 は資産として保有されるマネーを含むという特色がある. **広義流動性**は M3 に投資信託や国債などを加えたマネー・ストックであり, 資産としての側面がより強い. 図 12-1 はマネー・ストックの推移を表している. 近年は M1 が 900 兆円を超え, M2 が 1,100 兆円, M3 が 1,500 兆円, 広義流動性が 2,000 兆円を超えている.

■**マネタリーベース** マネタリーベースは日本銀行が供給する通貨量であり,

$$\text{マネタリーベース}＝\text{銀行券発行高}＋\text{貨幣流通高}＋\text{日銀当座預金} \quad (12.1)$$

と定義される. 銀行券発行高と貨幣流通高には金融機関が保有するものを

---

$^{*2}$ 正確な定義はインターネット付録 12.1 を参照.

図 12-1（マネー・ストックの推移）

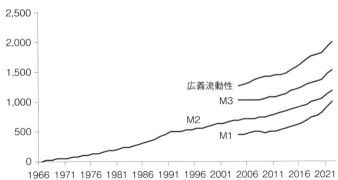

(注) 単位（兆円）．日本銀行．1966 年から 1998 年までは旧マネーサプライ統計の旧 M2+CD，1998 年から 2003 年までは旧マネーサプライ統計の M2+CD を M2 として表示している．年次変換データ．

図 12-2（マネタリーベースの推移）

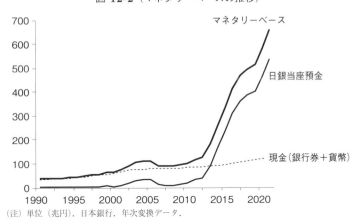

(注) 単位（兆円）．日本銀行．年次変換データ．

含む．

　マネタリーベースは**ハイパワード・マネー**または外部貨幣と呼ばれることもあり，中央銀行自身が発行するマネーという意味がある．日銀当座預金とは，日本銀行に金融機関が預ける当座預金であり，金融機関が即座に現金として引き出すことができる．図 12-2 はマネタリーベースの推移を表している．

図 12-3（振替の仕組み）

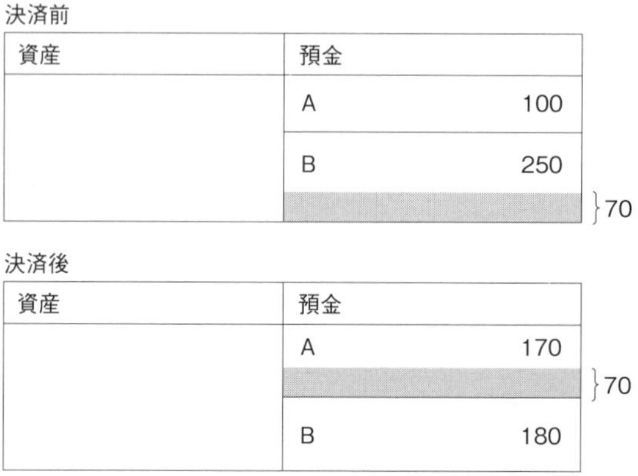

決済前

| 資産 | 預金 | |
|---|---|---|
| | A | 100 |
| | B | 250 |

　　　　　　　　　　　　　　｝70

決済後

| 資産 | 預金 | |
|---|---|---|
| | A | 170 |
| | | |
| | B | 180 |

　　　　　　　　　　　　　　｝70

## 1.2　マネーと決済の仕組み

■**マネーとしての預金**　あなたはモノを買って決済するとき，現金，振り込み，クレジットカード，電子マネー，手形・小切手などいろいろな方法からどれかを選択する．現金で支払うためには一旦銀行の ATM で現金を引き出す必要があるが，振込の場合には現金が必要ない．振込・振替は銀行が提供している決済サービスであり，**内国為替**と呼ばれる．

　簡単のため，二人の預金者が同じ銀行に預金していて，B が A に 70 を振込で支払うことを考えよう．この決済は銀行の帳簿上の作業によって行われ，これを口座間の**振替**という．図 12-3 はこの仕組みを銀行のバランス・シート上で表現したものである．

　決済前，A は預金 100，B は預金 250 を持っている．決済後は，A の預金は 170，B の預金は 180 になっている．銀行が行うことは，帳簿上，A の預金残高を 70 増やし，B の残高を 70 減らすだけである．これが振替であり，預金がマネーとして機能することが分かる．

■**銀行間決済**　実際には，決済を行う二人の預金者は異なる銀行に預金していることもあるから，銀行間の決済が必要になる．たとえば，先の例におい

図 12-4（銀行間決済の仕組み）

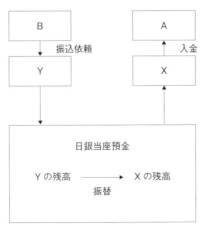

(注) B が A に支払う場合．X と Y は銀行．

て A が X 銀行にしか預金をもっておらず，B が Y 銀行にしか預金を持っていないとする．この場合，Y 銀行と X 銀行の間で決済が必要となる．

銀行間の決済は**日銀当座預金**勘定の振替によって行われる．図 12-4 はこの様子を描いたものである．B の振り込み依頼を受けて，Y 銀行は日銀に X 銀行との口座振替をオンラインで依頼する．これを受けて，日本銀行は即座に振替依頼額（例では 70）を Y の残高から X の残高に移動する．このような銀行間決済では，日銀当座預金がマネーとして機能している[*3]．

■**決済制度**　振込・振替による決済制度は**内国為替決済制度**と呼ばれる．従来は，手形や小切手による決済制度（手形交換制度）が主要な決済制度であったが，現代ではオンラインでの振込が可能となり，手形流通量は減ってきている[*4]．

---

[*3] 上記のように即座に振替・決済が行われる仕組みを即時グロス決済 (RTGS) といい，銀行間決済のオンラインシステムを日銀ネット（日本銀行金融ネットワークシステム）という．2017 年の一日あたり日銀当座預金決済額は平均 142 兆円である．

[*4] 歴史的には，手形・小切手が銀行券に発展した．全国銀行協会の資料によると，東京手形交換所の手形交換高は平成 17 年度 344 兆円，平成 28 年度 147 兆円であった．

表 12-2 法定準備率

| 預金の種類 | 区分 | 準備率 |
|---|---|---|
| 定期性預金 | 2 兆 5,000 億円超 | 1.2 |
| （譲渡性預金を含む） | 1 兆 2,000 億円超 2 兆 5,000 億円以下 | 0.9 |
|  | 5,000 億円超 1 兆 2,000 億円以下 | 0.05 |
|  | 500 億円超 5,000 億円以下 | 0.05 |
| その他の預金 | 2 兆 5,000 億円超 | 1.3 |
|  | 1 兆 2,000 億円超 2 兆 5,000 億円以下 | 1.3 |
|  | 5,000 億円超 1 兆 2,000 億円以下 | 0.8 |
|  | 500 億円超 5,000 億円以下 | 0.1 |

（注）単位（%）

■**準備預金制度** 決済制度が円滑に機能するためには，銀行が十分な残高の日銀当座預金を有している必要がある．**準備預金制度**は，各銀行が預金残高に応じて計算される法定準備預金額以上の日銀当座預金残高を保有することを法的に義務付けるものである．

対象となるのは，銀行，信用金庫，農林中央金庫である．所用準備額は**法定準備率**を区分ごとの預金残高に掛けたものの合計額である．表 12-2 に法定準備率を示す．

具体的には，一つの月について，毎日の所用準備額の平均残高を当該月の 16 日以降翌月 15 日の間の日銀当座預金残高の平均が上回らなければならない．日銀当座預金残高が所用準備を下回った場合（準備不足），銀行には課徴金が課せられる．

†コンセプト・チェック
- 通貨にはどのような種類があるか？
- マネー・ストックにはどのような種類があるか？
- マネタリーベース，内国為替決済制度，準備預金制度とは何か？

―― コラム・・・マネーの歴史 ――――――――

古くから「お金」は使われています．古代の例としては，貝がら，キツツキの頭の皮，家畜，イルカの歯，松油脂，布，タバコ，塩，穀物などがあります．こうしたも

のがなぜお金として通用するようになったのかは定かではありませんが，これらのお金にも取引を便利にするという役割があったことは間違いないようです．

物々交換では，欲求の二重の一致が必要です．売りたいものと買いたいものが一致しないと，取引は成立しません．お金を流通させると，この欲求の二重の一致が必要なくなります．

昔はどんなモノがお金になったのでしょうか？ 上の例からすると意外に思うかもしれませんが，誰もが受け取ることを拒まないものがお金として使われていたと考えられています．これを一般受容性といいます．

しかし，モノは壊れやすいし，使うのに不便です．紀元前 20 世紀頃には，エジプトやバビロニアで貴金属がコインに鋳造されるようになりました．金貨や銀貨，銅貨などです．コインは一般的なモノより硬いので壊れにくいため，使いやすいものでした．コインの欠点は，今もそうですが，かさばったり重いので持ち運びに不便だという点でした．北欧の国では，重い銅を運ぶためにわざわざ使用人を雇って運搬させていたそうです．

中世になると，紙を使ってお金の代わりにするという方法が使われるようになりました．これは手形や小切手と呼ばれるものです．手形や小切手は発行者（銀行など）の信用がなければ使うことができません．怪しい人の発行したものは，本物のお金に換金できないかもしれないからです．

近現代になると，中央銀行や政府が現在のようなお金（紙幣）を発行するようになりました．最初は金や銀に交換できることを保証する兌換紙幣でしたが，その後交換を保証しない不換紙幣が使われるようになりました．

近年は電子マネーも使われるようになり，お金の使い方（決済方法）も大変便利になってきています．特に，仮想通貨の一種であるビットコインの登場は，今後お金がどういう歴史をたどるのか，私たちの関心をますます高めています．

## 2. 日本銀行°

### 2.1 日本銀行の役割は何か

■**中央銀行の役割**　現代の中央銀行は一般に，(1) 発券銀行，(2) 銀行の銀行，(3) 政府の銀行という 3 つの役割を果たすものとされている．

各国において，その国の通貨として銀行券を発行する銀行のことを**発券銀行**という．中央銀行が正貨（金銀等）を準備として保有し，正貨と銀行券を兌換することを義務付けない場合，その国の発券制度は**管理通貨制度**であるという．日本では，日本銀行法によりその銀行券が法貨として無制限に通用

すると定められている*5.

中央銀行は銀行との間で預金，貸出，為替取引を行うので，「**銀行の銀行**」であるという*6．日本銀行の場合，預金とは銀行が日銀当座預金取引を行うことを，貸出とは日銀貸出やその他の金融取引を行うことを，為替とは日銀当座預金勘定間の振替を行うことを指す．また，最後の貸し手機能も「銀行の銀行」としての役割に含まれる．

中央銀行が政府の国庫金を管理したり，歳入金の受入れ事務などを行うことを指して，**政府の銀行**であるという．日本銀行の場合，政府は当座預金勘定を本店に開設し，政府の歳入・歳出の出入はすべてこの勘定を通じて行われる．これとともに，日本銀行は歳入代理店・国債代理店等を設置し，歳入の受入れや国債の元利金支払い等を行っている．また，政府短期証券・借換え債の引受けのほか，外国為替および国際金融業務も行う．

## 2.2　日本銀行の組織はどのようになっているのか

■**日本銀行の目的**　法律上，日本銀行の目的は二つある．一つは銀行券を発行し，通貨及び金融の調節を行うことである．もう一つは銀行間の資金決済の円滑の確保を図り，信用秩序の維持に資することである．日本銀行は理念として，物価の安定を図るために通貨及び金融の調節を行わなければならないとされている．

また，通貨及び金融の調節における日本銀行の自主性（独立性）が尊重されること，および，意思決定の内容・過程を国民に明らかにすること（透明性の確保）が金融政策の運営上重要であるとされている*7．

---

*5 金本位制では，中央銀行が正貨（金）を準備として保有し，正貨と銀行券を兌換することを義務付ける．日本では1897年，貨幣法によって1円を金750mgとする金本位制を採用し，20円，10円，5円の金貨が製造されていた．

*6 ここでの銀行とは中央銀行の取引先金融機関を指す．

*7 日本銀行は，金融政策決定会合の結果を「当面の金融政策運営について」として公表し，総裁定例記者会見を行い，経済・物価情勢の展望，主な意見，議事要旨を順に公表している．また，金融政策決定会合の10年後にはその議事録を公表する．日本銀行は毎年2回，国会に対して「通貨及び金融の調整に関する報告書」を提出し，業務概況書等を公表している．

## 2. 日本銀行

**■日本銀行の組織**　日本銀行には**政策委員会**が置かれ，政策委員会は総裁，副総裁（2名），審議委員の計9名で組織される．政策委員会の委員は両議院の同意を得て，内閣によって任命される．政策委員会のうち，金融調節事項を議事とする会議（**金融政策決定会合**と呼ばれる）は年8回，相当な間隔をおいて開催されることが常例とされている[*8]．

### 2.3　日本銀行の金融政策運営はどのように行われるか

**■金融政策**　金融政策とは，中央銀行が物価の安定や他の経済変数に影響を与えることを目的としてマネーの量や利子率に影響を与える政策のことである．金融政策の運営においては，どのようにして最終目標（たとえば物価の安定）を実現すればよいのかが問題となる．

**■政策手段と操作目標**　中央銀行の**政策手段**としては，公開市場操作，基準割引率の変更，法定準備率の変更がある．このような政策手段によって直接コントロールできる目標を**操作目標**という．操作目標には，インターバンク金利（コール・レート），日銀当座預金残高，マネタリーベースなどがある[*9]．

**■日本銀行の金融政策運営**　日本銀行の金融政策運営は**金融市場調節**と呼ばれる．どの操作目標について，どのような水準を目標として金融市場調節を行うかを金融市場調節方針という．また，具体的な政策手段の実行を**金融調節**という．

**■公開市場操作**　日本銀行の金融調節は**公開市場操作**によって行われる．公開市場操作（オペレーション）には，表12-3に示す種類がある．取引相手は，金融機関，金融商品取引業者，証券金融会社，短資業者である．

---

[*8] 金融政策決定会合において，財務大臣・経済財政政策担当大臣は必要に応じて金融政策決定会合に出席し，意見を述べることができる．また，金融調節に関する議案を提出したり，委員会の議決の次回会合までの延期を求めることができる．

[*9] 1980年代の中ごろには，最終目標と操作目標との間にマネーサプライ（当時）や長期金利などの中間目標を設定することが定着していた．

表 12-3　オペレーションの種類

| | 種類 | 内容等 | 最長期間 |
|---|---|---|---|
| a | 共通担保オペ | 金利入札方式または固定金利方式による資金の貸付（資金供給）．適格担保を根担保とする電子貸付 | 1年（入札）・10年（固定） |
| b | 国債現先オペ | 入札方式による国債の売戻条件付買入（資金供給）または買戻条件付売却（資金吸収）．利付国債および国庫短期証券 | 1年（買）・6ヵ月（売） |
| c | 国庫短期証券売買オペ | 入札方式による国庫短期証券の買入（資金供給）・売却（資金吸収） | ― |
| d | CP等買現先オペ | 利回り入札方式または固定利回り方式による適格CP等の売戻条件付買入（資金供給）．CP，短期社債，保証付短期外債，政府保証付短期債券，資産担保短期債券，短期不動産投資法人債 | 3ヵ月 |
| e | 国債買入れ | 利回り入札方式または固定利回り方式による利付国債の買入（資金供給） | ― |
| f | 手形売出オペ | 入札方式による日本銀行手形の売出（資金吸収） | 3ヵ月 |
| g | その他 | 国債補完供給，コマーシャル・ペーパー及び社債等買入れ，指数連動型上場投資信託受益権等買入等，外貨建て資金供給オペ（米ドル，カナダドル，英ポンド，ユーロ，スイスフラン）等 | |

　オペレーションには資金供給オペと資金吸収オペがある．共通担保オペ以外の資金供給オペは，日本銀行が表に示す金融資産をオペ参加者から買入れ，市場にマネーを供給するオペである．共通担保オペは従来の日銀貸出に相当するオペであり，入札方式による貸付を行う．資金吸収オペは日本銀行が市場に出回るマネーを吸収するオペである．

■**日本銀行のバランス・シート**　日本銀行の金融政策は日本銀行のバランス・シートに反映される．日本銀行が国債を買うと，資産側では国債保有が増え，負債側では同額の日銀当座預金が増える[*10]．

■**公定歩合政策と準備率操作**　以前は，日本銀行の主要な金融政策手段は**公定歩合政策**と**準備率操作**であった．日本銀行は手形割引（日銀貸出）を独自

---

[*10] 2016年度決算において資産総額は490兆円を超えており，そのほとんどを国債が占めている．負債の約7割は当座預金であり，銀行券の発行は約100兆円となっている．

に定める公定歩合（現在の基準貸付利率）によって行い，公定歩合の変更によってマネーの供給量を調節していた[*11]．現在では，基準貸付利率は**補完貸付制度**の貸付利率となっている[*12]．

> **┌コラム・・・アメリカの金融政策の目標─────────────**
>
> 日本においては物価の安定が金融政策の最終目標であるとされていますが，諸外国においては必ずしもそれだけが目標ではありません．たとえば，米国においては最大の雇用 (maximum employment)，物価の安定 (stable prices)，適度の長期利子率 (moderate long-term interest rates) の3つが最終目標として掲げられています．

†コンセプト・チェック
- 中央銀行の役割，日本銀行の目的は何か？
- 日本銀行の金融政策はどのように運営されるか？
- 政策手段・操作目標，公開市場操作とはどのようなものか？

## 3. 金融政策と信用創造のメカニズム◇◇

### 3.1 信用創造のメカニズムとはどのようなものか

■**信用創造** マネー（預金）が銀行の貸出行動によって創造されることを**信用創造**という．図 12-5 はこの仕組みを表している．預金者 A は X 銀行に預金し，X 銀行は B に資金を貸し付ける．B に貸し付けられた資金は Y 銀行に預金され，Y 銀行は C に資金を貸し付ける．C に貸し付けられた資金は Z 銀行に預金され，……というふうに預金と貸出が連鎖的に創造される仕組みである．

---

[*11] 公定歩合政策を最後に行ったのは 1995 年である．1980 年代までは準備率の変更によってマネー量の調節を行ってきたが，準備率は 1991 年以降変更されていない．

[*12] 補完貸付制度では，日本銀行は金融機関が借入を申し込むと「受動的に」貸付を行う．「補完貸付」と呼ばれるのは，コール・レートが基準貸付利率よりも高くなった時にこの制度を利用して資金調達を行えるからである．

図 12-5（信用創造の仕組み）

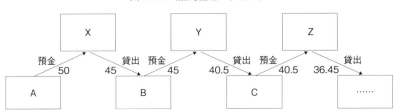

(注) 準備率が 10%，現金・預金比率が 0% の場合．

■**信用創造によって創造されるマネーの量**　どれだけの預金が創造されていくかを調べるために，銀行の準備預金率を 10% として考えよう．

A が銀行 X に新規に 50 を預金すると，銀行 X は $5(= 50 \times 0.1)$ を準備として保有し，$45(= 50 \times 0.9)$ を B に貸出す．B は預金 45 を資本設備等の購入の決済に用い，その設備の売り手は 45 を銀行 Y に預金する．銀行 Y は銀行 X 同様，10% の 4.5 を準備とし，90% の 40.5 を C に貸出す．同様のプロセスにより，銀行 Z の預金は $40.5(= 50 \times 0.9^2)$ だけ増え，その次の銀行では $36.45 = 50 \times 0.9^3$ だけ預金が増える．

このように新規預金に始まる信用創造のプロセスは無限に連鎖していくから，全体では

$$
\begin{aligned}
&50 + 45 + 40.5 + 36.45 + \cdots \\
&= 50 + 0.9 \times 50 + 0.9^2 \times 50 + 0.9^3 \times 50 + \cdots \\
&= 50/0.1 = 500
\end{aligned}
\tag{12.2}
$$

の預金が創出される．これは A の新規預金 50 の 10 倍である．

信用創造プロセスでは，銀行に新規預金がもたらされると，貸出（**信用**）を通じてより多くの預金（マネー）が創出される．当初の新規預金に対して全体で何倍のマネーが創出されるかを示す指標を**信用乗数**という．ここでは準備率が 0.1 であるため，信用乗数は $1/0.1 = 10$ になっている．

■**信用創造の源泉**　信用創造プロセスにおいて，当初の新規預金 50 が他の銀行からの預け替えであるなら，経済全体の預金量に変化が生じないことは

明らかである.なぜなら,銀行Xの預金量は増えても他の銀行で同額の預金が減るからである.各銀行の預金の増減は相殺され,全体の預金量は不変である.

　信用創造プロセスが経済全体のマネーの増大をもたらすには,最初の預金者Aの預金は外部からの新規預金である必要がある.これを行いうる主体は日本では日本銀行のみである.

　日本銀行が銀行にマネーを供給する方法の一つは,日本銀行が銀行に貸出を行う方法である.**日銀貸出**の場合,銀行は日銀当座預金残高の増加という形でマネーを受け取る.

　日本銀行が銀行にマネーを供給する第二の方法は,日本銀行が国債を保有する人から国債を購入する方法である.これは**公開市場操作**である.日本銀行は取引相手の銀行の日銀当座預金残高を購入金額分引き上げることにより国債の代金を支払う.取引相手の預金残高は同額だけ増加し,これが最初の新規預金に該当する.

■**マネタリーベースと信用創造**　このように,日本銀行の日銀当座預金残高を通じて,市中に新規の貸出資金(または新規預金)が供給される.日銀当座預金はマネタリーベースの一部であるから,日本銀行によるマネタリーベースの増大によって,信用創造プロセスが作動し,多くの預金(マネー)が創出される.実際の**信用乗数**はマネタリーベースに対するマネー・ストックの比率として計算される.

　図12-6は日本の信用乗数の推移を表している.1990年には信用乗数は12程度だったが,それ以降おおむね低下傾向にある.2000年には10を切り,近年には2程度まで落ち込んでいる.

### 3.2　金融調節はどのように行われるのか

■**日銀当座預金増減要因**　個別銀行の**日銀当座預金**の増減要因は,(1)金融機関間の取引,(2)銀行券の流出入,(3)金融機関と政府の取引,(4)日銀との取引(公開市場操作)の4つに分類できる.個別銀行の日銀当座預金を集計すると金融機関間の取引は相殺されるため,(1)の取引は(日銀側から見た)

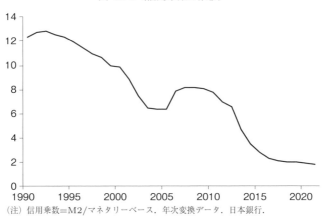

図 12-6（信用乗数の推移）

(注) 信用乗数=M2/マネタリーベース．年次変換データ．日本銀行．

日銀当座預金合計の増減には影響しない．

(2) では，金融機関が銀行券を日銀当座預金から引き出すと銀行券の発行が行われ，日銀当座預金は減少する．逆に，金融機関が銀行券を日銀当座預金に預入れる（銀行券の還収）と日銀当座預金は増加する．

(3) では，金融機関を通じて納税が行われたり，国債購入代金が支払われる（財政資金の受取）と，金融機関の日銀当座預金が減少し，政府預金が増加する．逆に，政府が支出を行ったり，国債を償還すると（財政資金の支払い），日銀当座預金は増加する．

(4) では，資金供給オペを行うと日銀当座預金は増加，吸収オペを行うと減少する．

■日銀当座預金増減要因と金融調節　日本銀行は当座預金増減要因について種々の統計を公表している[*13]．ここでは，表 12-4 に示すある日の当座預金増減要因の確報数値をみてみよう．

まず，日銀当座預金増減の要因のうち**銀行券要因**が 600 である．これはプ

---

[*13] 月次ベースでは，当月の「日銀当座預金増減要因（見込み）」を月初に，月末に「日銀当座預金増減要因と金融調節（実績速報）」を，翌月に「**日銀当座預金増減要因と金融調節（実績）**」を公表している．日次ベースでは，前日に「予想」を，当日に「速報」を，翌日に「確報」を公表している．

## 3. 金融政策と信用創造のメカニズム

表 12-4 日銀当座預金増減要因と金融調節（2017 年 2 月 13 日）

|  | 予想 | 速報 | 確報 |
|---|---:|---:|---:|
| 銀行券要因（発行超＝マイナス） | 900 | 600 | 600 |
| 財政等要因（受超＝マイナス） | −20,400 | −21,000 | −21,000 |
| 資金過不足（不足＝マイナス） | −19,500 | −20,400 | −20,400 |
| 金融調節 |  |  |  |
| 　国債買入 |  |  |  |
| 　国庫短期証券買入 |  |  |  |
| 　国庫短期証券売却 |  |  |  |
| 　国債買現先 |  |  |  |
| 　国債売現先 |  |  |  |
| 　共通担保資金供給（本店） |  |  |  |
| 　共通担保資金供給（全店） | 1,400 | 1,400 | 1,400 |
|  | −1,500 | −1,500 | −1,500 |
| 　CP 買現先 |  |  |  |
| 　手形売出 |  |  |  |
| 　CP 等買入 | −200 | −200 | −200 |
| 　社債等買入 |  |  |  |
| 　ETF 買入 | 700 | 700 | 700 |
| 　J-REIT 買入 |  |  |  |
| 　貸出 |  |  |  |
| 　国債補完供給 | 3,700 | 3,700 | 3,700 |
|  |  | −5,400 | −5,400 |
| 　小計（除く貸出支援基金） | +4,100 | −1,300 | −1,300 |
| 　小計（貸出支援基金） | +0 | +0 | +0 |
| 　合計 | +4,100 | −1,300 | −1,300 |
| 当座預金増減 | −15,400 | −21,700 | −21,700 |
| 当座預金残高 |  | 3,233,800 | 3,233,800 |
| 　準備預金残高 |  | 2,926,900 | 2,927,400 |
| 　　積み終了先 |  | 2,470,000 | 2,470,500 |
| 　　　超過準備 |  | 2,469,900 | 2,470,400 |
| 　非準預先残高 |  | 306,900 | 306,400 |
| マネタリーベース |  |  | 4,265,300 |
| 積み期間の所要準備額（積数） |  |  | 2,246,500 |
| 2/14 日以降の残り要積立額（積数） |  |  | 100 |

（注）スペースの関係から一部改変．予想は即日オペ実施前．積み期間 1/16〜2/15．

ラスであるから，銀行券還収のために日銀当座預金が増加したことを示す．

次に，**財政等要因**は −21,000 であるから，受超（財政資金の受けが払いを上回る）となり，日銀当座預金が減少したことを示す．

日銀は銀行券要因と財政等要因の合計を**資金過不足**と呼んでおり，プラスが資金余剰，マイナスが資金不足を表す．ここでは，合計が −20,400 である

から，金融機関が資金不足であると解釈する*14．

次に，**金融調節**の欄を見ると，日銀がどのオペにより日銀当座預金の増減が生じたかが分かる．ここでもプラスは日銀当座預金の増加，マイナスは減少を表す．

共通担保資金供給の欄を見ると，1,400 と −1,500 が併記されている．1,400 のほうは資金供給オペによる日銀当座預金の増加，−1,500 のほうは過日のオペの期日到来による日銀当座預金の減少（または資金吸収オペ）を表す．金融調節の合計は −1,300 となっており，金融調節により資金が吸収され，日銀当座預金が 1,300 減少したことが分かる．

最終的な**日銀当座預金増減**は資金過不足と金融調節合計の和である．すなわち，$-20,400 + (-1,300) = -21,700$ である．

■**インターバンク市場の機能**　金融機関は日々，資金不足が生じると短期金融市場から資金調達し，資金余剰が生じると資金を短期金融市場で運用する．**コール市場**は日次ベースで生じる資金の過不足が調整される市場として機能する．

■**コール・レートと日銀当座預金**　日銀当座預金残高が所用準備額に満たないとき，金融機関はコール市場等で資金を調達し，日銀当座預金を増加させる必要がある．準備預金（日銀当座預金）を増加させることを「**準備を積む**」という．市場全体の資金が不足してくると，**コール・レートは上昇する**．日本銀行が資金供給オペを行うと，金融機関はコール市場から調達する必要がなくなるのでコール・レートの上昇は抑制される．

このような意味で，日本銀行はコール・レートを低く維持したいとき，資金供給オペにより日銀当座預金を増加させて，金融機関の「積み」を促進させる．公開市場操作が金利に与える効果を公開市場操作の**流動性効果**という*15．

---

*14 この資金不足は日銀が金融調節を行わない場合の金融機関の資金不足であり，これに日銀の金融調節を加えたものが全体の資金不足になる．資金不足分は日銀当座預金残高の減少となる．

*15 中央銀行が何らかのアナウンスメントを行い，現在のコール・レートが変化する効果を金融政策のアナウンスメント効果という．

†コンセプト・チェック
- 信用創造プロセスとは何か？
- 金融調節はどのように行われるか？
- インターバンク市場の機能とは何か？
- オペレーションはどのようにコール・レートに影響するか？

## 4. 信用乗数◇◇◇

### 4.1 信用乗数モデル

■**マネーストックとマネタリーベースの関係** 現金通貨量を $C$, 預金通貨量を $D$ とおき, マネーの供給量を $M$ で表す. 簡単のため, 金融機関が保有する現金はないものとする. 日銀当座預金を $R$, マネタリーベース（ハイパワードマネー）を $H$ と表す.

表 12-1 の M1 の定義に基づくと, マネー供給量 $M$ は

$$M = C + D \tag{12.3}$$

である. 一方, (12.1) 式よりマネタリーベースは,

$$H = C + R \tag{12.4}$$

である.

法定準備率を $a(<1)$ とおき, 銀行は預金 $D$ の $a$ 割合を準備預金（日銀当座預金）として預ける. すなわち, 準備預金は

$$R = aD \tag{12.5}$$

である.

一方, 経済主体は現金と預金を一定の比率で保有すると仮定し, 現金・預金比率を

$$C/D = b \tag{12.6}$$

とおく.すなわち,現金は預金の $b$ 倍である $(C = bD)$.これは信用創造プロセスにおいて,貸し出された資金の $b/(1+b)$ 割合が現金として保有され,$1/(1+b)$ 割合が銀行に預金されることを意味する.図 12-5 では,$b = 0$ と仮定していたが,ここでは $b$ が非負であると考える.

(12.3) 式に (12.6) 式を用いると,$M = bD + D = (b+1)D$ をえる.つまり,マネー供給は預金の $b+1$ 倍となる.

(12.4) 式に (12.5) 式と (12.6) 式を用いると,$H = bD + aD = (a+b)D$ をえる.つまり,マネタリーベースは預金の $a+b$ 倍になる.

$M$ は預金の $1+b$ 倍であり,$H$ は預金の $a+b$ 倍であるから,$M$ は $H$ の $(1+b)/(a+b)$ 倍となる.すなわち,

$$M = \frac{1+b}{a+b}H \tag{12.7}$$

をえる.

■**信用乗数** $m = (1+b)/(a+b)$ は**信用乗数**である.日銀によるマネタリーベースの増加額を $\Delta H$ とおくと,マネー供給の増加額は

$$\Delta M = m\Delta H \tag{12.8}$$

と表せる.この式はマネーの増加額がマネタリーベースの増加額の信用乗数倍になることを表している.

たとえば,準備率が 1%,現金・預金比率が 10% とすると,信用乗数は $1.01/(0.1+0.01) = 9.18$ となる.現実の信用乗数は金利やマクロ経済の状況,あるいは制度的要因によって変動する.

■**信用乗数の性質** 信用乗数は次のような性質を持っている.(1) 準備率 $a$ は 1 より小さいので,信用乗数は 1 より大きい $(m > 1)$.(2) 信用乗数は準備率 $a$ が高いほど小さくなる $(dm/da < 0)$.これは信用創造プロセスの各段階において準備の分は貸出に回されないためである.これを準備の漏れという.(3) 信用乗数は現金・預金比率 $b$ が高いほど小さい $(dm/db < 0)$.これ

も現金で保有される分は信用創造プロセスの各段階において貸出に回されないためである．

> †コンセプト・チェック
> - 信用乗数はどのようなものか？
> - 信用乗数にはどのような性質があるか？

# 第13章

# 金融政策とインフレ率およひ利子率

　本章では，金融政策とインフレ率（物価）・利子率の関連性などを説明する．1節では近年の日本銀行の金融政策を概観し，2節では日本のインフレ率および利子率の推移をみる．3節では，インフレ率が利子率にどのような影響を与えるのかを考える．4節では，マネーの需要関数（流動性選好理論），古典派の数量説を，5節ではインフレのコストを紹介する．

## 1. 日本銀行の金融政策の歩み

　本節では，1990年前後から近年までの日本の金融政策を概観する．

### 1.1　日本銀行はどのような金融政策を行ってきたか

■**1990年代の金融政策**　日本銀行（以下，日銀）はバブル期の景気の過熱を抑えるため，1989年から1990年にかけて5回にわたり公定歩合の引き上げ（金融引締）を行った．その後，バブルの崩壊と不良債権問題の深刻化に伴う景気の低迷を受けて，日銀は1990年の引き上げで6%としていた公定歩合を数回引き下げ，1993年には過去最低の1.75%まで引き下げた．

　その後，1995年には2回の引き下げを行い，公定歩合を0.5%とした．1995年から日銀は市場金利（無担保コール・レート（オーバーナイト物））誘導を公定歩合と並ぶ政策手段と位置づけ，コールが「平均的に見て公定歩合水準

## 表 13-1　近年の日本銀行の金融政策

| 年.月 | 金融政策 | 操作目標・誘導目標等 |
|---|---|---|
| 1999.2 | ゼロ金利政策開始 | 無担保コール・レート（オーバーナイト物）できるだけ低め（当初 0.15%） |
| 2000.8 | ゼロ金利政策解除 | 無担保コール・レート 0.25% |
| 2001.2 | ゼロ金利政策開始 | 無担保コール・レート 0.15% |
| 2001.3 | 量的緩和政策開始 | 日銀当座預金残高　5 兆円 |
| 2001.8 | | 日銀当座預金残高　6 兆円，長期国債買入増額（月 6 千億） |
| 2001.12 | | 日銀当座預金残高 10～15 兆円，長期国債買入増額（月 8 千億） |
| 2002.2 | | 長期国債買入増額（月 1 兆） |
| 2002.10 | | 日銀当座預金残高 15～20 兆円，長期国債買入増額（月 1.2 兆） |
| 2003.4 | | 日銀当座預金残高 22～27 兆円 |
| 2003.5 | | 日銀当座預金残高 27～30 兆円 |
| 2003.10 | | 日銀当座預金残高 27～32 兆円 |
| 2004.1 | | 日銀当座預金残高 30～35 兆円 |
| 2006.3 | 量的緩和政策解除 | 無担保コール・レート 0% |
| 2006.7 | ゼロ金利政策解除 | 無担保コール・レート 0.25% |
| 2007.2 | | 無担保コール・レート 0.5% |
| 2008.10 | | 無担保コール・レート 0.3%，基準貸付利率 0.5% |
| 2008.12 | 金融緩和の強化 | 無担保コール・レート 0.1%，基準貸付利率 0.3%，補完当座預金の適用利率 0.1%，長期国債買入増額（月 1.4 兆） |

をやや下回って推移するよう促す」との金融調節方針を示した．1998 年 9 月に，日銀はこの誘導目標を 0.25% に変更した．この時点までの日本銀行の金融政策は伝統的なものであったと言える．

### 1.2　ゼロ金利政策と量的緩和政策

■ゼロ金利政策　表 13-1 は 1999 年以降の日銀の金融政策をまとめたものである．日銀は 1999 年 2 月に初めて**ゼロ金利政策**を採用した．これは世界で初めての**非伝統的金融政策**と位置づけられる．日銀は無担保コール・レートを「できるだけ低め」に誘導するとし，当初は 0.15% での推移を促すとした．1 年半後の 2000 年 8 月，日銀はデフレ懸念の払しょくが展望できる情勢に

表 13-1 続き

| | | | |
|---|---|---|---|
| 2010.10 | 包括的な金融緩和政策の開始 | 無担保コール・レート 0~0.1%,資産買入基金 35兆円 | |
| 2011.3 | 金融緩和の強化 | 資産買入等の基金 40兆円 | |
| 2011.8 | 金融緩和の強化 | 資産買入等の基金 50兆円 | |
| 2011.10 | 金融緩和の強化 | 資産買入等の基金 55兆円 | |
| 2012.2 | 金融緩和の強化 | 「中長期的な物価安定の目途」 1%,資産買入等の基金 65兆円 | |
| 2012.4 | 金融緩和の強化 | 資産買入等の基金 70兆円 | |
| 2012.9 | 金融緩和の強化 | 資産買入等の基金 80兆円 | |
| 2012.10 | 金融緩和の強化 | 資産買入等の基金 91兆円 | |
| 2012.12 | 金融緩和の強化 | 資産買入等の基金 101兆円,貸出増加を支援するための資金供給 15兆円 | |
| 2013.1 | | 物価安定の目標 2%,期限を定めない資産買入れ方式 | |
| 2013.4 | 量的・質的金融緩和の導入 | マネタリーベース 60~70兆円,長期国債買い入れ 50兆円,ETF・J-REIT の買入, | |
| 2014.10 | 量的・質的金融緩和の拡大 | マネタリーベース年間 80兆円,長期国債買入年間 80兆円,ETF 年間 3兆円 | |
| 2016.1 | マイナス金利付き量的・質的金融緩和の導入 | 当座預金にマイナス金利を導入 | |
| 2016.7 | 金融緩和の強化 | ETF 年間 6兆円 | |
| 2016.9 | 長短金利操作付き量的・質的金融緩和の導入 | 10年物国債金利 0% | |

(注) 無担保コール・レートはオーバーナイト物である.表では震災・地震関連の金融政策については省略している.

至ったとして,ゼロ金利政策を解除した.

■**量的緩和政策** しかし,日銀は 2001 年 2 月にゼロ金利政策を再開し,翌 3 月に**量的緩和政策**を導入した.具体的には,(1) 操作目標を日銀当座預金に変更し,(2) 消費者物価指数の前年比上昇率が「安定的にゼロ%以上となるまで継続」し,(3) 日銀当座預金残高を 5 兆円に増額し,(4) 必要なら長期国債の買い入れを増額するとした.日銀は 2004 年 1 月までの間,数回にわたり日銀当座預金残高の目標値を引き上げた.

2006 年 3 月,日銀は「物価上昇率が安定的にゼロ%以上となるまで継続する」との約束の条件は満たされたとして,量的緩和政策を解除した.具体的には,操作目標をコール・レートに変更し,その目標値をゼロ%とした.同

年7月にはゼロ金利政策を解除し，コール・レートの誘導目標を0.25%に引き上げた．

## 1.3　世界金融危機後の金融政策

■世界金融危機後の金融政策　しかし，2008年には世界金融危機 (Global Financial Crisis) の発生により，世界経済は同時不況に陥った．日本でも同年度第3四半期には，実質GDPが年率8.3%，輸出（実質）が41.9%の大幅な減少となった[*1]．このような情勢の中，日銀は2008年12月には金融緩和政策を表13-1に示すように強化した[*2]．同時期に米国連邦準備銀行（FRB）はFF（フェデラル・ファンド）金利の誘導目標を0～0.25とし，非伝統的金融政策を模索し始めた．

■欧州債務危機後の金融政策　2010年10月には，物価安定のもとでの持続的成長経路に復する時期が後ずれする可能性が強まっているとして，「包括的な金融緩和政策」を導入した．無担保コール・レートの誘導目標値に幅を持たせ，下限を0%とする一方，「中長期的な物価安定の理解」に基づき，物価の安定が展望できるまで，実質ゼロ金利政策を継続すること等を決定した．

　2010年の欧州債務危機に続き，国内では2011年に東日本大震災が発生し，日銀は追加的な金融緩和の強化を行った．2012年には，金融緩和の強化策として，「中長期的な物価安定の目途」は2%以下のプラスの領域であるとして，当面消費者物価前年比上昇率を1%を目途とすることを決めた．その後，2013年に日銀は「物価安定の目途」という表現を「物価安定の目標」に変更し，また目標値を2%とした．

---

[*1] 名目GDPは同年度第4四半期に17.7%，輸出は69.3%落ち込んだ．

[*2] 2008年11月，日銀は補完当座預金制度を導入した．これは日銀当座預金残高のうち超過準備（所要準備を超える金額）に利息を付す制度である．利率は，日本銀行が金融市場調節方針において誘導目標として定める無担コール・レート（オーバーナイト物）の水準から日本銀行が定める数値を差し引いた利率とされた．また，2009年10月には固定金利方式の共通担保オペを導入し，長めの資金供給を行うこととした．

■**量的・質的金融緩和政策**　日銀は 2013 年 4 月には**量的・質的金融緩和政策**を導入した．操作目標をマネタリーベースに変更し，その目標を年間 60〜70 兆円のペースとした．同時に，長期国債買入を 50 兆円のペースで行うとし，買入対象を長期化した．

2014 年には量的・質的金融緩和政策を拡大し，2016 年にはマイナス金利付き量的・質的金融緩和政策に拡張した．このマイナス金利付き政策では，日銀当座預金を 3 段階に分け，基礎残高（2015 年中の平均残高）には +0.1%，マクロ加算残高にはゼロ%，政策金利残高には −0.1% を適用することとした[*3]．

2016 年 9 月には長短金利操作付量的・質的金融緩和政策を導入した．金融市場調節方針は，(1) 日銀当座預金の政策金利を −0.1%，(2) 10 年物国債金利がおおむね現状 (0%) となるよう長期国債の買入れ，(3) 国債買入指値オペを導入，固定金利資金供給オペ期間の 10 年延長などである．日銀は (1) と (2) をイールド・カーブ・コントロールと呼び，この政策の柱とした．

---

†コンセプト・チェック
- ゼロ金利政策，量的緩和政策，量的・質的金融緩和政策とはどのようなものか？

---

─── コラム・・・世界のマイナス金利政策 ───

世界で最初にマイナス金利（負の金利）政策を導入したのはデンマークでした（2012 年）．デンマークで住宅ローンを組んだ人の中には利息を受け取る人もいました．普通は住宅ローンを組むと利息を支払うのですから，今までとは真逆です．Wall Street Journal によると，26 万ドルのローンを組んだ人が四半期で 38 ドルの金利を受け取ったそうです（利率は −0.0562%）．

現在では，デンマークの他，日本銀行，ヨーロッパ中央銀行（ECB，2014 年），およびスイス（2014 年）とスウェーデン（2015 年）の中央銀行がマイナス金利政策を導入しています．

欧州では欧州債務危機のときに，インフレ率 (HICP) が 4% から −0.7%（2009 年）

---

[*3] マクロ加算残高とは所要準備等にマクロ加算額を加えたものである．政策金利残高は当座預金残高から基礎残高とマクロ加算残高を除いた部分である．

まで落ち込み，その後一旦 3%まで回復しましたが，それ以降は低インフレ・デフレが続いています．こうした傾向を受けて ECB は日本よりも前にマイナス金利政策を導入しました．

　マイナス金利政策は天と地が反転したような現象です．銀行にお金を預けるとゼロ金利か，利子を支払います．お金を借りれば利子を受け取るからです．このような世界では，人々はお金を預けるよりも借りたお金を使って投資をしたほうが有利なように見えます．収益性の低い投資計画でも収益率がプラス（あるいはマイナスの金利以上）であれば利益が上がりますから，投資を刺激する効果が期待されました．また，銀行にはそうした投資のための資金を供給することが期待されました．

　一方，マイナス金利政策には副作用も懸念されています．銀行借入金利がマイナスになると，不動産価格の上昇により金融システムが不安定化するという人もいます．また，ローンの対所得倍率が上昇すると将来の不良債権になりかねません．さらに，金利がプラスに戻ったときに，マイナス金利で借り入れた人の返済の滞納も心配されます．

　日本では現在のところ銀行の貸出金利はマイナスになっていないようです．しかし，長期金利の低下は銀行が貸出の基準とするベースレートの低下をもたらしています．そのため，銀行の利ザヤが縮小するという副作用も生じています．また，長期国債利回りに連動する金融資産を多く持つ金融機関の利益も縮小しています．マイナス金利の現状は，金融機関に創意工夫を求めているようです．

## 2. インフレ率と利子率の動向◦

### 2.1　インフレ率の指標にはどのようなものがあるか

■消費者物価指数　消費者物価指数 (**CPI**) は 1946 年から作成されている**物価指数**であり，一定の品目を購入する家計の支出を測る[*4]．

　具体的には，基準年（2015 年）における品目の支出割合を固定し，これをウェイトとして品目別の価格比（比較時価格/基準時価格）の平均をとり，100 を掛けて作成される．この方法は指数計算の基準年固定方式ラスパイレス型に該当する．

　指数の対象となる品目は現在 585 品目である[*5]．よく用いられるのは基本分類指数の総合 CPI（全国），生鮮食品を除く総合（コア CPI），食料（酒類

---

[*4] 総務省統計局が作成し，月末に前月分が公表される．
[*5] 品目については，インターネット付録 13.1 を参照．

を除く) 及びエネルギーを除く総合 (コアコア CPI) である.

■**GDP デフレーター** GDP デフレーターは GDP 統計における物価の変動を表す統計指標である. GDP 統計では物価の変動を除外した**実質 GDP** が計算されるが, **GDP デフレーター**は実質 GDP に対する名目 GDP の比率 (×100) である[*6].

実質 GDP は原理的には基準時の物価を固定して国内総支出の実質値を計算するという考え方に基づく, 連鎖方式のラスパイレス型数量指数の一種である[*7]. GDP デフレーターは連鎖方式の**パーシェ型物価指数**の一種である.

GDP 統計には四半期別 GDP 速報 (QE) と年次推計があり, 四半期終了の翌々月に 1 次 QE が, 3 ヵ月後に 2 次 QE が公表される.

■**CPI と GDP デフレーターの違い** CPI は消費者が購入する品目に限定しているが, GDP デフレーターは国内総支出に含まれるすべての最終需要財を含んでいるという点に違いがある[*8].

■**インフレ率の定義** これら二つの物価指数からそれぞれインフレ率を計算できる. **インフレ率**は物価指数の変化率であり, 前期比や前年同期比がある. CPI は月次であるから, 前月比または前年同月比が計算でき, GDP は四半期ベースであるから, 四半期デフレーター季節調整系列前期比変化率と四半期デフレーター原系列前年同期比変化率が発表される.

## 2.2 インフレ率はどのように推移してきたか

■**インフレ率の推移** 図 13-1 は日本のインフレ率の推移を表している. 1974 年の第一次オイルショックにおける約 20% をピークとして, 1980 年代は CPI で平均 2.44%, GDP デフレーターで 1.85% とまずまずのインフレ率を実現

---

[*6] GDP デフレーターの計算についてはインターネット付録 13.1 を参照.
[*7] 連鎖方式では, 各年において前年の物価を固定した価額比を基準時から比較年まで総乗したものに, 基準年の名目 GDP を掛けたものになる.
[*8] また, 前述のとおり, CPI は基準年固定方式のラスパイレス型指数, GDP デフレーターは連鎖方式のパーシェ型指数という違いもある.

図 13-1（日本のインフレ率）

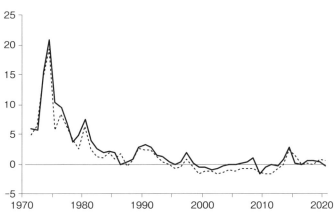

(注) 単位（%）．実線は CPI（全国総合）の変化率（年率・前年度比），点線は GDP デフレーター（年率・前年度比）を表している．GDP デフレーターの 1995～2020 は 2015 年基準（2015SNA），1981～1994 は 2000 年基準（93SNA 連鎖方式），1971～1980 は 1990 年基準（68SNA 固定方式）を用いている．

していた．その後の CPI インフレ率の平均値は 1990 年代 1.13%，2000 年代 −0.25%，2010 年代 0.48% となっており，GDP デフレーターのほうも 0.41%，−1.11%，−0.014% となっている．1990 年以降，CPI インフレ率が 3% を上回ったのは 1990 年 (3.3%) のみであり，近年では消費税率が引き上げられた 2014 年に 2.9%，1997 年に 2% を記録した他は 0% 台またはマイナス（デフレ）の場合がほとんどであった．

### 2.3 利子率はどのように推移してきたか

■10 年物国債利回りとコール・レート　図 13-2 は，日本の代表的な金利である 10 年物国債最終利回りと無担保コール・レート（オーバーナイト物）の推移を表している．前者は**長期金利**の代表的指標であり，後者は**短期金利**の代表とされる．

これらの金利はバブル期には約 8% まで上昇していたが，前述のように，平成不況と呼ばれる長期不況（失われた X 年）と大規模な金融緩和のため，1995 年以降は低金利（ゼロまたはマイナスを含む）の状態が続いている．

図 13-2 (日本の利子率の推移)

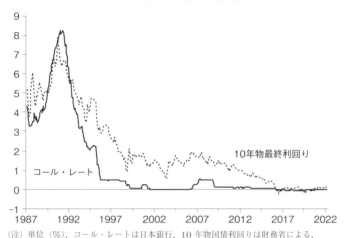

(注) 単位 (%). コール・レートは日本銀行, 10 年物国債利回りは財務省による.

■**コール・レートの推移** コール・レート (月平均) が 2% を割り込んだのは 1995 年 4 月であった. 1995 年 7 月には 1% を下回り, ゼロ金利政策開始直後の 1999 年 3 月には 0.1% を下回った. 量的緩和政策開始直後の 2001 年 4 月には, コール・レートは 0.02% となり, 2002 年 1 月には 0.001% となった. 量的緩和・ゼロ金利解除後の 2006 年 8 月にようやく 0.25% となり, 2008 年頃までは 0.2% を超える水準が続いた. その後, 2010 年には再び 0.1% を切り, マイナス金利導入後の 2016 年 3 月にはコール・レートもマイナスとなった.

■**国債利回りの推移** 一方, 10 年物国債利回りが 2% を割り込んだのは 1997 年 10 月であり, その後 2012 年 3 月までは 1〜2% のレンジで推移を続けた. このレンジを割り込んで長期金利が低下傾向をもつようになったのは日本銀行が「中長期的な物価安定の目途」を掲げ金融緩和の強化を行った直後からである. その後, 量的・質的金融緩和政策が強化された 2014 年 10 月以降は 0.5% を下回るようになり, マイナス金利導入により 2016 年 3 月には 10 年物国債利回りもマイナスになった.

† コンセプト・チェック
- 消費者物価指数，GDP デフレーター，インフレ率とは何か？
- 日本のインフレ率・利子率はどのように推移してきたか？

## 3. インフレ率の利子率への影響：実質利子率◇◇

本節では，インフレ・デフレが金融取引にどのような影響を与えるのかを説明する．

### 3.1 インフレ・デフレの利子率への影響

■**インフレ・デフレの金融取引への影響**　インフレやデフレ下の経済では，家計や企業にとって重要なのは**実質利子率**である．たとえば，前年の**物価**が100，今年の物価も100とすれば，インフレ率は0%である．あなたが名目利子率5%で100円を資金運用したなら，5円の利子がえられる．

しかし，今年の物価が110になったとしたらどうだろうか．インフレ率は10%である．もしあなたが名目利子率5%で運用していたら，あなたは105円の収入をえるが，物価が10%上昇しているので，実質的に消費できるのは$105/1.1 = 95.46$でしかない．平たく言えば，去年100円で売っていたジュースを去年は買えたのに，5%の利子で運用した結果，そのジュースは買えなくなってしまったのである．

資金調達サイドについてデフレの場合を考えてみよう．前年・今年の物価が100であるとする（インフレ率は0%）．企業は前年に8%の名目利子率で100万円を資金調達し，今年108万円を返済する．今年のキャッシュフローは110万円である．企業は110から108を返済して2万円が利益となる．

しかし，今年デフレが起こり，前年の物価が100から90に下落したらどうだろうか（インフレ率 −10%）．デフレにより企業のキャッシュフローは$99(= 110 \times (1 - 0.1))$万円になるから，返済額108万円を支払うことができない．

■**実質利子率**　このようにインフレやデフレは企業や家計の金融取引に大きな影響を与える．元本1を名目利子率 $r$ で運用したときの名目返済額は $1+r$ であるが，価格が前年の $P_0$ から今年 $P_1$ になるときには返済額の実質価値は

$$\frac{1+r}{P_1/P_0} \tag{13.1}$$

となる．インフレ率は

$$\pi = \frac{P_1}{P_0} - 1 \tag{13.2}$$

であるから，上式は

$$\frac{1+r}{1+\pi} \tag{13.3}$$

となる．これが返済額（または運用額）の実質価値である．

　元本が1であるから，実質利子率 $R$ は

$$R = \frac{1+r}{1+\pi} - 1 = \frac{r-\pi}{1+\pi} \tag{13.4}$$

と計算される．先の家計の例では実質利子率は $1.05/1.1 - 1 = -4.6\%$，企業の例では $1.08/0.9 - 1 = 20\%$ である．

■**実質利子率，名目利子率，インフレ率の関係**　(13.4) 式から，インフレ率が上昇すると実質利子率が下落し，インフレ率が下落すると実質利子率が上昇することが分かる．また，名目利子率と実質利子率は正の関係にある．さらに，名目利子率がインフレ率よりも大きいとき，実質利子率は正，逆の場合は負となる．

### 3.2　フィッシャー方程式とは何か

■**期待インフレ率とフィッシャー方程式**　I. Fisher は名目利子率がインフレ・デフレの予想をもとに形成されると考えた．家計の例では10%のインフレを予想する家計は合理的に5%の名目利子率で運用しようとはしないだろう．土地や商品などインフレ率に連動して価格が変動する実物資産に投資す

れば，少なくとも（実質利子率が0であるとしても）名目で10％の収益が期待できるからである．

家計や企業が予想するインフレ率を**期待インフレ率**と呼び，$\pi^e$ と表せば，(13.4) 式の $\pi$ を $\pi^e$ に置き換えて，次のように整理できる．

$$r = (1+R)(1+\pi^e) - 1 = R + \pi^e + R\pi^e \tag{13.5}$$

この式を**フィッシャー方程式**という[*9]．

この式は実質利子率 $R$ が一定であると考えられる限り，名目利子率は期待インフレ率の変化を100％織り込むということを意味している．これを**フィッシャー効果**という．名目利子率に期待インフレ率の変化が100％織り込まれず，実質利子率の低下を招くことは**マンデル効果**と呼ばれる．

■**実質利子率の推移**　図 13-3 は，(13.4) 式を用いて計算された日本の実質利子率の推移を表している．ここでは 10 年物国債最終利回り − 消費者物価前

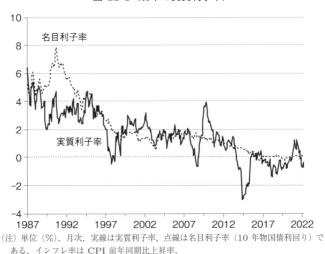

図 13-3（日本の実質利子率）

（注）単位（％）．月次．実線は実質利子率，点線は名目利子率（10 年物国債利回り）である．インフレ率は CPI 前年同期比上昇率．

---

[*9] $R\pi^e$ の項が無視できるほど小さいとすれば，近似的に $r = R + \pi^e$ と表せる．

年比上昇率として計算している*10.

実質利子率は1997年までは2%を超える水準で推移したが，1997年に一旦マイナスとなってからは2%前後で推移した．2000年代の平均は1.7%であった．その後，2013年から2015年，2017年以降に実質金利はマイナスとなった．

---

†コンセプト・チェック
- 実質利子率，フィッシャー方程式，期待インフレ率とは何か？
- 日本の実質利子率はどのように推移してきたか？

---

## 4. 伝統的なマネーの理論◇◇◇

### 4.1 マネーを需要する動機

経済主体がマネーを需要する理由には取引動機，資産動機，予備的動機の3つの動機がある．

■**取引需要** マネーを財・サービスの取引のために需要することをマネーの取引需要という．現金や普通預金・当座預金は家計や企業が決済に用いるために保有するマネーである．取引の手段としてマネーが果たす機能を交換手段の機能という．

一国のマネーの**取引需要**は取引金額（またはGDP）が大きくなるほど多くなる．また，利子率が高くなるほどマネー保有の機会費用が高くなるため，取引需要は少なくなる．利子率が高いときには，利子を生む金融資産を多く保有した方が利子を多く稼ぐことができるからである*11.

---

*10 事前にインフレ率を予想する一つの方法として，財務省が公表しているブレーク・イーブン・インフレ率 (BEI) を期待インフレ率とみなすという方法がある．インターネット付録13.1を参照．

*11 Baumol, W. 1952. The transaction demand for cash: An inventory theoretic approach. *Quarterly Journal of Economics* 66, 545-556. Tobin, J. 1956. The interest-elasticity of transactions demand for cash. *Review of Economics and Statistics* 38, 241-247.

■**資産需要** 資産選択において，無リスク資産の一つとしてマネーを保有することを**マネーの資産需要**という．特に，定期性預金は比較的リスクの少ない金融資産として保有される．

他の金融資産の利子率が高いほど，マネーは魅力的な資産ではなくなるからマネーの資産需要は少なくなる．無リスク資産としてマネーが果たす機能を**価値保蔵機能**という．

■**予備的需要** 将来の不確実なマネー需要に備えるために保有するマネーを**予備的需要**という．たとえば，急病による医療費を支払うために予め保有しておくマネーのことである．予備的需要は取引需要・資産需要と同様，取引金額 (GDP) が大きいほど大きく，また，利子率が高いほど小さい．

### 4.2 マネーの需要関数

■**名目値と実質値** 物価が高いほど，1円で買うことのできる財・サービスの量は少なくなる．物価水準を $P$ とおくと，1円で買うことのできる財の量，すなわちマネーの価値は，$1/P$ である．つまり，物価 $P$ が高いということはマネー（1円当たり）の価値が小さいことを意味する．

マネーの単位で表された変数（**名目変数**）を物価水準で除したものをその変数の実質値（**実質変数**）という．たとえば，名目賃金が 100，物価水準が 100 のとき実質賃金は $100/100 = 1$ であるが，物価水準が 200 になると実質賃金は $100/200 = 0.5$ になる．

■**マネー需要関数：流動性選好理論** マネー需要の実質値（$L$ とおく，以下同様）は主に実質 GDP($Y$) の増加関数であり，利子率 ($i$) の減少関数である．すなわち，マネー需要関数は $L(Y, i)$ と表される．

■**流動性選好理論におけるマネー市場の均衡** ケインズ (J. Keynes) の**流動性選好理論**では，マネー市場と債券市場を考え，マネーの利子率はゼロであ

## 4. 伝統的なマネーの理論

図 13-4（流動性選好理論）

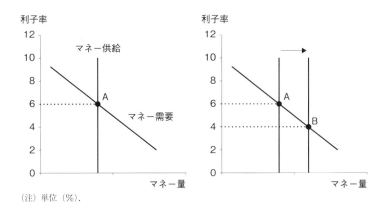

(注) 単位 (%).

ると仮定する[*12]．このため，債券利子率が上昇するとマネー需要は減少すると考えられる．この理論では，実質 GDP と物価を所与として，マネー市場と債券市場で**利子率が決定される**．

図13-4（左）に描かれている右下がりのグラフは流動性選好理論のマネー需要関数である．利子率が下がるほどマネー需要は増加する．垂直線はマネー供給の実質値 ($M/P$) である．

図の A 点では 6% の利子率でマネーの需給が均衡している．流動性選好理論では，GDP を所与として，マネーの需給が均衡するように利子率 ($i$) が決定される．

■**金融政策の利子率への影響**　流動性選好理論では，金融政策は利子率に影響を与える．図13-4（右）に示すようにマネー供給 ($M$) の増大は垂直線 ($M/P$) を右にシフトさせ，均衡点を B 点にする．中央銀行が債券の買いオペを行うと，市場では債券が品薄になり債券価格が上昇，債券利子率は低下する．利子率の低下をうけて，家計・企業のマネー需要は増加している．

逆に，マネー供給 ($M$) の減少は垂直線 ($M/P$) を左にシフトさせ，利子率

---

[*12] 当時の銀行預金は普通預金が主であり，利子率もほぼゼロであった．現代では，定期預金の比率が増えたため，この仮定はそのまま現代に当てはめることができない．

を上昇させる．

■インフレの利子率への影響　流動性選好理論では，物価の変動も利子率に影響を与える．物価 ($P$) の上昇はマネー量の実質値 ($M/P$) を低下させるから，マネー供給 ($M$) の減少と同じ効果がある．物価水準が高くなるほど，供給されているマネーは実質的に少なくなるので，経済主体は債券を売ってマネーを手に入れようとする．このため，債券価格は下落し，利子率 ($i$) は上昇する．

### 4.3　古典派の数量説

■古典派のマネー需要関数　経済学の古典派と呼ばれる人たちは，マネーの需要は物価 ($P$) が高くなるほど多くなると考えた．物価が高くなるほど取引に必要なマネー（取引需要）は多くなるからであり，この考えは現代に受け継がれている．

　古典派のマネー需要関数では，マネーの価値が高い（物価が低い）ほどマネー需要（取引需要）が少ない[*13]．

■図解　図 13-5 の右下がりの曲線は古典派のマネー需要関数を表している．縦軸にはマネーの価値をとり，横軸にはマネー量をとっている．マネー供給は垂直線で表される．

　図 13-5（左）では，ある水準にマネーの供給量が与えられているときに，マネーの価値がどのように決まるかを表している．A 点においてマネーの需要と供給が均衡し，マネーの価値が 4 になっている．これは 1 円当たり 4 単位のモノ（物価に含まれる財すべて）が買え，物価水準が $1/4 = 0.25$ であることを意味する．

　図 13-5（右）は，マネー供給量を増加したときにマネーの価値がどのように変化するかを表している．マネー供給量の増加は垂直線の右シフトで表さ

---

[*13] マネー需要関数を $M = kPy$ とする式は**ケンブリッジ方程式**と呼ばれ，式の係数 $k$ を**マーシャルの $k$** という．

## 4. 伝統的なマネーの理論

図 **13-5**（古典派の数量説）

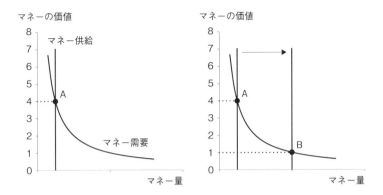

れる．均衡点は A 点から B 点に移り，マネーの価値は 4 から 1 に低下する．これは物価水準が 0.25 から 1 に上昇したことを意味する．

■**マネー供給の増加は物価を上昇させる**　なぜ物価が上昇したのだろうか．それはマネーが多く供給されたことによって，マネーが市場で余り，マネーの価値が低下したからである．このようにマネーの数量が直接，物価水準を決定するという考え方を古典派の**数量説**（**貨幣数量説**）という．

### 4.4　マネーの中立性とは何か

■**マネーの中立性**　数量説では，マネー数量は物価水準を決定するだけであり，他の重要な変数（たとえば実質 GDP）には影響を与えないと考えられている．マネー数量が影響を与えるのはマネーの単位で測られた金額（名目値）だけである．これを**マネーの中立性**という．

　たとえば，マネー量を増やした時には，財の価格，賃金，名目 GDP などの名目値（円の単位で測られるもの）がすべて上昇・増加する．しかし，実質 GDP や実質賃金（＝賃金/物価）などの実質値には影響しない．

図 13-6（日本のマネー流通速度）

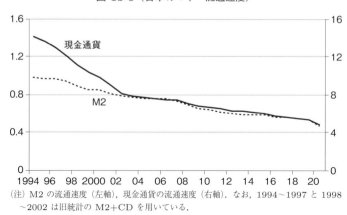

(注) M2 の流通速度（左軸），現金通貨の流通速度（右軸）．なお，1994～1997 と 1998
～2002 は旧統計の M2+CD を用いている．

## 4.5 数量方程式とは何か

■**流通速度** マネーは経済を循環しているから，1 年に何回か取引で使用される．物価を $P$，実質 GDP を $Y$，マネー量を $M$ とすると，

$$V = \frac{PY}{M} \tag{13.6}$$

は名目 GDP のマネー量に対する比率であり，名目 GDP の取引を行うためにマネーが何回使われるのかを表す．$V$ が高いほどマネーが経済を循環する速度は速いので，$V$ を**マネーの流通速度**という．非伝統的金融政策が導入されるまでは，流通速度は比較的安定しており，**マネー量**と**名目 GDP** の関係は安定的であった．

図 13-6 はマネー量 M2 と現金通貨を用いた二つの流通速度を表している．M2（旧統計の M2+CD）でみた流通速度（左軸）は 1994 年頃には 1 に近い数字であったが，近年は 0.5 まで落ち込んでいる．現金通貨の流通速度は 14 から 5 までより大きく落ち込んでいる．

■**数量方程式** (13.6) 式を書き換えると，

$$MV = PY \tag{13.7}$$

となる．これをマネーの**数量方程式**（または**フィッシャーの交換方程式**）という[*14]．マネーはストックとして $M$ 存在しているから，決済に用いることのできるマネー量は $MV$ となる．上式は，取引金額（右辺）が取引に用いることのできるマネー量（左辺）と等しいという関係を意味している．

この式はどのような場合にも必ず成り立つ恒等式である．4つの変数のうち一つが変化すると，他のいずれか（複数でもよい）が必ず変化して上式が常に成立する．たとえば，マネーが増加すると，流通速度が一定ならば物価または実質 GDP の上昇が生じる．なお，流通速度の逆数を**マーシャル (Marshall) の $k$** という．

> †コンセプト・チェック
> - マネー需要には何が影響するか？
> - 金融政策は利子率にどのような影響を与えるか？
> - 古典派の数量説，マネーの中立性とは何か？

## 5. インフレのコスト◇◇◇

### 5.1 インフレのコストとは何か

■**インフレとデフレの誤解**　読者の中にはデフレはモノを低価格で買えるようになるから，インフレよりもデフレのほうがよいと考える者もいるかもしれない．逆に，インフレは生活水準が低くなるからよくないと考えるかもしれない．しかし，マネーの中立性のもとではこれらの考えは誤りである．デフレの下では労働者の受け取る賃金も下がり，インフレの下では上がる．よって，インフレもデフレも名目的現象である限り，実生活に影響はない．

■**インフレのコスト：ハイパーインフレ**　しかし，インフレにはコストがかかる．インフレには，1年で物価水準が5倍以上～100倍以上になる**ハイパーインフレ**がある．ハイパーインフレの最高記録は 1946 年のハンガリー，2位

---

[*14] GDP の代わりに取引金額を用いたバージョンもある．

は 2008 年のジンバブウェである[*15]．

　ハイパーインフレには，戦争による戦費調達の為の財政赤字や通貨危機・金融危機，不十分な徴税制度などの要因が考えられる．マネーの価値が暴落するハイパーインフレの状況では，マネー保有に大きなコストがかかるようになり，通貨として使用されなくなることもある．

■**靴底コストとメニューコスト**　ハイパーインフレでなく，比較的マイルドなインフレでもコストはかかる．インフレ下においてマネー（現金）保有を減らすためには，1 回に現金を引き出す金額を少なくし，預金引出を頻繁に行う必要がある．預金引出を頻繁に行うため銀行まで歩く距離が増加すると，靴底の摩耗が早くなる．インフレが銀行取引を行う取引コストを増大させることを**靴底コスト**という．また，インフレ時にはインフレに合わせた価格の改訂にかかるコストも増大する．これを**メニューコスト**という．

■**インフレ税**　インフレ税はマネーを大量に発行することで中央銀行の**通貨発行益**（シニョレッジ）を政府活動の財源にするという方法である．徴税制度が不十分なため脱税が横行する国では，通貨発行益を政府が財源にすることがある．インフレにより経済主体のもつマネーの実質的な価値は目減りするから，その分が課税されたのと同様に可処分所得が減少し，急激なインフレが生じる．

---

†コンセプト・チェック
- インフレのコストとは何か？
- ハイパーインフレとは何か？

---

[*15] ハンガリーでは 1945 年から 46 年に前月比で平均 198 倍，月間最高 420 兆倍（1946 年 7 月）を記録した．ジンバブウェでは 2008 年 11 月に月間 7.96 億倍を記録した．他の事例に，第一次世界大戦後のドイツ，ハンガリー，ポーランド，オーストリアの 4 カ国，第二次世界大戦後のハンガリー，中国，ギリシャ，台湾などがある．

# 第14章

# マクロ経済と金融政策

　本章では，マクロ経済におけるデフレ・インフレ，金融政策の効果について説明する．**1 節**では総需要・総供給分析の枠組みを，**2 節**で総需要・総供給分析の枠組み（短期）において，なぜデフレが生じるのかを説明する．**3 節**では，金融政策がどのような効果を持つのかを詳述し，**4 節**では，インフレの種類と総需要・総供給分析の枠組み（長期）について紹介する．

## 1. マクロ経済と総需要・総供給分析

### 1.1　好況・不況はなぜ生じるのか

■**景気循環**　マクロ経済の変動のうち，一時的な変動を**景気循環**という．景気は様々なショック（要因）によって変動する．正のショックが生じると景気は回復し，好況になる．負のショックが生じると景気は後退し，不況になる．

■**需要ショックと供給ショック**　経済学者は景気変動の要因となるショックを**需要ショック**と**供給ショック**に分類する．需要ショックは，たとえば資産バブルによって家計の消費が刺激されたり，法人税の引き上げにより企業の投資意欲が減退するなど，需要サイドで生じるショック（需要の変化）である．供給ショックは，技術進歩による生産性の改善や人口増大，新資源の発

見など供給サイドで生じるショック（供給の変化）である．

■**総需要の構成項目**　マクロ経済における**総需要**（実質値）は**消費** $C$，**投資** $I$，**政府支出** $G$，**純輸出** $NX$ に分解される．すなわち，実質 GDP を $Y$ とおくと，

$$Y = C + I + G + NX \tag{14.1}$$

である．需要ショックは，右辺の $C, I, G, NX$ のいずれかが増加・減少することを指す．以下では実質 GDP を単に **GDP** という．

## 1.2　総需要−総供給分析とは何か

■**総需要−総供給分析**　貨幣経済学 (monetary economics) と呼ばれる分野では，インフレ率や物価水準がマクロ経済の**総需要** (aggregate demand) と**総供給** (aggregate supply) の均衡によって決定されると考える．その中で，**総需要・総供給 (AD–AS) 分析**は最もベーシックな分析枠組みである．

　AD–AS 分析では，ミクロ経済学で考えるような需要・供給の均衡を考える．図 14-1 には**総需要 (AD) 曲線**と**総供給 (AS) 曲線**が描かれている．この分析では，マクロ経済におけるすべての財を単一の財であると見なし，その価格は物価，数量が GDP である．

■**右下がりの総需要曲線**　総需要曲線が右下がりであるのは，物価が高いほど，(14.1) 式の総需要項目の各項目が減少し総需要が少なくなるからである．
　たとえば，消費の場合，物価が上昇すると，家計はこれまで買っていたものを買う余裕がなくなり，消費を切り詰めなければいけなくなるから，消費需要 $C$ は減少する．
　また，第 13 章 4.2 節で説明したように，流動性選好理論では物価の上昇により，家計は金融資産を売るから，金融資産の価格は下落し，利子率は上昇する．利子率の上昇は投資需要を減少させる．

■**右上がりの総供給曲線**　総供給曲線が右上がりであることは，物価が高い

## 1. マクロ経済と総需要・総供給分析

図 14-1 (AD–AS 分析)

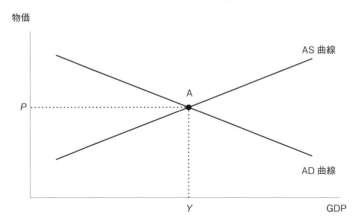

ほど企業が総供給を増大させるということである．その理由としては，(1) 価格の誤認識，(2) 名目賃金の硬直性，(3) 価格の硬直性，がある[*1]．

**価格の誤認識**とは，企業が物価の上昇に気づくのが遅れることをいう．物価が本当は上昇していることに気づかず，自己の財価格・収入だけが増加したと誤認した企業はより多くの生産要素を投入して生産を拡大する．このため，総供給曲線が右上がりとなる．このような誤認は**貨幣錯覚**ともいう．

右上がりの総供給曲線のことを短期の総供給曲線といい，短期の総供給曲線を用いた AD–AS 分析は短期の均衡分析である[*2]．

■**AD–AS 分析の均衡（短期）**　AD–AS 分析の枠組み（短期）を表す図 14-1 に戻ると，マクロ経済における需給均衡は A 点であり，均衡物価水準が $P$ に，均衡 GDP が $Y$ に決定される．

---

[*1] 右上がりの AS 曲線は**短期（または中期）の総供給曲線**と呼ばれる．(2) と (3) については金融経済学（清水克俊）参照．

[*2] なお，4 節で説明するように，長期的には生産要素市場は需給均衡していると考えられるため，総供給曲線は完全雇用水準で垂直になる．

> †コンセプト・チェック
> - 需要ショック,供給ショック,総需要–総供給分析とは何か?
> - 総需要曲線はなぜ右下がりなのか?
> - 総供給曲線はなぜ右上がりなのか?

## 2. インフレとデフレ°

### 2.1 インフレとデフレはどのように発生するのか

■**インフレとデフレの発生** AD–AS 分析では,インフレやデフレはそれぞれの曲線のシフトの結果生じる.インフレは AD 曲線・AS 曲線の上方シフトにより生じ,デフレは AD 曲線・AS 曲線の下方シフトにより生じる.

図 14-2 では AD 曲線が下方にシフトしてデフレ(物価の下落)が起きている.すなわち,AD 曲線のシフトによって均衡点は A 点から B 点に変わるから,物価水準は $P_0$ から $P_1$ に下落し,GDP は $Y_0$ から $Y_1$ に減少する.

図 14-3 では AS 曲線が下方にシフトしてデフレが起きている.すなわち,AS 曲線のシフトによって均衡点は A 点から B 点に変わるから,物価水準は

図 **14-2**(AD 曲線のシフトとデフレ)

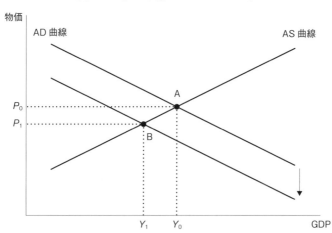

## 2. インフレとデフレ

図 14-3 (AS 曲線のシフトとデフレ)

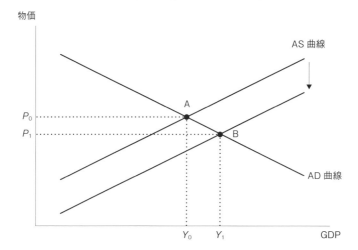

$P_0$ から $P_1$ に下落し，GDP は $Y_0$ から $Y_1$ に増大する．

### 2.2　デフレはなぜ起きるのか

■**デフレの日本経済**　前章で見たように，近年の日本経済はデフレ傾向が極めて強いと言える．CPI でみると，1999 年〜2005 年と 2009 年〜2012 年はそれぞれ 7 年連続，4 年連続のデフレであった．GDP デフレーターで見ると，1998 年から 2012 年まで 15 年連続のデフレである．諸外国を見ると，このようなデフレに長期間直面した国は少ない．

図 14-4 は日米の 1991 年以降のインフレ率の推移をみたものである．米国の平均は 2.4%，日本の平均は 0.4% であり，その差は 2% である[*3]．

■**デフレの原因**　図 14-2 において AD 曲線が下方シフトするのは，消費・投資などの内需や外需（純輸出）の減少という負の需要ショックが生じたときである．

近年の日本経済において負の需要ショックとして考えられるものには，

---

[*3] 世界各国のインフレ率と実質 GDP 成長率について，インターネット付録 14.1 を参照．

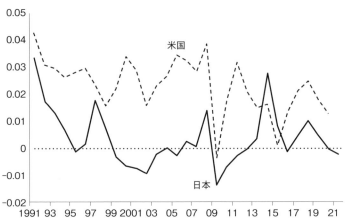
図 14-4（インフレ率の比較：日米）

(注) IMF:International Financial Statistics による Consumer Prices を用いている．

(1) 少子・高齢化に伴う若年層の税・社会保険料の増加による消費の減少，(2) 非正規雇用の増加に伴う所得・消費の減少，(3) 新興国の競争力の上昇による国内企業の競争力の相対的低下に伴う投資の減少，(4) 円高局面における輸出の減少などが考えられる．

図 14-3 において AS 曲線が下方シフトするのは，たとえばスマートフォンなどの技術革新や輸入原材料価格の低下による生産性の改善といった供給ショックが生じたときである．

### 2.3 インフレ・デフレと失業の関係

■**インフレ率と失業率：フィリップス曲線** インフレ率と**失業率**の関係を表す曲線を**フィリップス曲線**という[*4]．フィリップス曲線は通常，失業率が高いほどインフレ率が低い関係，すなわちインフレと失業のトレード・オフを表す．インフレ率が高いときには，景気がよく，高い GDP とともに失業率が改善されるためである[*5]．

---

[*4] W. Philips はイギリスの失業率と賃金変化率の間に負の関係を見出した．
[*5] 景気の変動が需要ショックによって起きると AD 曲線のシフトとともに，物価と GDP の間に正の関係が生まれる．一方，**オーカン(Okun) の法則**により失業率と GDP の間には負の関係がある．

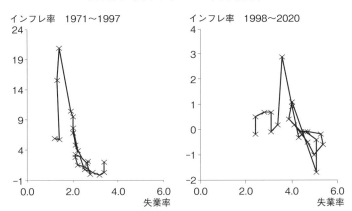

図 14-5 (日本のインフレ率と失業率)

(注) 単位 (%). インフレ率は総務省統計局 CPI を, 失業率は総務省統計局労働力調査を用いている.

図 14-5 には, 日本の失業率を横軸に, インフレ率 (CPI 上昇率) を縦軸にとり, それらをプロットしたものである. 図 14-5 (左) は 1971 年から 1997 年までを, 図 14-5 (右) は 1998 年から 2020 年までをプロットしている.

† コンセプト・チェック
- デフレはどのようにして発生するか？
- インフレと失業率の間にはどのような関係があるか？

## 3. 金融政策とマクロ経済◇◇

### 3.1 金融政策はどのように物価に影響を与えるのか

■**マクロ経済政策と総需要** 政府・中央銀行は物価や景気の安定化のためにマクロ経済政策を実行する. マクロ経済政策には財政政策と**金融政策**がある. いずれの政策も経済の需要サイドに働きかけることで, ショックを和らげ景気・物価の安定化を図る役割を果たす.

■**金融政策の総需要への影響：AD 曲線のシフト**　金融政策は利子率の変動を通じて投資や消費に影響を与え，総需要に影響する．第 13 章の図 13-4 において説明したように，マネー供給の増大は利子率を下落させ，投資を増大させる．その結果，物価を一定として総需要が増大するから，AD 曲線は右にシフトする．

■**AD–AS 分析における金融政策の効果**　図 14-6 は AD–AS 分析における金融政策の効果を見たものである．当初の均衡点は A 点であり，物価水準は $P_0$，GDP は $Y_0$ であったとする．マネー量を拡大すると，AD 曲線が右にシフトし，新しい均衡点 B が実現する．この結果，物価水準は $P_1$ に上昇し，GDP も $Y_1$ に増大する．すなわち，マネー量の拡大は物価水準の上昇と GDP の増大をもたらす．

■**AD–AS 分析における金融政策の有効性**　AD–AS 分析において，金融政策の有効性は，マネー需要の利子弾力性，投資の利子弾力性，乗数効果の大きさなどに依存する．

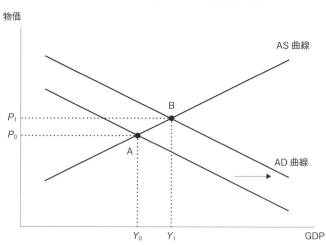

図 14-6（AD–AS 分析における金融政策の効果）

**マネー需要の利子弾力性**　マネー需要の利子弾力性とは，利子率の変化に対してマネー需要が変化する割合である．マネー需要の利子弾力性が大きいとき，わずかな利子率の低下に対してマネー需要は大きく増大する．この場合，マネーの供給量を増大させても利子率は少ししか低下しない．

**投資の利子弾力性**　投資の利子弾力性とは，利子率の変化に対して投資が変化する割合である．投資の利子弾力性が大きいとき，わずかな利子率の低下に対して投資は大きく増大する．

**乗数効果**　乗数効果とは，総需要の増大が所得の拡大と消費の拡大を連鎖的にもたらすことをいう．経済における総需要が潜在産出量を下回るとき，デフレ・ギャップが存在するという．デフレ・ギャップが存在するときには，総需要の増大は物価の変化を伴うことなく，家計の所得増をもたらし，所得の伸びた家計は消費を拡大する．この消費の拡大は，さらなる所得の増大をもたらし，さらなる消費の拡大をもたらす．

　所得の増加に対して家計が消費を拡大する比率を**限界消費性向**という．これを $c$ とおくと，乗数効果は $1 + c + c^2 + c^3 + \cdots = 1/(1-c)$ となる．

**■有効性**　マネー需要の利子弾力性が小さく，投資の利子弾力性が大きく，乗数効果が大きい場合，金融政策の有効性は高い．マネー需要の利子弾力性が小さいときには，一定のマネー供給の増大に対して利子率が大きく下落する．投資の利子弾力性が大きいときには，一定の利子率の下落に対して，投資が大きく増大する．乗数効果が大きいときには，一定の投資の増大に対して総需要が大きく増大する．

　図14-7はAD–AS分析において金融政策の有効性を比べたものである．当初の均衡点はA点である．金融政策の有効性が低い場合，AD曲線はAD1にシフトし，金融政策の有効性が高い場合，AD曲線はAD2にシフトする．それぞれ均衡点はB点，C点に変化する．AD曲線がより大きく右にシフトするとき，均衡物価水準はより高く，均衡GDPはより大きくなる．

図 14-7（AD–AS 分析における金融政策の有効性）

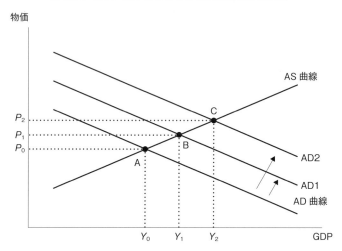

## 3.2　金融政策はどのようなルールに基づくのか

■**金融政策の政策ルール**　伝統的には，中央銀行はインターバンク金利を**操作目標**として金融政策を実行する[*6]．日本ではコール・レート，米国では FF レートが政策金利として位置づけられる．**金融政策の政策ルール**とは，中央銀行がこの操作目標（政策金利）を決めるルールのことである．

■**テイラー・ルール**　経済学者によって推計された政策ルールの例として，**テイラー・ルール**がある．これは J. Taylor によって米国の政策ルールとして推計されたものであり，

$$i = 4 + 1.5(\pi - 2) + 0.5y \tag{14.2}$$

と表される．$i$ は名目 FF レート，$\pi$ はインフレ率，$y$ は**産出量ギャップ**を表す．式に表れる数字の 2 は**インフレ・ターゲット**である．この式に従えば，FRB（連邦準備銀行）・FOMC（連邦公開市場委員会）はインフレ率が 1%上

---

[*6] 古い例外として，1979–82 年に米国ではマネー量を中間目標とし，準備預金を操作目標にした．

昇すると，FF レートを 1.5%引き上げ，GDP ギャップが 1%下落すると FF レートを 0.5%引き下げる．

■**ターゲット・ルール**　中央銀行がインフレ率や GDP ギャップなどに目標値を設定することを**金融政策のターゲット・ルール**と呼ぶ．インフレ率に目標値を設定することをインフレ・ターゲットという．インフレ・ターゲットを最初に導入した国はニュージーランドであり，その後 2008 年までに 26 の国で採用されている．インフレ・ターゲットは新興市場国においてインフレ率の低下と経済活動の安定をもたらしたとされる．

■**なぜターゲットが必要なのか**　いくつかの外国（特に米国）において，高いインフレが生じた理由として中央銀行が政治的圧力に屈して**裁量的な金融政策**運営を行ったためであると考えられたことが大きい．中央銀行に裁量の余地を残さず，インフレ・ターゲットなどのルールに基づく政策運営が必要であると考えられた[7]．

■**デフレ下のターゲット**　デフレ下のインフレ・ターゲットはインフレ下のターゲットとは異なる．P. Krugman はゼロ金利の場合においても，中央銀行がインフレ・ターゲットによって期待インフレ率を高めることで実質利子率の下落を通じて金融政策が効果をもつと論じている．将来の金融政策にコミットすることで，経済主体の期待インフレ率に影響を与える政策は**時間軸政策**と呼ばれる．

■**インフレ・ターゲットの問題点**　インフレ・ターゲットは金融政策におけるインフレ率へのコミットメントという側面を持っているが，必ずしもインフレ率にターゲットを設定する必要があるとは考えにくい．たとえば，マネー

---

[7] しかし，米国ではインフレ・ターゲットはまだ導入されていない．なお，インフレ偏向的な政策から中央銀行を守るためには，(1) インフレーションに否定的な人物を総裁にする，(2) インフレ・ファイターであるとの名声を築き，人々の信認をえる，(3) 中央銀行の独立性を高め，政治的圧力から独立させるなどがある．

の増加率などにターゲットを設定しても同様の効果をえることができるかもしれない．

インフレ・ターゲットはターゲットを明確にすることで，アカウンタビリティ（透明性）が高いという面も持っているが，米国のように金融政策の最終目標が物価の安定だけではない国においては，インフレだけを重視し，他の経済変数を軽視する政策運営になってしまう．

### 3.3　流動性の罠と金融政策

■**流動性の罠**　債券価格には通常，上限がある．割引債の場合，額面価格以上の価格で購入すると利回りは負になるため，利子をうまないマネーが債券を優越する．このため，債券価格が上限（額面）に張り付き，利回りがゼロとなる状態が起こる．これを J. Keynes は**流動性の罠**と呼んだ．

図 14-8 は図 13-4 において，流動性の罠が発生している状況を表している．債券価格の上限に対応する利子率の下限が $r_0$ である．マネー需要は右下がりであるが，$r_0$ の利子率以下には低下しないため，水平部分がある．

水平部分が流動性の罠の状態を示す．これは債券の利子率が $r_0$ のとき，経済主体がいくらでもマネーを需要すること（あるいは，わずかな利子率の低

図 14-8（流動性の罠）

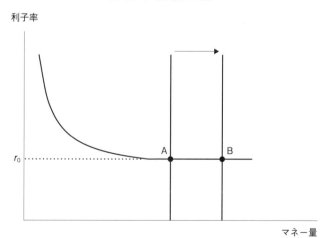

下が極めて大きいマネー需要をもたらすこと）を意味する．流動性の罠はマネー需要の利子弾力性が無限大の状態である．

■**金利のゼロ下限**　利子率の下限 $r_0$ はこれまでゼロであると考えられ，金利のゼロ下限と呼ばれてきた．いいかえれば，名目利子率には非負制約があると考えられてきた．しかし，日本銀行や他の中央銀行が行った金融政策により利子率は負の値をとりうることが近年明らかになった．

■**流動性の罠における金融政策**　金利が下限に到達すると，中央銀行が公開市場操作をしてもそれ以上に利子率は下がらないのだから，金融政策は有効性を失う．つまり，通常の利子率の低下による投資の刺激を通じた総需要拡大は生じないため，流動性の罠においては通常の金融政策は GDP や物価に影響を与えることができないという意味で無効である．

>　†コンセプト・チェック
>　● AD–AS 分析では金融政策はどのような効果をもつか？
>　● 金融政策はどのような場合に有効か？
>　● 金融政策の政策ルール，ターゲット・ルール，インフレ・ターゲット，流動性の罠とは何か？

## 4.　インフレとマクロ経済◇◇◇

### 4.1　インフレはなぜ起きるのか

■**AD–AS 分析におけるインフレ**　図 14-1 に戻って考えると，インフレはデフレの場合と逆に，AD 曲線の上方シフトまたは AS 曲線の上方シフトによって引き起こされる．

■**デマンド・プルとコスト・プッシュ**　AD 曲線の上方シフトは株価高騰による消費・投資の拡大や外国経済の好況による輸出の拡大などによって生じ

る．AS 曲線の上方シフトは輸入原材料の高騰・生産性の悪化によってコストが上昇することなどによって生じる．

　AD 曲線の上方シフトによるインフレを**デマンド・プル型インフレ**，AS 曲線の上方シフトによるインフレを**コスト・プッシュ型インフレ**という．AD 曲線の上方シフトは GDP の拡大と物価の上昇をもたらすが，AS 曲線の上方シフトは GDP の縮小と物価の上昇をもたらす．

■**スタグフレーション**　AD 曲線の上方シフトは好況とインフレという自然な形を表現しているが，AS 曲線の上方シフトは不況下のインフレという好ましくない状況を描く．後者は**スタグフレーション**と呼ばれ，1970 年代の石油ショック後の米国において 10%を超えるインフレと 8.5%という高い失業率が同時に発生したことがある．

■**長期均衡とインフレ**　これまで説明した右上がりの AS 曲線は**短期**（または中期）の**総供給曲線**と呼ばれる．長期的には AS 曲線は垂直であると考えられている[*8]．

　図 14-9 は垂直の AS 曲線のもとでの均衡を表している．AS 曲線は GDP の**自然産出量水準**で垂直である．自然産出量水準は経済の労働・資本の量や技術水準のもとですべての資源を効率的に利用したときの産出量水準であり，完全雇用産出量，潜在産出量とも呼ばれる．

■**垂直の AS 曲線とマネー**　垂直の AS 曲線は古典派の流れをくむ**マネタリスト**や**合理的期待理論**の経済学者によって提唱されている．経済学の古典派が貨幣の中立性を考えたのと同じ理由で，彼らもマネー量や物価は長期的には経済の産出量には影響を与えないと考える．

　長期において，物価が高くなっても企業が生産を拡大しない理由は，たとえば名目賃金が上昇すれば遅かれ早かれ物価も上昇するため，実質賃金（＝名目賃金 / 物価）は元の水準に保たれるからである．

---

[*8] このとき，フィリップス曲線も垂直になる．

図 14-9 (長期の AD–AS 分析)

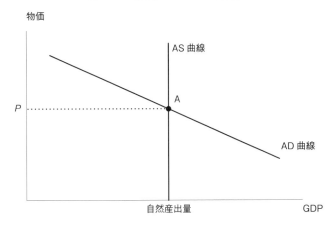

したがって，長期において AD 曲線のシフトは物価水準の変化だけをもたらし，GDP には影響を与えない．その意味で，金融政策は長期的には無効である．また，物価の変動をもたらす要因は AD 曲線のシフトだけである．AD 曲線が右にシフトし続けるとインフレが生じる．

■**サプライズと金融政策** 合理的期待理論では，経済主体が合理的に期待できる範囲内においては，短期においてすら AS 曲線は垂直になる．金融政策が GDP に影響を持つためには，期待を裏切る金融政策を行う必要がある．これを**金融政策のサプライズ**という．予期されない金融緩和政策は GDP を拡大する効果があるが，予期された政策は効果を持たない．

■**裁量的金融政策の弊害** マネタリストの経済学者は 20 世紀後半の米国の高いインフレの原因は，垂直の AS 曲線の下で，政治の影響を受けて金融政策が緩和へ偏重したことによる AD 曲線の右シフトであったと考えた．

■**ルールに基づく金融政策** 第 13 章 (13.6) 式から，マネーの流通速度が一定であれば，

$$\text{インフレ率} = \text{マネー増加率} - \text{GDP 成長率} \tag{14.3}$$

が成り立つ．したがって，GDP 成長率と等しい増加率で中央銀行がマネーを供給すれば，インフレ率はゼロとなる．このような考え方に基づき，M. Friedman は金融政策の $k$% ルール，すなわち，マネー増加率を $k$% で一定に保つことを提唱した．

■**裁量的金融政策とタイム・ラグ**　ルールに基づく金融政策運営の利点には，**タイム・ラグ**による政策運営の失敗というリスクを避けるという点もある．裁量的な運営では，問題の認識，決定，実行，効果の発生にそれぞれタイム・ラグが生じるため，金融政策がかえってショックを増幅させ，むしろ金融政策そのものが景気の不安定化要因になりうる．

■**自然失業率と自然利子率**　経済の産出量水準が自然産出量水準にあるときの失業率を**自然失業率**，そのときの利子率を**自然利子率**という．

　自然失業率は，自発的失業，構造的失業，摩擦的失業の大きさによって決定される．現行賃金で働く意思がない失業を自発的失業，雇用のミスマッチや最低賃金規制などによって生じる失業を構造的失業，転職などの一時的理由で生じる失業を摩擦的失業という．

　自然利子率の概念は K. Wicksell に遡り，財の価格に関して中立的な利子率であると定義される．財の価格に関して中立的という意味は，財の価格を上げも下げもしないということである．自然利子率は市場利子率とは区別され，市場利子率を自然利子率の水準に設定すると，物価の安定が達成される．

> †コンセプト・チェック
> - デマンド・プル型インフレ，コスト・プッシュ型インフレ，スタグフレーションとは何か？
> - 長期の AS 曲線はどのようなものか？
> - 長期の AD–AS 分析では金融政策は効果をもつか？

──  コラム・・・長期停滞論 ──

　日本ではマクロ経済の長期停滞が続いています．下図は日本の GDP ギャップと失業率の推移を示しています．GDP ギャップは現実の GDP が潜在 GDP とどれぐ

らいかい離しているかを示す尺度です．現実のGDPが潜在成長率を上回ればGDPギャップはプラス，下回ればマイナスになります．最近では，GDPギャップは2006年第4四半期から2008年第2四半期の期間を除いておおむねマイナスになっています．これは，労働や資本のすべてが生産に用いられていないことを意味します．

一方，完全失業率は2000年代初頭の5%を超える水準から低下傾向にあります．直近では3%を下回るまでになり，日本の雇用環境は大幅に改善されたと言えるでしょう．

このようにGDPギャップの低迷と失業率の改善傾向は整合的ではないかもしれませんが，デフレの状況を考えれば，日本経済は長期停滞に陥っていると考えられます．低金利は金融政策の影響による部分もありますが，実質的にはこうした長期停滞の状況を反映しているものです．

実は米国や欧州にも長期停滞が忍び寄っているのではないかと考えている経済学者もいます．たとえば，L. Summersは数年後には欧州は新しい日本になっているだろうと言っています．

長期停滞では自然利子率が過去の水準に比べて低い（またはマイナス）と考えられています．金利のゼロ（あるいはニアゼロ）下限とデフレではこの自然利子率を達成することができません．このため，いくら時間が経過しても，長期停滞から回復することができないとSummersは主張しています．

図：日本の失業率とGDPギャップ

(注) 単位 (%).

# 第15章

# 国際金融

本章では，金融経済学の中の国際金融に関するトピックを扱う．**1節**では国際収支の概念を，**2節**では為替レートの種類を説明する．**3節**では，世界の通貨制度と通貨危機について述べる．**4節**では購買力平価説を，**5節**では金利平価説を紹介する．

## 1. 国際取引と国際収支

### 1.1 国際収支表とは何か

■**国際収支表の基本**　日本の国際取引について財務省・日本銀行は**国際収支統計**を作成・公表している[*1]．国際収支は，

$$
\begin{aligned}
&経常収支 + 資本移転等収支 - 金融収支 + 誤差脱漏 = 0 \\
&経常収支 = 貿易・サービス収支 + 第一次所得収支 + 第二次所得収支 \\
&金融収支 = 直接投資 + 証券投資 + 金融派生商品 + その他投資 \\
&\qquad\qquad + 外貨準備
\end{aligned}
\tag{15.1}
$$

と表される．**経常収支**は実取引の収支を，**金融収支**は金融取引の収支を表す．

---

[*1] 現行の国際収支統計は IMF 国際収支マニュアル（第6版）に準拠している．

■**経常収支と資本移転等収支**　経常収支は財・サービスおよび生産要素の所得受取に関する収支である．**貿易・サービス収支**は貿易収支（＝輸出－輸入）とサービス収支の合計である．第一次所得収支は雇用者報酬，投資収益，その他第一次所得の合計である．投資収益には直接投資からの収益（配当金，利子所得など）と証券投資からの収益（配当金，債券利子），その他投資収益がある[*2]．

■**金融収支**　金融収支は対外金融資産負債の取引をネットのフローベースでとらえたものである．直接投資，証券投資，金融派生商品，その他投資，外貨準備に分類される．

どの分類においても，資産の増加をプラス，負債の増加をマイナスとして算出される．対外金融資産の増加は日本からの資金流出を，負債の増加は資金の流入を意味する．したがって，金融収支のプラスはネットの資金流出額を表す．

■**直接投資**　直接投資は日本の居住者が外国の企業の議決権割合の10％を超える株式を取得した場合等，クロスボーダーの投資を行うことを指す[*3]．直接投資は株式資本，収益の再投資，負債性資本に分類される．直接投資＝対外直接投資－対内直接投資であり，対外直接投資，対内直接投資いずれも直接投資の実行額－回収額である．

■**証券投資**　証券投資は証券の取引であり，株式，投資ファンド持分，中長期債，短期債に分類される．証券投資＝対外証券投資－対内証券投資であり，対外証券投資は居住者による非居住者発行証券への投資，対内証券投資は非居住者による居住者発行証券への投資である．対外証券投資，対内証券投資いずれも取得額－処分額である．

---

[*2] 資本移転等収支，その他第一次所得，第二次所得収支についてはインターネット付録15.1を参照．

[*3] 居住者は日本人，日本で勤務している外国人，日本に6ヵ月以上滞在している外国人，外国の支店等である．ただし，外国で勤務している日本人，2年以上外国に滞在している日本人，外国にある日本法人支店等は居住者に含まれない．

表 15-1 国際収支表

| | | | |
|---|---|---|---|
| a | 経常収支 | | 16 |
| b | | 貿易・サービス収支 | 0 |
| c | | 貿易収支 | 4 |
| d | | 輸出 | 68 |
| e | | 輸入 | 64△ |
| f | | サービス収支 | −4 |
| g | | 第一次所得収支 | 19 |
| h | | 第二次所得収支 | −3 |
| i | 資本移転等収支 | | −0.2 |
| j | 金融収支 | | 14△ |
| k | | 直接投資 | 9 |
| l | | 証券投資 | −16 |
| m | | 金融派生商品 | 3 |
| n | | その他投資 | 16 |
| o | | 外貨準備 | 1 |
| p | 誤差脱漏 | | −3 |

(注) 単位 (兆円). 財務省 国際収支総括表, 2020 年度. △は控除項目であることを示す.

■**その他** 金融収支の項目である「金融派生商品」には, オプションのプレミアム・売買差損益, 新株予約権等, 先物・先渡取引の売買差損益, 通貨スワップの元本交換差額, スワップ取引の金利・配当金・キャピタルゲイン等が含まれる.

金融収支の項目である「**その他投資**」には「直接投資」,「証券投資」,「金融派生商品」および「外貨準備」に該当しない金融取引が含まれる. 主なものには, 現・預金, 貸付/借入, 保険・年金準備金, 貿易信用・前払がある.

**外貨準備**は貨幣用金, SDR (IMF 特別引出権), IMF リザーブポジション, その他外貨準備に分類される. 通貨当局 (外為特会・日本銀行) が保有している外貨準備の増減が計上される.

■**国際収支表の見方** 国際収支統計では複式簿記の原理に従って, 一つの取引は必ず貸方と借方両方に同じ金額が計上される. このため, 原理的には (15.1) の第一式の代わりに

$$経常収支 + 資本移転等収支 = 金融収支 \qquad (15.2)$$

が成り立つ．左辺は GDP 統計における純貸出/純借入に一致し，右辺は資金循環統計の資金過不足に一致する．

しかし，現実には誤差脱漏 (Net errors and omissions) が発生するため，(15.1) 式が成立する．誤差脱漏は金融収支 − 経常収支 − 資本移転等収支として算出される．

表 15-1 は 2020 年度の日本の国際収支表である．経常収支は 16 兆円の黒字，金融収支は 14 兆円の赤字である．金融収支の内訳をみると，直接投資が 9 兆円，証券投資がマイナス 16 兆円，その他投資が 16 兆円となっている．

■**対外資産の推移**　図 15-1 は**対外資産残高**の推移（積み上げグラフ）と対外純資産残高の推移（折れ線グラフ）を，図 15-2 は**対外負債残高**の推移を表している．対外資産残高はこの 20 年で 303 兆円から約一千兆円まで増加している．内訳をみると，証券投資が 526 兆円と最も多く (46%)，次にその他投資が 225 兆円，直接投資が 206 兆円，外貨準備が 144 兆円となっている．

一方，図 15-2 をみると，対外負債残高は 1996 年の 199 兆円から 789 兆円まで約 4 倍になっている．こちらも証券投資が最も多く，その他投資が続くが，直接投資は極めて少ないという特徴がある．

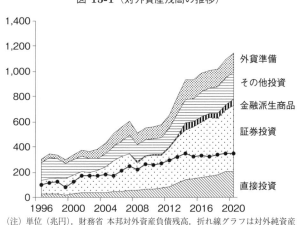

図 15-1（対外資産残高の推移）

(注) 単位 (兆円). 財務省 本邦対外資産負債残高. 折れ線グラフは対外純資産残高の推移を，他の 5 つの積み上げグラフは対外資産残高の内訳を表す．

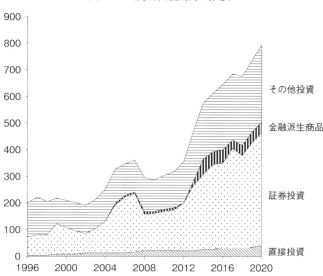

図 15-2 （対外負債残高の推移）

(注) 単位（兆円）．財務省 本邦対外資産負債残高．4 つの積み上げグラフは対外負債残高の内訳を表す．

対外純資産は対外資産残高から対外負債残高を差し引いたものである．図 15-1 の折れ線グラフが示すように，対外純資産は 1996 年の 103 兆円から 2020 年の 357 兆円まで 3 倍以上になっている．

†コンセプト・チェック
- 国際収支表とはどのようなものか？
- 経常収支，金融収支，直接投資，証券投資，その他投資とは何か？
- 日本の対外資産はどのように推移しているか？

## 2. 為替レート

### 2.1 外国為替市場と為替レート

■**外国為替市場** 異なる通貨の交換を行う市場を**外国為替市場**（外為市場）という．世界の金融街であるロンドン，ニューヨーク，東京などでは日々大

量の外国為替取引が行われる*4．外為市場は銀行間（インターバンク）市場と対顧客市場に分けられる．

■為替レートの種類　1ドル＝$e$円のように表された為替レートを邦貨建て為替レートという．邦貨建てレートでは$e$の上昇が**円安**，下落が**円高**になる．外為銀行間市場は為替のホールセール市場であり，対顧客市場は小売市場である．対顧客市場の為替レート（対顧客レート）は外為銀行間市場のインターバンク・レートをもとに決められる．外為銀行間市場では銀行間で取引が行われる他，外為ブローカーが取引の仲介を行う場合もある．

■実質為替レート　通常の為替レートは**名目為替レート**であり，他に実質為替レート，実効為替レートがある．**実質為替レート**は名目為替レートに外国と自国の物価指数比を掛け，物価の相違を調整（実質化）したものである．円ドル為替レートの場合，

$$\text{実質為替レート} = \text{名目為替レート} \times \frac{\text{米国の物価指数}}{\text{日本の物価指数}} \qquad (15.3)$$

と定義される．円表示の外国物価が日本の物価の何倍になっているかが分かる．

■実効為替レート　実効為替レートは，貿易相手国の為替レートについて貿易シェアをウェイトとして加重平均をとったものである．円が他の通貨に対して平均的に安くなっているのか高くなっているのかが分かる．なお，日本銀行およびBISの実質実効為替レートでは，実質為替レートは外貨建て表示のため，実質実効為替レートの上昇が円高を，下落が円安を表す．

---

*4 世界の為替取引のうち，米ドル取引が43.8%，ユーロが15.6%，円が10.8%を占める．通貨ペアでは米ドル/ユーロが23%，米ドル/円が17.7%を占める．世界全体における一日平均の取引高は米ドル/ユーロが1.2兆ドル，米ドル/円が0.9兆ドルである．国別の取引高（一日平均）をみると，イギリスが36.9%，米国が19.5%を占める．日本は3,990億ドルで6.1%を占める．なお，世界全体の一日平均取引高は6.5兆ドルである．数値はいずれも2016年4月．数値はBISのTriennial Central Bank Surveyによる．

図 15-3（日本の為替レートの推移）

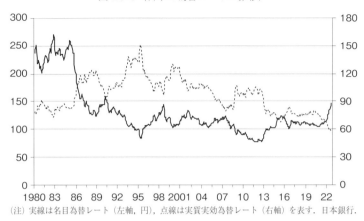

(注) 実線は名目為替レート（左軸，円），点線は実質実効為替レート（右軸）を表す．日本銀行．

■**為替レートの推移**　図 15-3 の実線は 1980 年以降の名目為替レート（ドル／円）を，点線は日本の実質実効為替レートの推移を表している．名目為替レートは 2000 年以降，おおむね 80 円〜130 円のレンジで推移している．2000 年以降の円の最高値は 76 円，最安値は 147 円であった（2022 年 10 月まで）．

実質実効為替レートは 2010 年の数値を 100 とする指数である．2000 年以降はおおむね 50〜120 のレンジで推移しており，最低値は 57，最高値は 128 であった．

■**直物為替レートと先物為替レート**　第 8 章 2.2 節でも説明したように，通常の為替レートは直物取引におけるレートなので直物レート，先物取引における為替レートを**先物為替レート**という．

> †コンセプト・チェック
> ● 名目為替レート，実質為替レート，実効為替レートとは何か？

## 3. 世界の通貨制度と通貨危機

### 3.1 世界の通貨制度はどのようになっているか

■**通貨制度の種類**　通貨制度（為替レート制度）は**変動レート制度**と**固定レート制度**に大別される．言うまでもなく，固定レート制度では通貨当局が為替レートを定め，この為替レートが維持されるように通貨介入を行う．変動レート制では外国為替市場で自由に為替レートが決定される．

日本は1973年まで外国為替レートを政府が決定する固定為替レート制度を採用していたが，それ以降は変動為替レート制度を採用している．

完全な固定レート制度と完全な変動レート制度の中間的な通貨制度を採用している国もある．**管理変動レート（フロート）制度**では，為替レートの変動が激しい場合などに通貨介入を行って，為替レートを安定化させる．**通貨バンド制**では変動可能な範囲を定める．**クローリング・ペッグ制**ではレートは固定されるが，定期的に見直される[*5]．

---
**コラム・・・ユーロの誕生と BREXIT**

1999年にEU（欧州連合）の11ヵ国（独，仏，伊，スペイン，オランダ，ベルギー，ルクセンブルク，オーストリア，フィンランド，ポルトガル，アイルランド）は共通通貨としてユーロを導入しました．その後，ギリシャ（2001年），スロベニア（2007年），マルタ（2008年），キプロス（2008年），スロバキア（2009年），エストニア（2011年），ラトビア（2014年），リトアニア（2015年）が加わり，参加国は19ヵ国に拡大しています．

もともと欧州各国は長い年月をかけて国境を越えた経済統合を経済通貨同盟（EMU）の枠組みの中で推進していました．域内の市場統合のために人やモノ・サービスの移動の完全自由化が行われ，マクロ経済政策の協調や経済の収斂が図られました．移動が自由化されると，ある程度は経済環境が平準化されると考えられますが，それでもなお各国は経済環境の収斂のためにいくつかのハードルをクリアしなければなりませんでした．

最終段階としてユーロが導入され，金融政策は**欧州中央銀行（ECB）**が統一的に

---
[*5] 通貨ボード制では，固定レートを維持するためにマネタリーベースを外貨準備以下に抑え，100％の交換を可能にする．

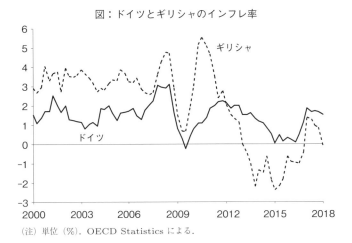

図：ドイツとギリシャのインフレ率

(注) 単位 (%). OECD Statistics による.

行うようになりました．米国では連邦準備制度のもと 12 の連邦準備銀行がありますが，ECB のもとに各国中央銀行が金融政策を遂行する機関として存在しています．

しかし，ユーロ導入後もインフレ率，賃金伸び率，経常収支，政府債務などの面において各国の相違がありました．図はドイツとギリシャのインフレ率の推移を比べたものです．ドイツは安定したインフレ率を達成していますが，ギリシャは変動が激しく，ギリシャ危機では最高で 5.5％のインフレを経験しました．

英国を含め EU は 28 ヵ国から構成されていましたが，英国の脱退 (BREXIT) によって 27 ヵ国になります．英国はもともとユーロを採用していませんし，国境審査を自由にするシェンゲン協定にも参加していませんでした．それでもなお，画一的な政策運営を行う EU に対する不満は英国民の間で根強いものだったようです．

■**国際金融のトリレンマ**　採用している通貨制度によって，各国の為替レートの安定性は異なる．変動レート制度を採用し，かつ自由な資本移動を認めると為替レートの変動は激しくなる．資本移動を禁止し，かつ固定レート制度を採用すれば，その固定レートは比較的容易に堅持することができる．

国際金融のトリレンマとは，**為替レートの安定性**，自由な**資本移動**，金融政策の**自由度**の3つを同時に達成することはできないことをいう．たとえば，自由な資本移動を認め，為替を安定させる（固定レートを採用する）と，金融政策を自由に（国内の景気安定等のために）決めることはできなくなる．逆

に，固定レート制度で金融政策を自由に行うことにすると，資本移動に制限が必要になる．

### 3.2 通貨危機はなぜ起きるのか

■**通貨危機**　通貨価値（または為替レート）が暴落することを**通貨危機**という．たとえば，短期間に25%以上通貨価値が減価することが通貨危機と定義される．1990年代は欧州通貨危機（ポンド危機，1992〜1993），メキシコ(1994)，アジア(1997)，ロシア(1998)，ブラジル・アルゼンチン(1998〜1999)など通貨危機が多く発生した．

■**通貨危機の原因**　通貨危機は単独で起きるというよりも銀行危機や債務危機などと同時に起きることが多い．原因としては，景気の悪化，投機，銀行部門の不良債権問題などがある．

　固定レート制を採用している国では，通貨当局が固定レートを維持しようとして，外国通貨を売る通貨介入が行われ，外貨準備が減少する．外貨準備が底をつくと，通貨介入を行うことができなくなる．こうして，固定レートを維持することができなくなり，変動レート制に移行する場合もある．

　また，こうした通貨の暴落は投機の対象となる．通貨価値が高いうちに通貨を売り，安くなったら買い戻すことによって為替差益がえられる．

　外国から多くの借入を行っている経済では，銀行部門の不良債権問題の発生などにより外国資本の逃避現象が起こる．銀行の資金調達が困難になったり，流動性が不足することになり，銀行危機が発生する．同時に資本逃避は通貨売りを招くため通貨の下落をもたらす．

■**通貨危機の伝播**　通貨危機は近隣諸国に伝播することがある．1997年のアジア通貨危機では7月のタイバーツ下落の後，韓国，インドネシア，マレーシア，フィリピンにも通貨危機が伝播し，アジア通貨危機と呼ばれる事態になった．通貨価値の下落はインドネシアで最も大きく，1年後には元の2割程度の価値になった．他の諸国でもおよそ6割に下落し，通貨危機は極めて大きな被害をもたらした．

† コンセプト・チェック
- 世界の通貨制度にはどのような種類があるか？
- 国際金融のトリレンマ，通貨危機とは何か？

## 4. 為替レートのメカニズム◇◇

### 4.1 購買力平価説とは何か

■**貿易の原理と一物一価**　貿易の原理は価格の安い地域で仕入れ，価格の高い地域で売るということである．仮に日本と米国ですべての財が自由に貿易されているが，価格の異なる財があるとする．日本での価格が米国での価格（円表示）よりも高いとき，米国から輸入すれば利益をえることができる．逆の場合は，日本から輸出すれば利益をえることができる．

こうした貿易業者の行動は裁定取引である．裁定取引の結果，安い品物が外国から入ってくるので，日本での価格は米国での価格（円表示）と等しくなる．これは一物一価の法則である．

■**購買力平価説**　日米両国の経済全体にこの仕組みを敷衍すると，両国の物価指数と為替レートの間には

$$\text{米国の物価指数} \times \text{為替レート} = \text{日本の物価指数} \tag{15.4}$$

の関係が成り立つ．どの財についても一物一価（米国価格 × 為替レート ＝ 日本価格）が成り立つとき，それらを集計した物価指数についても同様の式が成り立つからである．

(15.4) 式が成り立つことを**購買力平価** (purchasing power parity, PPP) といい，この式の変形によってえられる為替レート

$$\text{為替レート} = \frac{\text{日本の物価指数}}{\text{米国の物価指数}} \tag{15.5}$$

を**購買力平価レート**という．

図 15-4 (購買力平価レートの推移)

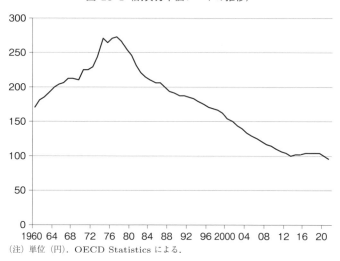

(注) 単位 (円). OECD Statistics による.

■**購買力の意味**　第 13 章 4.2 節で見たように,通貨の価値は**物価指数の逆数**である.よって,購買力平価レートは円の価値を分母に,米ドルの価値を分子にとった比率,すなわち円の価値 (購買力) に対する米ドルの価値 (購買力) を表す.

日本の物価指数が上昇すれば,円の購買力は低下し,購買力平価レートは上昇する.逆に,米国の物価指数が上昇すれば,ドルの購買力は低下し,購買力平価レートは下落する.購買力平価説では,為替レートは各通貨の購買力が等しくなるような水準に決定される.

図 15-4 はドル/円の購買力平価レートの推移を表している.1960 年から 1970 年代にかけて購買力平価レートは上昇傾向にあったが,1980 年代に入ってからは低下傾向にある.

■**変化率表示の購買力平価**　この議論から日米の**インフレ率**と為替レートの変化には

$$為替レート変化率 = 日本のインフレ率 - 米国のインフレ率 \quad (15.6)$$

という関係が生じる．日本のインフレは為替レートを円安に，米国のインフレは為替レートを円高にする．たとえば，日本のインフレ率が0%，米国のインフレ率が2%ならば，為替レートは2%円高になる．(15.6)式を**変化率表示の購買力平価式**といい，(15.5)式を**価格表示の購買力平価式**という．

■**価格表示の購買力平価が成り立つ場合**　購買力平価レートの定義である(15.5)式を用いると，(15.3)式の実質為替レートは

$$実質為替レート = \frac{名目為替レート}{購買力平価レート} \tag{15.7}$$

と書くことができる．したがって，名目為替レートと購買力平価レートが等しければ（価格表示の購買力平価説(15.5)式が成り立てば），実質為替レートは1である．

■**購買力平価説の問題点**　購買力平価レートと現実の為替レートにはかい離が生じることが多いが，長期的には両者の間に安定的な関係がある．

かい離が生じる原因としては，(1)すべての財・サービスが貿易によって取引されているわけではないから，物価指数について一物一価が成り立つとは考えられないこと（これを**バラッサ・サミュエルソン効果**という），(2)貿易される財についても二国間の需要の違いがあるために，価格差が生じること，(3)製品などについて企業が価格差別的行動やブランディングなど非価格競争を行っていること，などが考えられる．

購買力平価レートの調整には時間がかかり，短期的にはかい離が大きく，ボラティリティも高いと言われている．

---

†コンセプト・チェック
- 購買力平価説（レート）とは何か？
- 変化率表示の購買力平価説とは何か？

---　コラム・・・PPP の歴史　───

　購買力平価の概念はスウェーデンの経済学者である G. Cassel（カッセル）によって 1918 年頃に初めて経済学の理論として登場したと言われています．カッセルは第一次世界大戦の間の各国の物価の変動を研究しました．

　実は，経済学者の D. Hume や D. Ricardo も PPP の概念に近い議論をしていますが，PPP の概念は 16～17 世紀のスペインの Salamanca の学者たちに遡ることができるという説や，18 世紀末から 19 世紀初頭のイギリスやスウェーデンに遡るという説もあります．

　いずれにせよ，物価の統計をもとに本格的な分析を行ったのはカッセルです．

## 5. 金利平価説°°°

### 5.1 金利平価説とは何か

■**国際債券取引と為替予約**　国際的な金融取引を自由に行うことができ，また，通貨表示を除いて二国間で完全に同じ債券が発行されているとしよう．また，為替レート以外のリスク要因は存在しないとする．あなたはリスク中立的であり，100 万円を 1 年間，日本の債券で運用するか米国の債券で運用するかを選択する．

　この話は第 8 章 2 節ですでに部分的に紹介済みである．日本の債券を購入したときの期末価値は $100 \times (1 + 日本の金利)$（万円）となる．100 万円で外国の債券を買うときには，現在の為替レートを $e_0$ として，まず両替により $100/e_0$（万ドル）をえ，これで外国債券を購入する．同時にあなたは 1 ドル $f$ 円で先物ドル売り予約を入れる．1 年後のドル建て期末価値は $100 \times (1 + 米国の金利)/e_0$（万ドル）となり，これを予約したレート $f$ で円に両替するから，期末価値 $100 \times (1 + 米国の金利) \times f/e_0$ をえる．

■**カバー付き金利平価式**　同じ 100 万円を投資したのであるから，裁定取引によってこれらの期末価値は等しくならなければならない．したがって，

$$1 + 日本の金利 = (1 + 米国の金利) \times f/e_0 \tag{15.8}$$

が成り立つ．これを**カバー付き金利平価式** (covered interest rate parity, CIP) という．左辺は日本の債券で運用したときの期末価値，右辺は先物為替で**為替リスク**をヘッジして，米国債券に投資したときの期末価値である．

■**直先スプレッドと金利差**　直先スプレッドを $s = (f - e_0)/e_0$ と定義すると，上式は

$$1 + 日本の金利 = (1 + 米国の金利) \times (1 + s) \tag{15.9}$$

と表現できる．直先スプレッドは正なら先物為替レートの値下がり率を，負なら値上がり率を表す．上式の近似として，日本の金利＝米国の金利＋直先スプレッドが成り立つ．直先スプレッドは両国の金利差に等しい．

　**先物為替レート**が現在の**直物為替レート**よりも円高（直先スプレッドは負）のとき，先物レートはプレミアムであるといい，先物為替レートが現在の直物為替レートよりも円安（直先スプレッドは正）のとき先物ディスカウントという．

　日本の金利が米国の金利を上回れば，直先スプレッドは正（ディスカウント），下回れば負（プレミアム）となる．金利差がないときスプレッドは0となる．内外金利差が先物レート（または直先スプレッド）を決定するという仮説をカバー付き金利平価仮説という．

■**カバーなし金利平価式**　もし投資家が米国債の購入時に為替予約を入れないとどうなるだろうか？　先物為替レートを将来（1年後）の為替レートの期待値 $E(e_1)$ に置き換えると，米国債券に投資した場合の期末期待価値は $100 \times (1 + 米国金利) \times E(e_1)/e_0$ になる．

　(15.8) 式の先物レート $f$ を $E(e_1)$ に置き換えると，

$$1 + 日本の金利 = (1 + 米国の金利) \times E(e_1)/e_0 \tag{15.10}$$

である．この式を**カバーなし金利平価式** (uncovered interest rate parity, UIP) という．左辺は日本の債券で運用したときの期末価値，右辺は為替リスクをヘッジせずに米国債券に投資したときの期末価値である．

† コンセプト・チェック
- 金利平価説，カバー付き金利平価式，直先スプレッド，カバーなし金利平価式とは何か？

# 文献案内

**全体**
大村敬一，2010，ファイナンス論—入門から応用まで，有斐閣．
酒井良清・前多康男，2011，金融論，培風館．
清水克俊，2008，金融論入門，新世社．
清水克俊，2016，金融経済学，東京大学出版会．
竹田陽介，2005，コア・テキスト金融論，新世社．
藤木 裕，2016，入門テキスト 金融の基礎，東洋経済新報社．
福田慎一，2013，金融論，有斐閣．
堀内昭義，1990，金融論，東京大学出版会．
村瀬英彰，2006，金融論，日本評論社．
藪下史郎，2009，金融論，ミネルヴァ書房．
吉野直行・山上秀文，2017，金融経済—実際と理論，慶應義塾大学出版会．

**第 1 章，第 11 章**
翁 百合，2010，金融危機とプルーデンス政策，日本経済新聞出版社．
黒田啓征・加藤 出，2010，東京マネー・マーケット 第 7 版，有斐閣選書．
鹿野嘉昭，2013，日本の金融制度（第 3 版），東洋経済新報社．
日本銀行金融研究所，2011，日本銀行の機能と業務，有斐閣．
堀内昭義，1998，金融システムの未来—不良債権問題とビッグバン，岩波新書．

**第 2 章～第 7 章**
新井富雄・高橋文郎・芹田敏夫，2016，コーポレート・ファイナンス，中央経済社．
砂川伸幸，2017，コーポレートファイナンス入門，日経文庫．
砂川伸幸・杉浦秀徳・川北英隆，2008，日本企業のコーポレートファイナンス，日本経済新聞出版社．
小佐野広，2001，コーポレートガバナンスの経済学—金融契約理論からみた企業論，日本経済新聞社．
川本裕子，2015，金融機関マネジメント：バンカーのための経営戦略論，東洋経済新報社．
菅野正泰，2011，リスクマネジメント，ミネルヴァ書房．
小林孝雄・芹田敏夫，2009，新・証券投資論 I. 日本証券アナリスト協会編．日本経済新聞出版社．
清水克俊・堀内昭義，2003，インセンティブの経済学．有斐閣．
Berk, J., Demarzo, P. 2013. *Corporate Finance*. Prentice Hall. The third edition. 久保田敬一・芹田敏夫・竹原 均・徳永俊史（訳），コーポレートファイナンス，丸善出版．
Brealey, R., Myers, S., Allen, F. 2013. Principles of Corporate Finance. McGraw-Hill. 藤井眞理子・國枝繁樹（訳），コーポレートファイナンス，日経 BP 社．
Ross, S., Westerfield, R., Jaffe, J. 2002. *Corporate Finance*. McGraw-Hill/Irwin. 大野薫訳，コーポレートファイナンスの原理【第 9 版】，きんざい．

**第 8 章～第 9 章**
太田 亘・宇野 淳・竹原 均，2011，株式市場の流動性と投資家行動，早稲田大学大学院ファイナンス研究科編，中央経済社．
Danthine, J., Donaldson, J. 2014. *Intermediate Financial Theory*. Third edition. Academic Press. 現代ファイナンス分析：資産価格理論，日本証券アナリスト協会編，可児 滋・佐野三郎・中田勇人（訳），ときわ総合サービス，2007．

Harris, L. 2003. *Trading and Exchanges*. Oxford University Press. 宇佐美洋監訳，市場と取引，東洋経済新報社．
Hull, J. 2012. *Options, Futures, and Other Derivatives*. 8th edition. Prentice Hall. 三菱 UFJ 証券市場商品本部訳 フィナンシャルエンジニアリング，金融財政事情研究会．
Luenberger, D. 2014. *Investment Science*. Oxford University Press.
Saunders, A., Cornett, M. 2013. *Financial Institutions Management: A Risk Management Approach*. McGraw-Hill/Irwin.
Shin, H. 2010. *Risk and Liquidity*. Oxford University Press. 大橋和彦・服部正純（訳），リスクと流動性：金融安定性の新しい経済学．東洋経済新報社．

### 第 12 章〜第 14 章
齊藤 誠・岩本康志・太田聰一・柴田章久，2016，マクロ経済学，有斐閣．
二神孝一・堀 敬一，2017，マクロ経済学，有斐閣．
吉川洋，2017，マクロ経済学，岩波書店．
Mankiw, N. 2011, マンキュー マクロ経済学 I 入門篇（第 4 版），足立英之・地主敏樹・中谷 武・柳川 隆（訳），東洋経済新報社

### 第 15 章
佐々木百合，2017，国際金融論入門，新世社．
橋本優子・小川英治・熊本方雄，2007，国際金融論をつかむ，有斐閣．
Krugman, P., Obstfeld, M., Melitz, M.J. 2017. クルーグマン国際経済学 理論と政策，山形浩生・守岡 桜（訳），丸善出版．

# 索 引

## 人名

Arrow, K., 154

Bachelier, L., 156
Baumol, W., 243
Black, F., 142, 151

Cassel, G., 282
Copeland, M., 13

Debreu, G., 154

Einstein, A., 156

Fama, E., 155
Fisher, I., 241
Friedman, M., 266

Gurley, J., 9

Hume, D., 282

Jensen, M., 121, 125

Keynes, J., 244, 262
Kindleberger, C., 160
Krugman, P., 261

Lintner, J., 65

Majluf, N., 133
Markovitz, H., 60

Marshall, A., 249
Meckling, W., 121
Mehra, R., 159
Merton, R., 151
Miller, M., 102, 119
Modigliani, F., 102, 119
Mossin, J., 65
Myers, S., 133

Philips, W., 256
Prescott, E., 159

Ricardo, D., 282
Ross, S., 69

Samuelson, P., 155
Scholes, M., 142, 151
Sharpe, W., 65
Shaw, E., 9
Summers, L., 267

Taylor, J., 260
Tobin, J., 90, 243

Wicksell, K., 266
Working, H., 155

翁邦雄, 159
香西泰, 159
白川方明, 159

## 英数字

3ファクター・モデル, 69

ABCP, 163
ABS, 148
APT, 69

BCBS, 205
BPS, 106

CAPM, 65
CDS, 147
CF, 28, 36
CML, 68
CPI, 236

EPS, 106
ETF, 7

FCF の処分計算表, 116
FF レート, 260

G-SIFIs, 209
GDP, 237, 248, 252
GDP デフレーター, 237

IPO, 94
　　　―のアンダープライシング, 95
IRR, 88
IS バランス, 16

JOM, 164

LIBOR, 145

M&A, 130
MM 第一定理, 104
MM 第三定理, 119
MM 第二定理, 105

NPV, 76, 79
　　　複合―, 80
NPV 計算表, 86
NPV 法, 80
　　　調整―, 113

OTC, 146

PBR, 106
PER, 106
PV 公式, 35

REIT, 7
ROA, 106
ROE, 106

S&L, 165
SML, 66

T-bill, 27, 162
TBTF 政策, 199
TIBOR, 145
TOB, 131

VaR, 169

WACC, 99

Z–スコア, 180

五十音

ア 行

相対取引, 9
アノマリー, 158
板, 157
板寄せ, 156
イールド・カーブ, 72
イールド・スプレッド, 73
イン・ザ・マネー, 141
インサイダー取引規制, 203
インセンティブ
　　　最適―契約, 123
　　　―報酬, 123
インターバンク市場, 161
　　　―の機能, 226
インフレ, 240, 254
　　　コスト・プッシュ型―, 264
　　　デマンド・プル型―, 264
　　　―の利子率への影響, 246
インフレ・ターゲット, 261
インフレ税, 250

## 索 引

インフレのコスト, 249
インフレ率, 237, 255, 280
　　　期待—, 242
　　　　—と失業率, 256
　　　　—の利子率への影響, 240
　　　ブレーク・イーブン・—, 243
エクイティ・ファイナンス, 93
エージェンシー関係, 121
エージェンシー・コスト, 124
エージェント, 121
延滞債権, 197
円安, 274
欧州中央銀行, 276
オーカンの法則, 256
オープン・マネー市場, 161
オフショア市場, 164
オプション, 140
　　　ヨーロピアン型—, 140
　　　—の複製, 150
オプション価格, 142, 149
オフバランス取引, 166
オペレーショナル・リスク, 167

## カ 行

外貨準備, 271
外国為替市場, 273
外国為替リスク, 168
会社法, 123, 192
買付価格, 131
価格形成機能, 154
価格の誤認識, 253
格付け, 6
家計, 39
　　　—の予算制約式, 40
貸出
　　　アームズ・レングス型—, 183
　　　リレーションシップ型—, 183
貸出競争, 181
貸出金, 5, 43
貸出金利, 5, 179, 189
貸出市場, 17
貸出条件緩和債権, 197
過剰債務問題, 124
過小投資, 125
加速度原理, 90

合併, 130
株価指数, 140
株価の二項モデル, 149
株式, 5
　　　自己—取得, 116
　　　—譲渡益, 120
　　　—のリスク, 44
株式益利回り, 106
株式価値, 76, 151
株式コスト, 97
株式市場, 18
株式所有構造, 127
株主, 121, 125
　　　—の権利・義務, 191
　　　—のリスク・テイキング, 121
貨幣錯覚, 253
貨幣数量説, 247
空売り, 194
借入, 95
　　　金, 5
為替予約, 137
為替リスク, 137, 283
　　　—のヘッジ, 138
為替レート
　　　先物—, 138, 275
　　　直物—, 138
　　　実効—, 274
　　　実質—, 274, 281
　　　名目—, 274
　　　—の安定性, 277
間接金融, 8
間接証券, 9
カントリー・リスク, 168
管理通貨制度, 217
企業価値, 76
企業情報の開示, 193
期差任期取締役会, 131
基準割引率, 219
基礎的価値, 31
期待収益率, 55
期待値, 44
逆選択問題, 184
キャッシュフロー, 28
　　　期待—, 43
　　　多期間の—, 33

無限の定額—, 37
キャッシュフロー増分表, 85
供給ショック, 251
競争制限規制, 194, 201
共分散, 56
銀行, 10, 174, 179, 194, 214
　　　—の銀行, 218
　　　—の情報優位, 181
銀行規制, 201
銀行券要因, 224
銀行システムの脆弱性, 186
銀行取付, 185
金銭消費貸借契約, 193
金融機関のリスク, 164
金融危機, 185, 186, 198
金融契約アプローチ, 187
金融契約に関する制度, 191
金融検査マニュアル, 194
金融資産・負債残高表, 13
金融市場
　　　完全な—, 82
　　　不完全な—, 133
　　　—の機能, 153
金融システム, 9
金融収支, 269
金融商品取引業者, 195
金融商品取引法, 193, 202
金融政策, 219, 257
　　　裁量的な—, 261, 265
　　　ルールに基づく—, 265
　　　—の k%ルール, 266
　　　—のアナウンスメント効果, 226
　　　—の効果, 258
　　　—の最終目標, 219
　　　—のサプライズ, 265
　　　—の自由度, 277
　　　—の政策手段, 219
　　　—の政策ルール, 260
　　　—の操作目標, 219
　　　—のターゲット・ルール, 261
　　　—の有効性, 258
　　　—の利子率への影響, 245
金融政策決定会合, 219
金融制度, 191
金融仲介機関, 2, 173

金融調節, 226
金融取引に関する制度, 193
金融取引表, 13
金融ビッグバン, 202
金利先物, 140
金利自由化, 201
金利スワップ, 145, 146
金利デリバティブ, 147
金利のゼロ下限, 263
金利平価式, 138
　　　カバー付き—, 283
　　　カバーなし—, 283
金利リスク, 74, 165, 178
靴底コスト, 250
グリークス, 144
クレジット・スコア・モデル, 180
クレジット・デフォルト・スワップ, 147
クレジット・デリバティブ, 147
クローリング・ペッグ制, 276
経営者
　　　—の規律付け, 125
　　　—の淘汰, 131
　　　—の役得, 122
景気循環, 251
経常収支, 269
決済サービス, 178
決済制度, 215
限界消費性向, 259
減価償却費, 83
現金通貨, 211
現在価値, 26
　　　—の性質, 33
原資産, 136
健全経営規制, 194
限定アービトラージ, 158
ケンブリッジ方程式, 246
公開買付け, 131, 194
公開価格, 94
公開市場操作, 219, 223
　　　—の流動性効果, 226
広義流動性, 212
行使価格, 140
恒常所得仮説, 41
公定歩合政策, 220
行動ファイナンス, 161

購買力平価, 279
　　　変化率表示の―, 281
効用
　　　期待―, 52
　　　フォン・ノイマン＝モルゲンシュテルン―関数, 52
効率的市場仮説, 155
効率的フロンティア, 60
　　　無リスク資産を含む―, 62
合理的期待理論, 264
小型株効果, 159
国債, 7
国際金融のトリレンマ, 277
国際債券取引, 282
国際収支統計, 269
国債利回り, 239
国庫短期証券, 27
国庫短期証券市場, 162
固定金利, 95, 145
固定レート制度, 276
コーポレート・ガバナンス, 192
　　　株式と―, 127
　　　負債と―, 124
コーポレート・ガバナンス・コード, 202
コマーシャルペーパー市場, 163
固有リスク, 49
コール・オプション, 140
コール市場, 161, 226
ゴールデン・パラシュート, 131
コール・レート, 226, 238
コンソル債, 37

## サ 行

サーキット・ブレーカー, 204
債券, 6, 27, 282
　　　期限前償還条項付―, 125
　　　―のパー, 35
債権・債務, 193
債券現先市場, 163
債券市場, 19
債権者, 111
債権放棄, 126
債券レポ市場, 163
最後の貸し手機能, 196
財産法, 193

財政等要因, 225
再調達リスク, 165
裁定価格理論, 69
裁定取引, 31, 103
再投資リスク, 165
財務制限条項, 124
債務整理, 126
財務難, 183
債務の減免, 126
財務リスク, 106
先物
　　　国債―, 140
　　　通貨―, 137
　　　―市場, 137
先物・先渡取引, 137, 140
先物為替レート, 275, 283
先渡契約, 137
指値注文, 157
サブプライム問題, 180
ザラバ, 156
産出量ギャップ, 260
残存期間, 72
残余請求権, 111
ジェンセンのアルファ, 70
自家製レバレッジ戦略, 103
時価簿価比率, 91
時間軸政策, 261
直先スプレッド, 283
直物為替レート, 283
事業再生 ADR 制度, 193
資金過不足, 15, 225
資金循環統計, 13
資金制約, 133
シグナリング, 133
仕組債, 6
資源配分機能, 154
自己株式取得, 117
自己資本規制, 194, 205
　　　―の最低基準, 206
　　　―の内部格付け手法, 208
　　　―の標準的手法, 207
自己資本比率, 99, 206
資産置換, 121
資産選択, 46
資産担保証券, 148

市場取引, 9
市場ポートフォリオ, 66
　　　——のリスク・プレミアム, 66
市場リスク, 166
システマティック・リスク, 49
システミック・リスク, 186
私設取引システム, 18
自然産出量水準, 264
自然失業率, 266
自然利子率, 266
失業率, 256
実質変数, 244
私的情報, 184
私的流用, 122
シナジー効果, 131
資本移動, 277
資本構成, 98
資本コスト, 97, 104
　　　加重平均——, 99
資本市場, 10
資本市場線, 68
資本ストック調整原理, 90
資本増強政策, 198
資本バッファー比率規制, 209
収益率, 44
　　　期待, 45
　　　実現——, 45
　　　——の分散, 46
受益証券, 9
需要ショック, 251
準通貨, 212
準備預金制度, 216
準備率操作, 220
純輸出, 252
証券化, 147
証券会社, 11, 94
証券市場線, 66
証券投資, 270
証券取引所, 9, 18, 156, 202, 203
証券取引等監視委員会, 203
勝者の災い, 95
上場基準, 203
乗数効果, 259
譲渡性預金市場, 164
消費, 252

情報効率性, 154
情報生産機能, 174
情報独占, 182
情報トレーダー, 158
情報の非対称性, 133
情報レント, 182
正味運転資本増分, 85
将来価値, 26
所得税, 111, 120
所有と経営の分離, 127
人為的低金利政策, 201
新株発行, 94
新株予約権, 132
新株予約権付社債, 6
信用乗数, 222, 228
　　　——モデル, 227
信用創造, 221
信用取引, 204
信用リスク, 43, 166, 179
信用リスク・スプレッド, 180
スクリーニング, 175, 184
スタグフレーション, 264
ストック・オプション, 123
ストック変数, 20
スワップ, 146
　　　金利——, 146
　　　通貨——, 147
　　　——レート, 146
政策委員会, 219
清算, 125, 183
税引き前当期純利益, 84
政府支出, 252
政府の銀行, 218
セーフティ・ネット, 196
ゼロ金利政策, 232
相関, 49
相関係数, 56
早期是正措置制度, 194
総供給, 252
総供給曲線, 252
　　　短期の——, 253, 264
　　　長期の——, 264
操作目標, 260
増資, 93
総需要, 252

総需要・総供給分析, 252
総需要曲線, 252
想定元本, 146
その他投資, 271
ソフト・バジェット問題, 184
損失許容度, 170

## タ 行

対外資産残高, 272
大数の法則, 50, 178
タイトネス, 157
タイム・ラグ, 266
大量保有報告書, 194
短期金融市場, 10, 161, 201
短期金利, 238
短期プライムレート, 95
短資会社, 11, 162
忠実義務, 193
チューリップ熱, 160
長期金利, 238
長期停滞論, 266
直接金融, 8
直接投資, 270
貯蓄, 39
通貨危機, 278
通貨制度, 276
通貨発行益, 250
通貨バンド制, 276
通貨量, 211
定期預金, 23
テイラー・ルール, 260
適時開示制度, 204
敵対的買収, 131
デット・ファイナンス, 95
デット・エクイティ・スワップ, 126
デフォルト, 179
デフォルト確率, 43, 112
　　　―の決定要因, 180
デプス, 157
デフレ, 240, 254
　　　―の原因, 255
デュポン公式, 106
デリバティブ, 136
店頭市場, 9
当期純利益, 84

東京証券取引所, 18, 156
倒産確率, 112
倒産関連法, 193
倒産件数, 166
倒産コスト, 112
投資, 76, 252
　　　過小―, 122
　　　最適―, 80
　　　―と資金調達の独立性, 82
　　　―と資金調達の非独立性, 113
　　　―の調整費用, 91
　　　―の部分調整モデル, 90
　　　―の利子弾力性, 259
投資額, 76
　　　最適―, 80
投資関数, 81, 90
投資信託, 7, 51
毒薬, 131
トータル・リターン, 29
ドット・コム・バブル, 160
トービンの q, 90
トランシェ, 148
取引銀行のスイッチ, 183
取引所, 9
　　　―の自主規制業務, 203
取引費用, 173

## ナ 行

内国為替決済制度, 215
内部資金, 132
内部収益率法, 88
内部留保, 119
成行注文, 157
南海バブル, 160
日銀貸出, 223
日銀当座預金, 215, 223
日銀当座預金増減, 226
日銀当座預金増減要因と金融調節, 224
日経平均株価, 159
日本銀行, 218
　　　―の金融市場調節, 219
　　　―の金融政策, 231
　　　―の金融調節, 219
　　　―の目的, 218
　　　―の役割, 217

値幅制限, 204
年金, 36
年金商品, 8
ノイズトレーダー, 158

ハ 行

買収, 130
　　　—防衛策, 131
配当, 44, 116, 117
　　　—の財源規制, 123
　　　—の無関係性定理, 120
配当性向, 119
配当利回り, 106
ハイパーインフレ, 249
ハイパワード・マネー, 213
ハイブリッド証券, 96
パーシェ型物価指数, 237
バーゼル III, 205, 208
破綻先債権, 197
破たん処理政策, 198
破たんの伝染, 186
発券銀行, 217
発行価額, 94
発行市場, 9
バブル, 160
払込金額, 94
バラッサ・サミュエルソン効果, 281
バランス・シート条件, 117
バリュー株効果, 159
引受人, 94
ビッド・アスク・スプレッド, 157
非伝統的金融政策, 232
標準偏差, 46, 56
フィッシャー効果, 242
フィッシャーの交換方程式, 249
フィッシャー方程式, 242
フィリップス曲線, 256
フォワード・レート, 73
複利の効果, 25
負債
　　　—コスト, 97
　　　—のエージェンシー・コスト, 125
　　　—の節税効果, 110
　　　—比率, 99
負債価値, 151

負債発行
　　　—のコスト, 112
　　　—の便益, 111, 125
普通株式等 Tier1 資本, 207
物価, 240
物価指数, 236, 280
プット・オプション, 140
プット・コール・パリティ, 144
ブラック・ショールズ公式, 151
ブラック・マンデー, 159
フリー・キャッシュフロー, 85
　　　—の処分, 115
フリー・キャッシュフロー仮説, 125
振替, 214
不良債権問題, 197
プリンシパル, 121
プリンシパル・エージェント問題, 121, 187
プレーン・バニラ, 146
フロー変数, 20
分散, 46, 56
分離定理, 64
ヘアカット, 163
ペイアウト, 117
　　　過大な—, 121
ペイオフ方式, 195
平均・分散アプローチ, 60
ベータ, 66
ペッキング・オーダー仮説, 132
変動金利, 95, 145, 146
変動レート制度, 276
貿易・サービス収支, 270
法人税
　　　—の利子控除, 100, 109
法定準備率, 216, 227
補完貸付制度, 221
保険商品, 7
ポートフォリオ, 48
　　　HML—, 69
　　　最小分散—, 60
　　　最適—, 63
　　　市場—, 69
　　　接点—, 62
　　　無リスク資産を含む—, 61
　　　—の期待収益率と分散, 57
ポートフォリオ・フロンティア, 60

ボラティリティ, 144
本源的証券, 9

## マ 行

マイクロ・ストラクチャ, 157
マクロ・プルーデンシャル政策, 209
マーシャルの $k$, 246, 249
マージン・コール, 163
マネー
　　――の資産需要, 244
　　――の数量方程式, 249
　　――の取引需要, 243
　　――の予備的需要, 244
　　――の流通速度, 248
マネー供給量, 227
マネー市場, 244
マネー需要関数, 244
　　古典派の――, 246
マネー需要の利子弾力性, 258, 263
マネー・ストック統計, 211
マネーの中立性, 247
マネタリーベース, 212, 227
マネタリスト, 264
マルチ・ファクター・モデル, 69
マルチンゲール性, 156
満期のミスマッチ, 176
満期変換機能, 176
マンデル効果, 242
無裁定条件式, 32
無債務企業, 99, 102
無差別曲線, 63
無リスク資産, 42, 61
無リスク利子率, 43
名目変数, 244
メインバンク, 181
メニューコスト, 250
モジリアーニ・ミラーの定理, 101, 105, 119
モニタリング, 130, 184
　　――コスト, 175
　　――の委託, 176
モメンタム効果, 159
モラル・ハザード
　　企業の――, 188
　　経営者の――, 122

## ヤ 行

役得, 125
有限責任ルール, 111
融資
　　追加――, 184
　　――の事後管理, 175
融資審査, 174
優先株, 96
ユーロ, 276
要求払い預金, 178, 185, 211
預金, 4
預金市場, 17
預金通貨, 211
預金取扱機関, 4, 10, 17, 194, 205, 212
預金保険, 185
預金保険制度, 195
予算計画, 82
予算策定, 83

## ラ 行

ライフ・サイクル仮説, 41
ラスパイレス型, 236
ランダム・ウォーク仮説, 155
利益相反
　　株主と債権者の――, 121, 125
　　経営者と株主の――, 122
利益相反問題, 121
　　――の解決策, 123
利子率, 245
　　実質――, 240
利子率の期間構造, 35, 73, 81
リスク
　　収益率の――, 46
　　――とリターン, 47
　　――とリターンのトレード・オフ, 61
　　――に対する選好, 52
　　――の計算, 46
　　――の市場価格, 68
　　――の測定, 169
リスク・シェアリング機能, 154
リスク・テイキング, 121
リスク・ファクター, 168
リスク・プレミアム, 45, 159
　　――パズル, 159

リスク・ヘッジ, 135
リスク愛好的, 52
リスク回避的, 45, 52, 63
リスク管理, 168
リスク削減機能, 174
リスク資産, 42
　　——の現在価値, 71
リスク中立的, 52
リスク中立評価法, 72
リスク分散効果, 49, 57, 59
リスク量, 168
リスケジューリング, 126
利付債券, 33
利回り, 28
　　最終——, 29
　　——と価格の関係, 29
利回り公式, 35
流通市場, 9
流動性, 185
　　市場の——, 157

流動性選好理論, 244
流動性創出機能, 185
流動性の罠, 262
流動性リスク, 167, 185
量的緩和政策, 233
量的・質的金融緩和政策, 235
劣後債, 6
レバレッジ, 98
　　——のトレードオフ理論, 132
レポ・レート, 163
ロック・イン効果, 182
ロールの批判, 69

## ワ 行

割引関数, 32
割引債, 27
割引率, 28
　　不確実性と——, 81
　　リスク調整——, 72, 81

### 著者略歴

1969 年福井県生まれ．
東京大学大学院経済学研究科博士課程修了．博士（経済学）．
青山学院大学経済学部助教授等を経て，
現在，名古屋大学大学院経済学研究科教授．

### 主要著作・論文

Did *Amakudari* undermine the effectiveness of regulator monitoring in Japan? (Akiyoshi Horiuchi and Katsutoshi Shimizu. *Journal of Banking & Finance* 25, 573-596, 2001)

Bankruptcies of small firms and lending relationship (Katsutoshi Shimizu. *Journal of Banking & Finance* 36, 857–870, 2012)

Adjusting denominators of capital ratios: Evidence from Japanese banks (Katsutoshi Shimizu. *Journal of Financial Stability* 19, 60-68, 2015)

『インセンティブの経済学』（堀内昭義氏と共著，有斐閣，2003 年）

『金融論入門』（新世社，2008 年）

『国債危機と金融市場——日本の財政運営へのインパクト』（日本経済新聞出版社，2011 年）

『金融経済学』（東京大学出版会，2016 年）

---

金融経済学入門

2018 年 7 月 30 日　初　版
2023 年 3 月 10 日　第 2 刷

[検印廃止]

著　者　清水克俊（しみずかつとし）
発行所　一般財団法人　東京大学出版会
　　　　代表者　吉見俊哉

〒 153-0041 東京都目黒区駒場 4-5-29
https://www.utp.or.jp/
電話 03-6407-1069　　Fax 03-6407-1991
振替 00160-6-59964

印刷所　三美印刷株式会社
製本所　牧製本印刷株式会社

ⓒ2018 Katsutoshi Shimizu
ISBN 978-4-13-042148-5　　Printed in Japan

JCOPY 〈出版者著作権管理機構　委託出版物〉
本書の無断複写は著作権法上での例外を除き禁じられています．複写される場合は，そのつど事前に，出版者著作権管理機構（電話 03–5244–5088, FAX 03–5244–5089, e-mail: info@jcopy.or.jp）の許諾を得てください．

| | | | |
|---|---|---|---|
| 清水克俊著 | 金融経済学 | A5判・512頁 | 6300円 |
| 細野 薫著 | 金融危機のミクロ経済分析 | A5判・344頁 | 4800円 |
| 岩井克人<br>瀬古美喜編<br>翁 百合 | 金融危機とマクロ経済 | A5判・320頁 | 4800円 |
| 小川英治編 | ユーロ圏危機と世界経済 | A5判・256頁 | 3900円 |
| 小川英治編 | 世界金融危機と金利・為替 | A5判・240頁 | 4000円 |
| 小川英治編 | 世界金融危機後の<br>　金融リスクと危機管理 | A5判・244頁 | 4800円 |
| 奥野正寛編著 | ミクロ経済学 | A5判・368頁 | 3500円 |
| 山重慎二著 | 家族と社会の経済分析 | A5判・320頁 | 3800円 |
| 小西秀樹著 | 公共選択の経済分析 | A5判・320頁 | 4500円 |
| 川越敏司著 | 実験経済学 | A5判・288頁 | 3800円 |
| 大瀧雅之<br>宇野重規編<br>加藤 晋 | 社会科学における善と正義 | A5判・376頁 | 5800円 |

ここに表示された価格は本体価格です．ご購入の
際には消費税が加算されますのでご了承下さい．